哲学的人間学序説

―モナドと汝―

児島　洋

九州大学出版会

目次

緒　論

哲学的人間学が、本来の使命として「人間とは何か？」を問うものである限り、それは、必然的に、「人格論」へと移行する。ここにいう「人格」とは、「人間の本質」のことであるが、しかし、それは実存に対立する抽象的本質ではなく、むしろ、「人間を人間として現実に存在せしめるもの」のことである。それゆえ、哲学的人間学固有の問いも「人間とは何か」ではなく、あらためて「何が、人間を人間として実存せしめるのか？」というように問いなおされねばならない。なぜなら、人間は、その本質を直観されるべきいかなる「対象」でもないからである。むしろ、人間は自らを問いつつ、現実に生き、現実に生きつつ、自らを問うている。自らを問うことと現実に生きることとの間に、本来、距離はなく、また、あってはならない。従って、人間においては、本質が実存に先立つのでもなく、実存が本質に先立つのでもない。人間の本質（人格）は、ただ、実存（現実存在）の只中に、実存を貫いてのみ、見出されるであろう。

それゆえ、本書は、まず、人間の実存の分析から出発する。いうまでもなく、それは、人間が自らの本質を問い、かつ、知るための条件を見出さんとするのであって、実存の分析を自己目的とするものではない。実際、「生」にかかわる極限としての「限界状況」の分析の中で、我々が直面するのは人間的実存に固有に内在する一種のアンチノミー的状況なのである。すでに、カントにおいてそうであったように、アンチノミーは、局面と観点の転換を要求する。実存にアンチノミーが固有に内在するということは、実存が自足しうるものではなく、必然的に、かつ、権利として「他者」を、この場合には「本質」を要求するということである。我々は、この「実存」に内在する「本質」を「場所」と名づけた。それは、「人間を人間として実存せしめるもの」であるゆえに、「場所的人格」とも、よびうるであろう。

だが、最初の段階においては、「場所」の開示は、なお、不十全なものにとどまっている。我々が、実存とよぶ人間の存在は、存在論的にはすぐれて、中和化された、ポテンシャルな事実存在である「可能存在」に根ざしている。そもそも、この存在がもつ「可能性」は、カテゴリー的な「可能性」、或は、述定的なそれではなく、むしろ、前述定的、地平的な、「像」的可能性である。この「可能存在」は、蓋然的な「延長的存在」と結合して、「事実存在」を成立せしめる。かくて、実存も、生存(生命)も、事実存在と可能存在との脱自的統一の一形態と見なすことができるのである。

しからば、人間の実存における事実存在とは具体的には何であろうか？　それは、定義によって、延長的存在(ケルパー)と可能存在(ライプ)との結合としての「身体」以外の何ものでもないであろう。我々の「場所」の開示を不十全ならしめたのは、実存の分析が、可能存在の次元にとどまって、事実存在としての身体の次元にまで及ばなかったからであると考えられる。これは、従来の実存哲学一般に見られる欠陥であって、この点は、第二部の「実存哲学の目指すもの」という章において、いっそう、明らかにされるであろう。

同時に、我々は、デカルトの方法的懐疑の分析を通して、人間の人格と不可分の関係を有する自我について、「自我即理性」という伝統的な観念論的テーゼが誤謬であることを暴露し、それを解体しなければならなかった。それによってはじめて、デカルトの発見した「近代的自我」が、実は、想像力を伴った「実存的な」意志であり、しかも、この意志が本来「身体」への脱自的傾向をうちに胎むことが確認されたのである(第二部)。

我々が、現実存在の分析に身体の次元を有効に包摂する目途をつかんだのは、やはりデカルトの懐疑の検討を通してであった。彼が『省察』Ⅰの中で語っている「四角い塔」と「丸い塔」の、一方が事実存在であるとすれば、他方は可能存在の次元に属するということが明示されたとき、狭い意味における実存の分析が、身体によって生きられるところの、可能存在と事実存在との複合態としての「生活世界」の現象学的分析(第三部)に移行せねばならぬことが、明確となったのである。

生活世界の分析を通して、人間の本質に迫るといえば、ひとは、フッサール晩年の歩みとちょうど重なり合うと思うかもしれない。しかし、そこからの我々の歩みは、決して平坦なものではなかった。まず、我々はフッサールの超越論的意識を事実上の独我論からばかりでなく、権利上のそれからも解放せねばならなかった。フッセリアーナ第一巻『第五省察』におけるフッサールの試みは、単に前者からの解放にとどまっているからである。さらに、生活世界のもつ先所与的な「地平」は、自己の身体のもつ可能存在(ライプ)が三次元空間の基底に向かって拡散する展開面にほかならぬことが、示されねばならなかった。この点は、「ライプに固有なモナド性」及び「ライプと想像力次元との同一性」とともに、まったく、新しく開拓されねばならなかった命題群に属する。その結果として、さきに述べた超越論的意識のアプリオーリな複数連合主観性は、延長的存在(ケルパー)と結合して、「体表面的主観」となり、自己と他者のケルパー間の超越論的な「双関」関係とライプ間の「自己投入」とを基礎づけるに至ったのである。人間の超越論的形相面が身体的事実存在と合一することによって、いまやはじめて「実存」を超えた真の

「現実存在」への道が開かれたといえるであろう。

ここにおいて、ようやく、生活世界にかんする広義の現象学的分析は時熟するのである。なぜなら、身体的延長存在間をアプリオーリにつなぐ「双関性」と、それを内から充実する可能存在の「地平性」と、さらに加えて、それら両者をキネステーゼ的に限定的に媒介する、新しい自我としての「身体的自我」とが開示されたからである。とはいえ、肝心の、これら双関する延長的身体（ケルパー）と地平的可能存在（ライプ）とを全的に媒介する者が、いったい何者であるのかは、依然として謎のままであった。それこそまさに生活世界における「人間としての現実存在を可能ならしめるもの」であった筈なのであるが――。

その謎は、第四部において、ようやく解き明かされるであろう。ともあれ、そこに至るまで、読者がこの起伏にみちた思索の歩みを偕にされることを、冀うものである。その歩みは、形式的にはヤスパースとの対決に始まり、一方では禅仏教との、他方では、サルトル、ハイデガー、メルロー・ポンティらとの討論を経つつ、或はデカルトにまで時代を遡り、くだっては、デカルト的省察の後継者たるフッサールの「超越論的独我論」との全力をふるっての格闘を通過して、最後に、ブーバーの「対話論的原理」の肯定的再構築（新しい二人称的人格）にまで至っているのである。

第一部　自己と他者

第一章においては、「限界状況」という「自己と他者」の二律背反にかかわる極限から、もっぱら実存論的に、新しい「人格」の像が模索されている。それは包括者との関連において「場所的人格」とよばれている。第一部では、いまだその粗描が示されるにすぎないが、本書の全体を通じて、徐々に内容を明確化されてゆくであろう。そのさい、「実存」、「生命的意志」、「世界地平」、「身体《ライブ》」、「想像力」を結ぶ「モナド的可能存在」の概念が、有力な武器を提供している。従来、ばらばらであったこれらの概念が互いに関連づけられてこそ、新しい「人格」の探求は可能になったのである。

第二章は、直接「場所的人格」を取扱ってはいないが、「仏教的自我」（いわゆる無我）の基体として、「モナド的可能存在」を主題的に論じているので、この耳なれぬ存在の理解に資するであろう。

第一章　限界状況
――包括者から場所へ――

私が、この章において企図したのは、ヤスパースの実存に対する、一つの批判的対決である。ヤスパースの限界状況に対する解釈が、彼の実存の本質といかなる関連を有するか、特に、その不安定な動揺性といかなる関係を有するかを明らかにするとともに、限界状況のアンチノミーをより完全に把握するときに、「可能存在のモナド」としての「自己存在包括者」の概念を通して、新しい人格（倫理的実存）の形式が生み出されることを、示そうと試みた。

1　包括者

「包括者」（das Umgreifende）は、ヤスパースのきわめて独創的な発想から生まれた哲学的概念である。それは、「存在」（Sein）そのものを指示しようとする一つの大胆な試みである。以下、著書『真理について』（Von der Wahrheit）（1947）に則して、その輪郭をえがいてみよう[1]。

彼によれば、我々にとって認識の対象となるものは、総て限定された存在（das bestimmte Sein）である。それは決して全体（das Ganze）ではない。それゆえ、存在それ自身（das Sein selber）は決して対象として示されることはない。

また、我々にとって対象となるものの綜合は、相対的な全体として、一つの視界(der Horizont)を形成している。しかし、すべての視界はたえず我々によってのりこえられる。それは決して完結的に閉じられることがないのである。

それゆえ、存在そのものは、対象としての存在でもなく、また、一つの視界の中に形成された全体でもない。むしろ、それは、個々の視界の地平線のさらに彼方に指示されるもの、すべての新しい、より広大な地平線がそこから次々に出現してくることを通じて感得されるようなものでなければならない。それは、我々のその時々の知識の限界でもなく、また、一つの地平線として見られるようなものでもない。むしろ、それは、絶対的に超え包むものであり、また、無限に退いてゆくものである。ヤスパースは、このような存在そのものを「包括者」とよぶのである。

包括者は、それ故、つねに認識の対象と視界とを通して指示されるだけであり、決して対象や視界にはならないのである。しかし、包括者は、その中にすべての「我々に対する存在」(Sein für uns)が存在するような場である。いいかえれば、すべての客観(Objekt)としての対象が、主観(Subjekt)としての私と共に「対《つい》」をなして、その中から立ちあらわれてくるような存在であると考えられる。

㈠　包括者の分類

ヤスパースによると、本来唯一つであるところの包括者は、それを照明しようとすると、ただちに、次に示すような、いくつかの様式へと分裂してしまう。

存在そのものである包括者	世界 超越者
我々である包括者	現存在（可能的な実存） 意識一般 精神
包括者の土台とバンド	実存 理性

A　我々である包括者

○現存在（Dasein）

これは我々の生物的生存（自己保存と自己拡大）の次元であり、もっとも直接的、感覚的な現実が全体としてそこに包含されている。それは「可能的な実存」ともよばれる。

○意識一般（Bewußtsein überhaupt）

対象にかんする論理的、普遍的な思考の全体をつつむ包括者であり、ここでは、現存在のもつ生《なま》生しさは蔽いかくされ、それに代わって、抽象的思考のもつよそよそしさが支配している。

○精神（Geist）

これは、思考、感情、行為のすべてを貫いて集中的、統一的に表現され、実現される全体性（Ganzheit）の次元であり、この全体性は理念（Idee）とよばれる。

B　包括者の土台——実存（Existenz）

実存とは、本来的な意味における自己存在であり、右にあげた三つの包括者の土台でもある。これらの包括者は実存によって支えられて、はじめて生命をふきこまれるのである。しかし、実存としての私は、いかなる形においても研究対象とはなりえず、また、認識されえない。ただ、現実に実存となるか、それとも、それを喪失するか、という選択の前に私はたえず立たされている。この選択は、私が自己の生存について行なう決断に依存しているのである。

現存在は、いわば実存の「身体」であって、実存の深みが世界の中に登場する姿である。この姿は「歴史性」ともよばれ、そこでは、現存在と実存とが私のそのつどの決断を通して合一しているのである。

意識一般もまた、実存に支えられて、はじめて、その空虚な論理的抽象性を、現実に則して具体的思考へと充実することができる。

精神は、理念への意志であり、具体的な普遍性である。それは個別者を通して全体性を表現し、実現しようとする努力である。しかし、実存は、いかなる方法によっても、普遍的理念の中へ吸収されえない個別者であり、精神によって、何らかの全体性の象徴とみなされることを拒否する。精神に固有の時間性は、「永遠」であるが、実存に固有のそれは、時間の流れのなかにおける「瞬間」である。しかし、実存は、このような個別性の深みをかたく保つことによって、かえって、精神に活力を与えるのである。

C　存在そのものである包括者

我々は、「我々である包括者」を次の問いをもってのりこえる、「この現存在、意識一般、精神、実存の全体は、存在そのものであろうか？　それらによって存在はつくされるであろうか？」と。

むしろ、存在そのものは、その種々の現象を通してしばしば我々から全く独立なものとして感得される。そのとき「我々である包括者」（現存在、意識一般、精神、実存）は、その中に我々のいる包括者（世界、超越者）の前にいわば消えうせる。後者は我々の解釈がつくり出したものではない。それは存在そのものとして圧倒的に我々の前に聳えるのである。

○世界(Welt)

世界は、我々が世界について知っている一切の現象が、その中で生起するところの包括者である。我々は包括者としての世界空間の中で、各々の限定された世界存在を認識するが、世界そのものを見ることは決してない。ところで、世界に対しては次のような二つの極端な態度がある。

(1) 世界は存在それ自体(das Sein an sich selbst)である。宇宙は人間なしにも一つの全体者である。たとえ人間が消滅しても、宇宙自身に変化はない。宇宙は自足的であり、唯一つの真なる宇宙像を有する。(世界の絶対化)

(2) 我々が知っている世界は人間による解釈である。しかし、その底にある原文はあたかもまだ発見されていないかのようである。世界はつねに解釈されているが、それが完結することはない。そこでは、いかなる世界存在にも持続はなく、ただ無限の解釈の動揺があるのみ。世界自体は無である。(無宇宙論)

これらの態度はともに誤謬である。なぜなら、包括的世界は、世界像によって知られる一つの宇宙でもなく、また、無限に多様な解釈の中を動揺する幻影でもないからである。むしろ、すべての世界像と世界解釈は、一定の立場から、一定の方向付けをもって唯一つの包括的世界に向けられた透視図(Perspektive)のようなものである。すなわち、世界像や世界解釈としての宇宙は存在自体(世界自体)でもないし、また、純粋な仮象でもなく、包括者としての世界が他者なる我々に向かって現象した姿なのである。

世界は一個の独自な包括者であり、我々もまた包括者である。そしてこの二つの包括者は、互いに入りくみ(我々自身が世界存在である)、対立し(世界存在は我々の対象である)、対抗しあう。

○超越者（Transzendenz）

我々である包括者は、世界と超越者とにおいて限界に到達する。ここでは我々は包括せず、包括される。我々が現存在、意識一般及び精神であるとき、この他者は世界である。しかし我々が実存であるとき、この他者は超越者である。世界の中に、世界によって我々は存在するが、しかし超越者の中に、超越者によって、我々は自己自身であり、自由である。

超越者はまた絶対的な包括者、すべての包括者の包括者である。

超越者は認識によって到達されえず、ただ私に私自身の「自己」を贈与する者として、実存的にのみ経験される。つまり、超越者は実存に対してのみ自らを開示するのである。

そして或る要求と支配と包摂とが生存の現実を通して超越者から語りかけられるとき、我々は超越者を「神」（Gottheit）とよぶのである。

（超越者にふれる体験として、ヤスパースは次の三つをあげている。

(1)　形式的超越。我々は、「存在そのもの」について概念的に思考しつつ、その思考運動の挫折を通して超越者の存在を確認する。

(2)　実存的関係。実存は、「反抗」と「帰依」、「没落」と「高揚」、「昼の法則への従順」と「夜への情熱」を通して、超越者の実在を、自己の変身とともに把握する。

(3)　暗号解読。我々が実存的となる度合いに応じて、事物は超越者の言葉として理解され、透明となる。）

D　包括者のすべての様式の帯《バンド》――理性（Vernunft）

包括者の様式は多様である。さらに包括者の各様式は現象へと分裂する。すなわち、現存在と精神とは限りなく個体化（個性化）し、意識一般は現存在に結びついた無数の点となってあらわれる。世界存在はそれらのもつ種々な様相へ、超越者はそれに耳傾ける多くの実存に対する多様な歴史的現象へと分岐する。

これらのすべてがいかにして結合され、最後に統一されるのかが問題である。ところで「我々である包括者」の中には、絶えずすべての様式を統一しようとする衝動の源泉がある。それは実存と理性とである。

実存として私は土台（Boden）を獲得する。私は包括者のすべての様式を通して運動し、私自身となり、無限の分散に対して闘う。しかし、私が私自身であるのは、他者と共にあるときに限る。実存の決意には、他者との結合の広さ（Weite）が結びついている。そして、この広さは理性によってはじめて可能となるのである。理性は包括者のすべての様式とその中にある諸形態の帯（Band）である。

いいかえれば、理性は総体的な、他者との「交通（Kommunikation）への意志」でもある。理性は言葉となりうる一切のものを守るために心を傾けようとするのである。

理性は実存に支えられ、それなしには没落してしまうが、一方、実存の真理を照明し、実現するためには不可欠の「光」なのである。

E　「我々である包括者」の各様式間の関係

(1)　我々は現存在、意識一般、精神であり、これら三つは、あたかも共通の根源から発生したかのように互いに入りくんでいる。一つなしに他はありえない。例えば、孤立することによって現存在は盲目的かつ衝動的となり、意識一般は空虚かつ無意味に、精神は幻想的かつ無力になる。

(2)　我々は実存と理性であり、この二つは対照的な極性として、互いに緊張し対立している。実存は理性を通してのみ聡明な運動を行なうことができ、理性は実存を通してのみ内容をうる。実存は理性の原動力であり、理性は実存の覚醒者である。そして、実存と理性とはあらゆる様式の包括者において相互に出会うのである。

(3)　我々は実存であり、同時に現存在である。しかし、実存と現存在とは直ちに同一ではない。実存は現存在から分離しつつ、現存在の中へ現象として自己を実現し、この現象を身に引きうけつつ、それと一つになる。しかし、もちろん、つねに一つであるわけではない。

(二)　自己存在包括者(Das Selbstseinsumgreifende)――モナド

ヤスパースが提出した「包括者」とその各様式とは、およそ右に述べたような輪郭を示しているが、果して、これですべての実在する包括者があげつくされているであろうか？

たしかに、それ自身は決して対象となりえず、すべての主観対客観の対立をつつみ超えつつ、無限にひろがってゆく地平としての「包括者」という考え方は甚だ魅力的である。しかし、結局において「我々である包括者」と「存在そのものである包括者」とに大きく分裂してしまったヤスパースの「包括者」は、もはや真に包括するものとはいえないのではあるまいか？

ここにおいて、私は、「存在する」ということの意味をヤスパースにおけるよりも、一層、ほりさげて考える必要があるのではないか、と思う。なぜなら、前述のように、ヤスパースは、はじめに「存在そのもの」の探求から出発して、折角「包括者」という新しい考え方に到達しながら、これを照明するさいには、再び、「我々である包括者」と「存在そのものである包括者」という区別をそこへ導入してしまうからである。この区別からすると、「存在そのもの」というヤスパースの言葉には少なくも前後二つの異なった意味があるとしか考えられない。しかし、ヤスパース自身はこの点について何も言及していないのである。

ヤスパースにおける、この、やや曖昧な「存在」概念をはなれて、我々が自らの眼で自己の周囲を見まわすとき、我々はそこに或る別の意味の「存在」を見出すであろう。つまり、私は、自己の身体的存在の（持続の）意識と眼前にある対象の存在の（持続の）意識とが、主観対客観の対立をこえて、たやすく一つにとけあいうるのを経験するであろう。もちろん、例えば、眼前の電気スタンドは「電気スタンド」であって、それを見ている「私」ではない。いいかえれば、「電気スタンドである」という意味の、いわゆる対象の「形相的存在」(So-sein)は、「私である」という意味の私の「形相的存在」と明らかに区別され、決して混同されることはない。しかし、これに反して、この「である」という形相的存在から意識が浄化され、中和化されるとき、「電気スタンドがある」という意味の現前対象の「事実存在」(Daß-sein)は、延長性のカラをつきやぶって「私がある」という意味の私の「事実存在」と区別しえぬまでに滲透し、とけあってゆく。これは事実存在が、ポテンシャルな事実存在、すなわち「可能存在」(Potentiell-sein)に変化したことを意味している。この関係をやや図式的に表示すれば、

電気スタンドである。
私である。

電気スタンド｝がある。
私

となるであろう。つまり、純粋な「がある」という述語にかんする限り、それが付加される主語は互いに異なっていても、それらの述語に対応する存在措定は（中和化する意識に対して）皆一つにとけあい、帰一してしまうのである(2)。

そして、それとともに、これらの対象は、裏側をもたぬ「像」(Bild)に変わるのである。

しかも、このような主観―客観の対立を超えて生ずる（持続的）可能存在の融合は、私の身体的存在を出発点として、その周囲をとりかこんでいる無数の対象的存在に向かって無限に広げられてゆくことができる。例えば、私は

眼前の電気スタンドから、その傍らの本立にある数冊の書物へ、更に、それらすべてをのせている机へ、また、机のおかれている床、壁、天井へ、そして、私のいる部屋の全体へ、さらに、この部屋をふくむ家屋の全体へ、そして、さらに、隣家から、町内全体へ……と連続的に無限に存在の融合を拡大してゆくことができるであろう。そして、この融合体の中で、すべての対象的個物は、固い輪郭を失って、互いにあふれ出つつ、とけあい、まざりあっている。

さて、自己の身体を唯一の中心とする点においてこの融合体は一種のモナドであり、また、①個々の主観―客観対立を完全に超え包んでいるという点において、また、②その地平を無限に拡大してゆくことが可能な点において、それは「包括者」と名づけられるに必要な資格を十分にそなえているといえるであろう。いな、私は、むしろ、ヤスパースの「我々である包括者」及び「存在そのものである包括者」よりも先に、それらに共通な唯一の土台として、まず、このような可能存在＝融合体という包括者が考えられねばならないと思うのである。いいかえれば、我々の「現存在」、「意識一般」、「精神」の根底にも、また、それに対立する「世界」の根底にも、同一の「可能存在＝融合体」が横たわっていると考えられるべきであろう。なぜなら、我々の日常的な生存や、論理的思考や、芸術的創作、或いは、歴史的形成的活動は、すべて、自己の身体的存在及び対象の存在の相互関連を前提としているし、また、世界全体の包括者的存在も、それが世界像でも、無(非存在)でもないものとして示される限り、(前述のような)対象的存在の無限の融合過程を通してしか、与えられないからである。[3]

ハイデガーは、『形而上学とは何か』の中で、「存在者の全体」(das Ganze des Seienden)と「ひとまとめになった存在者」(das Seiende im Ganzen)を区別し、前者を把握することは原理的に不可能であるが、後者は我々の日常生活のなかにたえずあらわれるという。そして、その例として、「何となく退屈だ」(es ist einem langweilig)という気分や「愛する人の面前における喜び」が、「存在者」を「ひとまとめにして」我々に開示すると述べている。[4] つまり、我々は、特定の対象や特定の自己の姿にとらわれていない限り、たえず何らかの形で気分的に「ひとまとめ」にあらわれる存在者の只中にあるというのである。

このハイデガーの「ひとまとめになった存在者」という考え方は、「気分」という心理的現象を通してとらえられているとはいえ、その核心において、私がさきに述べた「可能存在＝融合体」と根本的に共通な面をもっていることはたしかであろう。

また、サルトルは、小説『嘔吐』のなかの有名な一節で、主人公ロカンタンに、「存在の体験」について語らせているが、ここにはこう述べられている、「存在(l'existence)はふいにヴェールを剝がれた。存在とは事物の捏粉《ねりこ》(la pate)そのものであって、この樹の根は存在の中でこねられ(pétrie)ていた。……事物の多様性、その個性は単なる仮象、単なるワニスにすぎなかった。そのワニスがとけた。そして、怪物じみた軟かい無秩序の塊が、――怖ろしい淫猥な裸の塊だけがのこった。……(樹々や柵や小石などは)それぞれ、私がそれに閉じこめようとした関係から逃れ去り、孤立しあふれ出ていた。……しわが寄り、無気力で名のないあの根は私を魅了した。私の目をいっぱいにし、そしてそれ自身の存在にたえず私をつれもどした。……存在するとは、ただ単に『そこにある』(être là)ということである。……すべてが無償である。……私はマロニエの樹の根で『あった』。或いは、むしろ私は全く根の存在についての意識だった。……黒い根は『通りすぎなかった』。それは切れ端が大きすぎて食道につかえるように、私の目の中にのこっていた。呑みこむことも、吐き出すこともできなかった。……私の目は絶対に充実したものにしか出会わなかった。枝々の尖端で存在がひしめいていた。……つねにどこにでもある存在、それは――存在によってしか限定されない。はじまりのない存在のこれらの豊かさに困惑し、茫然自失して、私はベンチの上に崩折れた。……存在というもの、それはそこから人間が離れることのできない充実である。……あの巨大な現物を私は夢みたのか？　それは公園の上にのしかかり、樹々の中に転落してそこにあった。まったくブヨブヨであり、なんにでも、くっつき、厚ぼったくてジャムのようだった。……それはあらゆるものをゼラチンのような(gelatineux)疲労でみたした。それはものすごく奥行があった。それは公園をこえ、家々をこえ、ブーヴィル(Bouville)の町をこえていた。……赤裸々な『世界』はかくて一挙に姿をあらわした。そして私はこの無意味なかさばった存在に対する怒りで、息がつまりそうになった。……私は叫んだ、『なんて汚いんだ。なんて汚いんだ。』そして私はこのベタベタした汚物(saleté)をふり払うためにからだを揺った。しかし、汚物はしっかりとしていて離れなかった。幾トンという存在が無限にそこにあった。――」(5)

サルトルが「嘔吐」という一種の生理的現象を手がかりとして、表現しようとしているこの「存在」は、のちに、意識の「無」がその中にさく裂する母胎、即ち「即自存在全体」(la totalité de l'être-en-soi)とよばれるものであり、従って、すべての対象的限定に先行する無定形な原＝物質と考えられるべきものである。それは、ハイデガーの気分的な「ひとまとめになった存在者」や私の述べた「可能存在融合体」と比べて、はるかに強烈かつ感覚的な形容詞で修飾されているが、しかし、「端的な不条理な存在」であり、すべての対象的限定の枠から溢れ出ている点において、前二者と深く相通ずるものをもっていることは否定できない。

ハイデガーとサルトルと我々の「世界」の「存在」に対する考え方がこのように或る程度似ているにもかかわらず、それらの間の相違が、一体どこから生じてきたか、という問題については、ここでは論ずる余裕がない。(6)ただ、我々と非常に共通した面をもつ彼らの考え方を紹介することによって、我々の、主観―客観の統体としての「可能存在融合体」という考え方が、単なる一個人の特殊な病的体験に基づくものではないということを示せば、ここでは、足りるのである。

以下の小論において、私は、この「可能存在＝融合体」の立場に立って、ヤスパースのいわゆる「限界状況」と「包括者」との関係を論じたいと思う。そのため、便宜上、我々の「可能存在＝融合体」をも「包括者」の一種とみなして「自己存在包括者」（そして、その身体的中核を「可能存在への意志」）とよびたいと思う。

2　限界状況

1　状況

ヤスパースによれば、「状況」とは、現存在としての主体が何らかの利害を有する現実であり、その主体に対する制限、或は生存圏を意味している。他の主体とその利害、社会的権力関係、暫定的な連携、その他の出来事がその中を動いている。

状況は生物学によっては動物の生活圏として、また適応として、経済学によっては需要―供給関係として、歴史学によっては一回的な出来事として研究される。それゆえ、現存在の状況は、普遍的類型的であるか、或は歴史的一回的である。

我々は、状況を技術的、法律的、政治的行為によってつくり出す。しかし、現存在は状況の中の存在であるから、私は他の状況にふみこむことなしに、一つの状況から抜け出ることはできないとヤスパースはいっている。

2　状況と限界状況

「私がつねに或る状況の中にあり、闘争と苦痛なしには生きることができず、不可避的に罪責を身に負い、かつ、死なねばならぬという状況(7)」をヤスパースは「限界状況」とよぶ。

限界状況は変化しないが、その現象形式は変化する。それは我々の現存在と最終的に結びついている。限界状況を見通すことはできない。それは我々がぶつかり挫折する壁のようなものである。我々はそれを変えることはできないが、ただ明瞭にすることができる。

「限界」状況はつねに現存在と共にある。限界とはいわば他者が存在するということである。しかし、この他者は、現存在、意識一般、精神などの内在的意識に対する他者ではない。

現存在は限界状況と状況との区別を知らない。現存在としての私はひたすら自己を維持し、かつ、拡大しようとしており、生存の状況を支配し、享楽し、それに悩み、服従しつつ疑問を抱かない。それは限界状況におどろかないか、或いは頼りなげな鈍い沈思に陥るのみである。現存在が現存在たる限り、結局、限界状況の前に目を閉じて、これを回避する以外の道はない。

意識一般は、認識及び合目的々行為として、限界状況を単に客観化し、一般化するだけで、やはり真の限界を見出さない。

精神は、本来、普遍者の永遠的な世界に属するから、個別者の直面する限界については無関心である。

このように内在的立場にとっては、真の限界状況は存在しないというのがヤスパースの主張である。「限界状況は、知識にとってはただ外から知られるのみで、現実としてはただ実存によってのみ感得される」(8)。

もちろん、現存在が「可能的な実存」(9)である限り、本能的直覚的な不安を通して、他者を暗々裡に感じうるということは否定できないであろう。ただ生への意志はそれに直面する力をもたないというのである。

ヤスパースの以上の説明によれば、限界状況はただ実存にとってのみ現実的な状況であるというだけで、ふつうの状況に比して、その特質がどこにあるかということはまだ明瞭でない。これは、ただ超越的な立場からのみ限界状況を見る彼の立場としては当然であるが、同時に、問題をはらんでいるといえるであろう。

3　限界状況と包括者

限界状況を包括者との関連において見るならばどうであろうか？

そもそも限界状況が、現存在、意識一般、精神のいずれによっても、明らかにされえないのはなぜであろうか？

それは、限界状況の意味する限界が、もはや主観—客観分裂の内部における限界ではなく、むしろ、現存在という包括者自体にかかわる限界だからではないだろうか？

ヤスパース自身はこのような問いに全く答えていないので[10]、以下、我々自身の立場から少し考えてみたい。

状況は、いわば現存在包括者の歴史的様相である。それは客観化される限りにおいて、主体としての私によって支配されうる。しかし、包括者自体を客観化することはできないし、またその包括者の成立根拠に原因をもつ状況の変化は、これを客観化することができない。そこで、現存在としての私は、内在的意識の対象となりえないような状況の変化に対して、つねに不安を感ずるであろう。このような客観化しえない変化の中には、或る、不可解な強制力ともいうべき「他者」の存在がおぼろげながら感得されるからである。それはふつう、「運命」とか、「偶然のいたずら」というような言葉でよばれる。このような他者は、現存在包括者を通して感得されるのであって、そこに示される事態は、日常的経験をこえた、いわば存在論的な事態である。すなわち、私が現存在として、空間的時間的に拡大と持続とを無制限に求めるとき、空間的な延長の果てにも、時間的な持続の果てにも、客観化しえぬ或る不可解な限界が姿をあらわすということである。これが限界状況であり、その限界は、現存在包括者によって象徴される内在性そのものにかかわる限界であるといえよう。

しからば、この限界は現存在包括者に固有な限界であろうか？　もしそうであるとすれば、生への意志はもともとこの限界を自覚している筈である。たとえ、その限界が客観化しえないものであるにせよ、自己に固有な限界に、直面しうる筈である。しかるに、生への意志はこのような限界をヤスパースのいうように、感じないか、或いは、それに直面する力をもたない。むしろ、限界を回避するのが、生への意志に固有の態度である。これによって見れば、限界状況の限界は現存在にかかわる限界にはちがいないが、現存在に固有の限界ではなく、むしろヨリ深い根底を有するものであるということができよう。

具体的に考えてみると、生への意志の不安を生む限界は、現存在においては、つねに、個々の対象や個々の状況に結びついている。私が不安におびえるのは、或る特定の(私の)職業を失ったときか、或いは、或る特定の(某という)人間によって脅迫されたときである、この時、現存在内の対象としての失業、或いは犯罪というものは、(少なくも或る程度までは)客観化しうるものである。しかし、私の生への意志が(恐怖とは異なって)真に不安を感ずるのは、その客観化された失業、或いは犯罪に対してではなしに、むしろ、それらの現象の背後からひそかにのぞいている不確定な或る他者に対してであるといえよう。

このように見るならば、限界状況の限界は、ますます現存在の特定の状況に固有のものではなく、むしろ、その状況を通して現象し来ったところの或る未知のものに属しているといわねばならない。

この未知なるものは何であろうか？　現存在が自己保存と自己拡大への衝動であることはヤスパースの認めるところである。もちろん、現存在の自己保存は、或る特定の対象との関係の持続を意味し、自己拡大とは、或る特定の対象の獲得を意味している。私が強盗に直面して挫折したのは、正にこの持続を、即ち私の所有物との関係を断絶されたからであり、私が失業によって不安に襲われるのは、やはり私の特定の対象を獲得する道を断たれるからである。しかし、それと同時に、例えば私が所有物をとられて、解放されたときには、私の不安は大部分消失しているという事実に気付く。私には恐怖の感情はのこっていても、不安はもう大分軽減されている。この事実は、私の不安が、或る特定の対象の持続と結合してはいても、それは現象としてであって、この不安は、恐怖とちがって、その対象そのものと窮極的に結びついているのではないということを証明している。いいかえれば、不安の根源は自己の持続そのものに内在するのであって、この特定の対象の持続にではなかったのである。同様のことが、空間的対象を目的とする私の生存圏の拡大についてもいえる。ここで不安を生み出すのは、或る特定の生存圏の否定ではなく、むしろ、そのような生存圏の成立を可能ならしめている空間的連続性自体の否定である。私が失職するときに、私は、或る特定の職を失う不安ではなく、職業一般、いいかえれば、生存圏成立の可能性一切を失う不安を感ずるのである。

以上を要約すれば、現存在(可能的な実存)としての私は、個々の具体的状況の持続と拡大に対する限界を限界状況と感ずるのではなく、むしろ、具体的状況の根底にあり、かつその前提であるヨリ根源的な持続性と連続性そのものの限界を限界状況として感ずるのである。(但し、感ずることと直面することとは別である。)

しからば、このような持続性と連続性とは何ものであろうか?

現存在の自己保存の根底と前提である持続性は、序論で導入された主観―客観の統体たる自己存在包括者に固有な可能存在のもつ時間的持続性であり、自己拡大の根底と前提である連続性は、自己存在包括者に固有な可能存在のもつ空間的連続性であると考えられる。

つまり、限界状況とは、現存在の根底にある自己存在包括者のモナド的な時間的持続性と空間的連続性とが或る限界に直面する状況であるといえよう。

このような観点に立つならば、限界状況は、ヤスパースの結論とは異なって、本質的に自己存在包括者そのものにかかわる状況となる。そして、このように見てはじめて、我々は現存在に固有の不安の原因と、それが限界状況に直面しえない理由を理解しうるのみならず、状況と限界状況との相違を明確にすることができるのである。

3　限界状況各論

以下、ヤスパースの立論に沿って、死、苦、闘争、罪責のうち、我々にとってより重要な、死と闘争について論じ、あわせて、それらに対する若干の批判を述べることにしよう。

1　死

現存在の客観的事実としての死は、いまだ限界状況ではない。もちろん、死について知らない動物にとっても限界状況は存在しない。しかし、自分が死なねばならぬことを知っている人間にとってすら、死が或る不定な未来に対する期待として、また、それを避けようとする心配を通して知られている限りでは、いまだ限界状況の時は熟さない。

単なる現存在としての私は、目的を追求し、価値あるものの継続を求め、実現された価値の消滅を、また、愛する者の死を悲しむ。勿論、私自身も終末を味わわねばならないが、この不可避的な一切の終焉を忘れつつ、単なる現存在としての私は生きている。では、これに対し、ヤスパースのいう実存は、現存在の死にむかってどのような態度をとるであろうか?

実存としての私は、ヤスパースによれば、私の現存在を時間の中の現象と見る歴史的意識によって次のことを確認している、「死は、実存の現象面としての私の現存在にのみかかわっている」と。

すなわち、可能的実存としての私は、世界に現象するときにのみ、現実的となるが、しかし、それ自身は現象以上である。死は、実存にとって常に不真実である現象の消滅であり、現象のもつ必然性である。「死によって破壊されるものは現象であって、存在そのものではない[11]」。

ヤスパースのこのような見解は、現存在を実存の身体として、しかもその一時的、消滅的身体と見るところから来ている。彼にとっては、現存在は、持続的な生命としてではなく、絶えず変転する個々の意欲の内容として実存の身体なのである。そして、決断の瞬間においてのみ、超越的な実存と内在的な個々の意欲とがいわば無媒介的に結合するというのである。

しかしながら、ヤスパースからはなれて考えてみれば、死は個々の意欲の消滅ではなく、生の持続性そのものの消滅であると考えることができるのである。たしかに、死が未来の不定な時点における消滅であるときには、私は、現在の個々の瞬間を実存的に充実することによって、あるいは死の不安に耐えうるかもしれない。しかし、死が或る確定的な時点として迫る場合（例えば、死刑囚の場合）に、ヤスパースの実存は果してそれに耐えうるであろうか？しかも、このような状況においてこそ、私は死の不安にではなく、いわば、死そのものに直面するといえるのではないか[12]？　そして、このような確定的な時点における死は、それが先取される限り、私にとって一つの根源的持続性の終焉としてのみ理解されるであろう。それは不定な時点のもつ或る柔軟性をもってではなく、正に一つの壁として私の前に聳えるであろう。その前で私の生の持続性は決定的に挫折する。しかし、このとき私は、ヤスパースのいうように、自分の生が一つのすぎゆく現象にすぎないという諦念には到達しないであろう。むしろ、私は、多様な欲望に色どられた、私の生の主観的持続の限界に直面することによって、「可能存在への意志の持続性」という一つの新しい自覚に到達するであろう。それは無限の持続を前提とする生への意志でもなく、ただ瞬間のみに生きようとするヤスパースのいわゆる「運命への意志」でもない。私は、或る不可解な他者によって「限定された純粋持続的存在」としての私となる。こうして、単なる生への意志が絶望するとき、はじめて、私は真の存在に目覚めるのである。

たしかに、ヤスパースにとっても、また、限界状況をあらわにするのは、絶望である。「絶望の中からのみ、存在確信は贈与される[13]」。そして、この絶望の中から、現存在を実存へと飛躍させる契機は「勇気」(Tapferkeit)である。死を直視する勇気のみが、存在の確信に到達する。それは瞬間における、永遠なる自己の現象的実現に外ならない、といわれている。

しかしながら、ヤスパースにおける、この絶望は、現存在の「果敢なさ」(Vergänglichkeit)、「無意味さ」(Sinnlosigkeit)に対する諦念的絶望であって、現存在の「可能存在そのもの」(持続)に対する絶望ではない。そこから、彼の場合、絶望して、なお、「ニヒリズム」に陥る可能性が生じてくる。それをヤスパースは、第二の死、或いは「実存的な死」(der existentielle Tod)とよんでいる。実存的な死は、現在の瞬間における自己実現の可能性を裏切り、決断を回避することによって生ずる存在確信の喪失である。そして、「実存的な死に対する不安は、現存在の死に対する不安とは全く異質的なものであるから、同じ死という語にもかかわらず、唯一つの不安のみが支配する[14]」といわれる。

ヤスパースによれば、この「実存的な死」を超克することによってのみ、現存在の死は克服される。つまり、瞬間的な自己実現を通して、自己の未知なる根源が確信されている限りにおいてのみ、二つの死は克服されている。この時、現存在の死は、ヤスパースの実存的完成の一つの目標となる。「現実の死は完成ではなく、終止である。しかし、それにもかかわらず、実存は自己の可能的完成に必要な限界として死に直面する[15]」。そして、実存が自己の可能性を実現すればする程、彼は死を恐れなくなり、むしろ、死に親しみを感ずるようにすらなるというのである。

しかしながら、ひるがえって考えれば、「死」に直面しつつ生きる勇気を同時にもちあわせないようなニヒルな「絶望」を我々は真の「絶望」とよびうるであろうか？　いいかえれば、二つの死、即ち、「実存的な死」と「現存在の死」とは限界状況において、ヤスパースのいうようにはっきりと二つに区別しうるであろうか？　むしろ、包括者としての「現存在の死」に十分に直面しえないということこそが、「実存的な死」なのではなかろうか？　そして、「死」は、実存にとっていわゆる「可能的完成の目標」などではなく、むしろ、「自己自身への決定的通路」であり、「超越へのスプリング・ボード」に外ならないと考えるべきではあるまいか？　なぜなら、実存がいかに真剣な決断によって、現存在の中に自己を実現していったとしても、それは所詮、私と個々の対象との関係であって、包括者全体との関係ではありえず、従って、現存在包括者の消滅としての「死」にはとうてい対抗しえないだろうからである。限界状況としての「死」は、まさに「包括者」の存立の脅かされる状況であり、従って、問題は、個々の歴史的「決断」にではなく、むしろ、一世一代の根源的「決断」、つまり広義における「回心」にかかわっていると考えられるべきなのである。

2　闘争

死と苦とは、私の行為に関わりなく、限界状況として私の前にあらわれることもある。しかし、闘争と罪責とは、私の行為なしには生じない限界状況である。しかし、それから逃れることはできない。私の現存在そのものがそれを生むからである。

すべての生物は、知ると知らぬと、欲すると欲せぬとにかかわらず、生存のための闘争を行なっている。それは消極的には、見かけ上の小康によって生を存続させるためであり、積極的には拡大と発展のためである。

人間は意識的に闘争する。しかし、闘争が集団、社会秩序、国家に委ねられ、遂行される限り、個々の闘争は隠蔽されている。

意識的闘争は、生存圏の拡大を目的としている。経済的には平穏に、戦争としては暴力的に、あらゆる行為、謀略、設備をもって、戦われる闘争は、物質的現存在の諸領域のみならず、現存在そのものを脅かすゆえに、つねに恐るべき結果を生む。もし、暴力の使用によって一方が絶滅してしまわないならば、それは社会関係の対立に移行し、勝者は権力をにぎり、敗者は生存の条件としてそれに仕えなければならない。

精神的行為の領域においても闘争が存在する。それは現存在の存立にかかわる闘争ではなく、むしろ、精神の無限の領域における地位と名誉とにかんする闘争である。この闘争は批判的破壊的であるのみならず、建設的である。それは創造の源泉である。ただ精神的闘争が物質的闘争と結びついたときに、それは現存在の闘争に堕し、その実質を失う。

ヤスパースにとっては、闘争はまた、可能的な実存の間の愛の表現として、実存の開示のための闘争でもある。「この闘争は、仮借なき照明によって自己の根源に到達するために行なわれる相互の徹底的な問いかけである。「この闘争は、実存が現象するさいにおける、実存実現への一つの制約であり、仮借なく、しかも、強制力なしに、実存の根底に到達するのである」[16]。

こうして、ヤスパースによると闘争の本質は二つに大別される。

① 力による闘争

この闘争は強制し、限定し、抑圧し、或いは領域を獲得する。この闘争において私は屈伏し、現存在、或は地位、名誉を失うかもしれない。

② 愛による闘争

この闘争は力を用いず、開示（Offenbarkeit）のみを求め、勝とうとする意志をもたない問いかけであるが、その中で私は自己を隠蔽しつつ闘争を回避し、実存たることを拒絶することもできる[17]。

ここでは、ヤスパースによって、これら二つの闘争は、互いに切りはなされ、例えば、「敵を愛する」というような発想は、全く見出すことができない。

このうち、力による闘争の内容を検討してみよう。

◎現存在のための力による闘争

私の現存在は他人の現存在から奪い、他人はまた私からうばう。私の獲得するあらゆる地位は他人をしめ出す。私のすべての成功は他人をみすぼらしくする。私の生は、祖先の闘争における勝利の上に立っている。私が敗北するならば、何世紀かの後に、もはや、私を祖先と仰ぐ者はいないだろう。

しかし、その反対のこともまたいえるであろう。すべての現存在は相互扶助の上に立っている。私は自分の現存在を両親の配慮に負っている。私は一生の間他人の援助をうけ、かつ、私の方からも社会的連帯の中で援助を遂行する。「しかし、援助と平和と全体の調和とが最後的なのではなく、むしろ、闘争とその勝者による搾取とが最後的なのである[18]」。

このような力による闘争の例として、

Ｉ　階級闘争

精神生活は少数者の自由と閑暇とを生み出す社会秩序に基づいている。しかし、多数者は全く別の意味で労働しており、少数者の精神的実現は本来彼らの目的ではないのである。

支配階級、利子生活者、その他機械的労働によって生活の資をかせぐ必要のない階層の人々のみが、自己修練を通して文化創造を遂行する。この階層の個人のみが、一回的創造として万人の認める価値の担い手となる。怖るべき、かつ、窮極において暴力的な搾取がそのための条件であるが、かの個人はそれについて何ら知る必要がない。合法的にどこからともなく来るものをただ消費し、何ら物質的生産労働の代価を必要としない人々のために、この条件はつくり出されている。

Ⅱ　経済闘争

すべての相互援助は、我々の経験によると、他の共同の敵と闘争する単位をつくり出すにすぎない。相互援助はいわば「とび地」にすぎない。

なかんずく、経済闘争は、各々の部分的集団の利益と損害のために、現存在全体を危うくするという点で戦争と同じである。この闘争の結果は、子孫のために生存領域を獲得するか、それとも、根こそぎ失うかである。ただ過程のゆるやかさと没落のおだやかさとが、闘争、つまり、勝利と破滅とを目立たないものにしている。一見、平和な繁栄と生活の発展とが唯一の現実であるかのように思われる。しかし、現実から目をおおうことはできない。一つの筏をかこむ二人の遭難者の状況と我々の状況とは異ならない。「もし筏に一人しかのれないならば、二人とも死ぬか、或いは闘争によって一人が勝ちのこるか、或いは一人が自らの生命をあきらめるか、のいずれかを選ばねばならぬ[19]」。

では、これらの力による闘争には、解決はないのであろうか？

人間の共同生活においては、いかなる最終的な休息もありえない。「つねに次のような限界状況が存在する。私が生きようとするなら、私は強制力の利用者(Nutznießer)とならねばならない。かつ、私自身いつかは強制力の下に苦しまねばならない。また、援助を行ない、援助をうけ、感謝せねばならない。また、明快な、あれか、これかを制限し、申し合せと妥協に屈しなければならない[20]」。かくて、「この限界状況の中には、いかなる永久的、客観的な解決もなく、ただ、その時々の歴史的な解決があるのみ[21]」。

従って、ヤスパースによれば、肯定にせよ、否定にせよ、闘争にかんするいかなる窮極的な判断ももはや可能ではない。現存在は闘争なのだから、問題は、いつ権力をにぎり、権力を享受し、いつ譲歩し、忍耐し、いつ闘争し、敢行するかである。この決断は普遍的原理からではなく(それなしにではないにせよ)、歴史的実存から行なわれる。このとき、強制による決定はもはや協定と妥協を拒絶せず、闘争への意志は理解ある人間性を排除しないであろう。ただ、「『いつ？』、『どこで？』がつねに問題なのである[22]」。

以上のようなヤスパースの「闘争」の分析は、相当に鋭いものをもってはいるが、結局、現実の是認とストア的ともいえる諦念に終わっているということができる。しかし、限界状況としての闘争の本質は、単に現存在の現象的分析からは解明しえない。むしろ、次節に示されるような、自己存在包括者のもつ、「自己」と「他者」とのアンチノミーの認識を通してはじめて明らかとなるであろう。

4　限界状況のアンチノミー

限界状況において私は現存在の限界に到達する。世界の中にはいかなる完成もない。いかなる現存在が本来的存在であることを主張するにせよ、それは絶対的な問いの前に崩れ去ってしまう。

「現存在のすべての疑わしさは、現存在そのものの中に休息を見出すことの不可能を意味している[23]」とヤスパースはいう。

このような体験は現存在のアンチノミー的構造の認識へと導いてゆく。

アンチノミーとは、克服しえぬ不調和、解決しえぬのみならず、明晰なる思考によってもただ深められる矛盾、全体を形成することなく、つくろいえざる破れとして限界に立ちふさがる対立のことである。それゆえ、ヤスパースにとって、現存在のアンチノミー的構造とは「現存在においては、特定の対立の、その時々の解決が可能なだけであり、限界において全体を見るときには、つねに(対立の)解決の不可能が示される」[24]ということである。

いいかえれば、完成は個々のものと相対的なものにおいてのみ存在し、現存在全体はつねに未完成である。現存在の自己完結は、つねにアンチノミーによってさまたげられている。

こうして、死、苦、闘争、罪責という個々の限界状況の間の共通性は、現存在のアンチノミー性の中に把握される。それは、世界における絶望的な悲惨と、自己を窮極的に正しいと考えようとする意欲の否定にほかならない。

これらの限界状況においては、価値あるものは、価値に反する制約にむすびつき、私は自分の欲しないものをも身に引き受けねばならない。私が攻撃しようと思う側は、私の真の欲する側とあまりにも密接に結びついているので、一方を棄てることによって、私は両方を棄てねばならない。交通は孤独と、自由は依存と、歴史的意識は普遍的真理と、可能的な実存としての私は単なる現存在としての私と不可分に結びついている。

以上のようなヤスパースのアンチノミー観の特徴は、アンチノミーが主として時間方向における対立として把えられている点である(例えば、生に対する死、苦を通しての幸福、権力の使用と時に応ずる権力への屈従、行為とその予想しない結果としての罪責等々)。そして、空間方向の対立関係は時間方向の因果性へと転換されている(例えば、搾取階級と被搾取階級の対立は革命の反覆へ、生存圏の争奪は子孫に対する顧慮へ、唯一者と私との出会いは見棄てられた者への罪責へ、個人相互間の扶助は集団間の闘争の不可避性へ、実存と実存の対立は状況の変化の中における愛の闘争過程へ）。従って、ヤスパースは、限界状況の本質を現存在の時間的変化の必然性の中に見たといえるのである。「現存在のアンチノミー性は、いかなる知識の対象としても、客観的持続としての絶対者を否定するところの限界状況である」[25]。また、「アンチノミーの様相は、時間内現存在において、とどまるところを知らぬ変転への要求である」[26]ともいわれている。

それゆえ、現存在の中で私が経験するものは、決して、絶対的な持続ではないが、さればといって持続なしに現象の現実性はありえない。私は現存在を存在そのものとして把えることはできないが、また、可能的な実存として現存在以外のものであることもできない。こうして、ヤスパースにとって「最後の、他のすべての限界状況を包含する不可解な限界状況は、存在は現存在と共にのみある、しかし、現存在自身は存在ではない、という事実である」[27]ということになる。

ところで、ここで（つまり、一九三二年初版の『哲学』の中で）ヤスパースによって「存在」とよばれているものが、「実存」、或いはむしろ、「現実化された実存」のことであって、一九三五年の『理性と実存』においてはじめて提出される「包括者」をさすのでないことは、前後の文脈からも明らかである。実際、もし、「包括者」、とくに「現存在包括者」を「存在そのもの」と見なす後期の立場に立つならば、右のように「現存在は存在ではない」とヤスパースは言わなかったであろう。だが、その場合には、「客観的持続としての絶対者」を否定するところの、限界状況のアンチノミーは、果して、どうなったであろうか？　いいかえれば、包括者としての現存在は客観的に持続しないのであろうか？　もし、持続するならば、その場合には、限界状況とそのアンチノミーは消滅せざるをえないであろう[28]。また、もし持続しないならば、その場合には、いわゆる「包括者の土台」としての「実存」と消滅する「現存在包括者」との内在的関係はどうなるのであろうか？

これらの疑問について、ヤスパースは残念ながらどこにも回答を与えてはいないのである。

そこで、我々は、限界状況のアンチノミーを、ヤスパースのように、包括者とは無関係に、もっぱら時間的方向の現象的対立としてとらえるのでなく、むしろ、「自己存在包括者」に内在する時間的・空間的両方向の対立、即ち、その「持続性」と「連続性」の否定としてとらえる立場から、アンチノミーの本質を考えてみよう。

第一節で述べたように、すべての現象の変化の根底には持続がなければならない。それはヤスパースのいうような超越的存在(実存)としての持続ではなく、むしろ、現象そのものに内在する持続である。この持続は現存在そのものの根底にあって、現存在の変化を可能ならしめている。しかし、現存在自身にとっては、自己の前提であるこの持続を意志することはできないし、また否定することもできない。現存在はこの持続の上をすべりつつ、たえず変化してゆく。この持続は、認識の範時としては「実体性」(Substantialität)となり、現存在空間の根底としては二点間の連続性であり、現存在時間の源泉としては過去と未来とを同時的にはらむ「現在性」である。かつ、時間と空間との綜合としては、「自己存在包括者《モナド》」と「可能存在への意志」との統一を形成している。

従って、ヤスパースの言うように、現存在の客観的現象は何ら持続性をもたないにしても、それによってすべての内在的な持続性を否定することはできない。むしろ、現象の変化は、限界状況を通じて、現存在の根底にある持続性をあらわにする。なぜなら、限界状況は、そのような持続性そのものを脅かすような状況だからである。現存在包括者の様相がいかに変転極まりないものであるにせよ、現象の相対的変化そのものの中に、限界状況の本質はない。[29] むしろ、すべての客観的持続の疑わしさは、同時に、客観的対象の持続を欲する主観、即ち、「生への意志」の疑わしさとなって感じられなければならない。ここにこそ限界状況の真の発端がある。

いいかえれば、客観的対象の持続を欲する生への意志は、度重なる挫折を通して遂に自己自身に不信と絶望とを抱くに至る。生への意志の根底をなす真の持続としての可能存在への意志は、このような生への意志の自己不信を通して、却って、疑いえない前提そのものとしてあらわとなるであろう。生への意志の個々の意欲は変転を免れないにしても、その根底にある唯一の主体的持続は一貫して変わらないからである。

しかも、生への意志から区別された可能存在への意志は、本質的にアンチノミーを内包する意志である。我々は、この「可能存在への意志のアンチノミー」に到達してはじめて限界状況の本質をあきらかにしうるであろう。

可能存在への意志のアンチノミーは、本質的に不可解な「他者」の発見から発している。可能存在への意志は、本来、私の意志であり、私の身体的存在と不可分に結びついている。この意志は、前述のように、私の身体を唯一の中心として、対象の間に無限にひろがりつつ、「自己存在包括者」を形成している。それゆえ、「自己存在包括者」は「私だけの」包括者であり、私の周囲をめぐりつつ、いわば一つの「閉じた」宇宙（モナド）を形成している。この宇宙の中に「他者」を発見することは、必然的に、一つのアンチノミーを生ぜざるをえないであろう。

自己存在包括者は私の可能存在への意志によって充実された包括者であり、その中のすべての対象は、私の可能存在への意志によって存在を付与されている。その限り、この包括者は私の包括者である。この私の包括者は、私の現存在圏が成立する根拠である。なぜなら、私の自己存在包括者は、いわば私の身体の延長であり、第二の私の身体を形成しているからである。そして、あらゆる状況は、この包括者の内部に発生し、あらゆる状況の変化は、この包括者の持続の上に生ずる変化である。私はこの第二の身体の中に、生への意志として現象し、対象を私のものとして更に再確認しようとする。これが私の現存在である。私の自己保存と、自己拡大とは、すべて自己存在包括者を前提として行なわれる。

しかるに、限界状況を通して、私はこの包括者の空間的連続性の方向に、私のものではない存在者を発見する。私の宇宙の中の存在者でありながら、私に属しないこの存在者を「他者」とよぶ。ここに、私に属しないということは、この他者が、(客観化することのできぬ)一つの他の包括者の中心であるということを意味している。私の包括者の中に、他者(他の中心)がいるということは、ただちに、解きがたいアンチノミーを生み出す。すなわち、私の自己存在包括者は、同時に、他者を中心とする自己存在包括者でもあるということになる。その間に境界を設定することはできない。私が他者を包むか、他者が私を包むか、そのいずれかである。かくて、「私の自己存在包括者は私のものであり、同時に他者のものである」。これが不可避的に自他の包括者間に成立するアンチノミーの内容である。

現存在の現象としての、すべての闘争は、実はこの自己存在包括者のアンチノミーの現象形態に外ならない。闘争が限界状況でありうるのは、このアンチノミーをあらわにする状況だからである。私の生存圏と他者の生存圏とは、このアンチノミーによって必然的に衝突を免れないのである。

私がこのアンチノミーを否定しようとして私の包括者の中の他者の存在を否定すると、私は必然的に罪責を負わねばならない。他者はあくまで他者であり、私に従属しないからである。この包括者の中に発生する罪責は、現存在におけるすべての罪責の根源である。後者は前者の現象形態に外ならない。

限界状況としての闘争と罪責とは、自己存在包括者との関連において、はじめて、その本質を明らかにされる。限界状況のアンチノミーは、闘争や罪責という現象の中にあるのではなくて、その現象を通してあらわにされる包括者のアンチノミーである。客観的対象の持続が疑わしいのは、包括者の独占が疑わしいからである。

これに対して、死と苦とは限界状況として、自己存在包括者の時間的持続性にかかわっている。包括者の時間性は純粋なる持続性である。それは、「幅のある現在」、つまり、未来と過去とを包含する現在性である。経験的時間における未来、過去は、包括者にとってはすべて現在である。なぜなら、包括者は単に空間的に無限定の広さをもつばかりでなく、時間的にも流れ去った過去を引き戻し、まだ来ない未来を先取りしつつ、それらを同時的に包みこんでいるからである。

それゆえ、死は、自己存在包括者にとっては現在の事実である。つまり、死は、可能存在への意志の未来的にして現在的な否定である。可能存在への意志は、ここで他者に直面する。自己の持続への意志に反して、これを断絶する他者の絶対的な意志に直面する。死が現在の事実であるゆえに、可能存在への意志は、自己の意志と他者の意志とを同時に感ぜざるをえない。自己の意志は持続を欲し、他者の意志は断絶を欲する。こうして死に直面する可能存在への意志は、「私は可能存在への意志として私であり、かつ、同時に他者である」というアンチノミーに陥らざるをえない。現存在の死に対する不安は、すべて可能存在への意志のアンチノミーの現象である。

また、現象としての苦は、死に至る過程である。限界状況としての苦は、死に至らしめる意志として、包括者を襲う。それは可能存在への意志にとっては、自己の持続性を否定しつつある他者の意志であり、既に半ば実現しつつある死である。それゆえに、可能存在への意志は否定されつつある持続として、或いは、現在において半ば否定された持続として、「私は私であり、かつ他者である」というアンチノミーに陥らざるをえない。限界状況としての苦は、このアンチノミーの現象に外ならない。

したがって、ヤスパースのいうように、生きる者が必ず死に、また必ず苦を担わねばならぬという現存在の状況が直ちに限界状況であるわけではない。この状況を通して、生への意志が否定され、その根底にある可能存在への意志があらわとなり、しかも、同時にこの存在への意志がアンチノミーに陥らざるをえないという状況が限界状況なのである。

限界状況としての死、苦、闘争、罪責は、自己存在包括者のアンチノミーによってはじめて、その本質をあきらかにされうる。

それゆえ、ヤスパースが限界状況を現存在の歴史性、即ち、「持続するものは無であり、消えゆくものが存在の現象である」[30]という命題に解消するとき、限界状況の真の意味は見失われてしまったといわねばならない。たとえ、現象として持続するものが、生への意志にとって無であるように思われるにせよ、むしろ、却って生への意志の自己否定（絶望）を通して、真に持続的なるもの、即ち、可能存在への意志があらわとなるのである。

ヤスパースによって明確に否定されたのは、客観的持続であって、主観的欲望としての生への意志ではなかった。しかし、客観的持続の否定は同時に主観的欲望の否定とならなければならぬ。主観としての生への意志は、意志の対象としての客観をはなれては存在しないからである。そして、主観的欲望としての生への意志が否定されるときに、はじめて主―客分裂の根底にある真の持続、即ち、「幅のある現在」たる可能存在への意志が見出されるのである。

ヤスパースは、この真の持続を見出しえなかったために、存在の実現を瞬間の中に認める外なかったのである。ここに、彼の実存の瞬間的、非持続的性格の根源がある。彼が瞬間の根拠なる「幅のある現在」を見出しえなかった以上、実存の時間的定位として瞬間をしか見出しえなかったのは、むしろ、当然であるといわねばならない。

＊　　＊　　＊

◎自己存在包括者《モナド》のアンチノミーの形式

自己存在包括者は、空間と時間の綜合、「連続性」と「持続性」の綜合であり、「絶対的ここ」として、自己と世界の綜合、「幅のある現在」として、未来と過去の綜合であり、かつ、「可能存在への意志」によって充たされている。しかし、自己存在包括者は自己の中に安んずることができない。なぜなら、それが生への意志の絶望においてあらわになると同時に、ただちに、固有のアンチノミーによって脅かされるからである。

自己存在包括者（モナド）のアンチノミーは次のような形式で述べられる。

（定　立）私の可能存在は、私である。
（反定立）私の可能存在は、他者である。

（可能存在とは、自己存在包括者と可能存在への意志との総称である。）

現存在の限界状況は、すべて、この自己存在包括者のアンチノミーから発している。このアンチノミーが存続する限り、すべての状況は限界状況に転化する可能性を孕んでいる。ヤスパースが強調した現存在のアンチノミーは、このより本質的なアンチノミーが現象の上に投じた影にすぎない。

5　限界状況と実存への飛躍

限界状況に直面しつつ、可能的な実存が、現実に実存となるその方式について、なお、しばらく、ヤスパースの所論に耳を傾けよう。

(1)　三つの飛躍

たしかに、生への意志の絶望を通してのみ、実存への道はひらけるのである。

生への意志の絶望は、もはや計画や考量によって限界状況を超えようとする企図を放棄せしめる。我々は、ひたすら目を大きく見開いて限界状況を直視するか、しからずんば、ニヒリズムの中に自己を喪失するであろう。そして、この第一の道においてのみ、「限界状況を経験することは実存することである[31]」というヤスパースの主張は意味をもちうるのである。

存在確信の実存的自覚は、一つの飛躍の結果である。それまで限界状況についてせいぜい知るのみであった意識は、一回的、歴史的にして、かつ、独自な方法で充実されねばならぬ。このとき、「限界は、内在しつつ、すでに超越の指示者であるという本来の機能を発揮する[32]」のである。

ヤスパースによると、飛躍の第一段階は、現存在に対する大胆な仮借なき凝視である。私は生への意志に絶望しつつ、あたかも地球外のアルキメデスの一点を求めて、現存在から超越し、その点からあらゆるものを見、かつ、知ろうとする。空虚な独立性の中に、現存在に対して、あたかも他者のそれに対するかのように相対する。私は自分の現存在的生から別れ、個々の目的のために生きようとはせず、一切と全体とについて十全なる知識をえようとして生きる。こうして絶対的な孤独に陥らざるをえない。何ごとも私とは本来的なかかわりをもたず、ただ私のたのみとする知識の対象として見られる。このような自己存在として、私は総体的な知への意志である。すべての状況の外に立つあまねき知への行者として、あたかも一つの眼のようなものである。

しかし、このような孤独は、いまだ最終的段階ではない。私は世界の外にありながら、しかもなお現存在の中に可能的な実存としてとどまっている。この孤独の中に萌芽としてかくされているところの、可能的な実存としての自己存在は、第二の飛躍を行なう。この段階では、いままで総体的な知識の中で自己と関わりないものと考えられてきた限界状況が、自己存在の本質にかかわる可能性として哲学的に明らかにされる。世界は単なる知識の対象ではなく、私を震憾させる本来的な存在を内蔵する世界である。私は改めて、状況を問題にする。そして、逃れることができず、かつ、全体として見通すことのできない状況が、存在することを体験する。状況がのこりなく見通される場合には、知識によってそれから逃れることができる。しかし、知識によって状況を支配できない場合には、ただ実存的に把握しうるのみである。ここに私の知識の対象としての世界内存在と、私が知りえず、ただそれになるか、否か、である実存とが区別される。孤独において知識を求める自己存在から、可能的な実存の意識への飛躍は、徹底的に知ろうとする代わりに、見通しえぬ限界状況の照明へと進展する。

しかし、限界状況の照明はなお実存の実現ではない。限界状況を解明する私は、可能的な実存であり、飛躍のそなえをしつつ、未だ飛躍そのものではない。観察には実存の現象的身体としての状況が欠けている。私は私の実存的現実性を知り、それへの準備をしているが、未だ私の知っているものになっていない。

限界状況を実際に経験するのは、自己の現存在の独自な転換が実行されるそのときである。限界状況における実存の実現は、実存の全体を賭けた事柄である。「この第三の本来的な飛躍によって可能的な実存は、現実の実存となるのである[33]」と、いわれている。それは、実存の歴史性と深くかかわっている。

(2)　実存の歴史性

ヤスパースによれば、「私が現存在として、つねに或る特定の状況の中にあり、あらゆる可能性の全体たる普遍性ではないということが限界状況の第一段階である[34]」。すなわち、私はこの歴史的時代に、この社会的境遇にあって、一人の男、或いは女であり、若いか、老いているかであり、機会と偶然によって導かれているというのである。しかし、実は、このような意味における「所与の狭さ」は、実は状況そのもののことであり、これを直ちに限界状況とよぶことは混乱を免れない。このような「狭さ」は、それを通して背後から現存在のアンチノミーが姿をあらわし、私がこの狭さを実存的決断の対象として選びとるときに、はじめて限界状況となるのである。

従って、このヤスパースのいわゆる「実存の歴史的限定としての限界状況」は、せいぜい「限界状況となりうる状況」に外ならない。しかし、「限界状況になりえない状況」、即ち、それを通して死、苦、闘争、罪責が生ずる可能性の全くない状況は存在しないということを考えれば、このような限界状況の定義は本来何ら意味をもたない。ここのような曖昧さは、ヤスパースが状況と限界状況の区別を真に明確になしえないところから来ている。

更に注目すべきことは、ヤスパースが状況のもつ狭さ(限定)を例によって実存の歴史的限定と考えている点である。状況のもつ狭さは単に時間的歴史的な制約、即ち、遺伝、系譜、文化的伝統、年齢等にのみあるのではなく、同時に空間的社会制約、即ち、例えば環境、職業、社会的地位、階級的立場等でもある。しかるにヤスパースはこれら一切を単に歴史的(geschichtlich)制約と解するのである。もちろん、いかなる制約も、それが時間の中の現象であり、絶対的持続でない限りは「歴史的」と呼ばれうるであろう。しかし、限界状況のもつ空間的制約をことごとく時間系列の中の制約(歴史的アンチノミー)へ還元することは、既に実存の本質にかかわる問題をはらんでいるといわねばならない。

以上のような観点をふまえつつ、ヤスパースの実存の歴史性について検討してみよう。

本来的な歴史的(geschichtlich)意識は、年代史的意識と異なって、唯一の現実としての自己の歴史性を自覚する意識である。私は他の歴史的自己存在との交通を通して、また状況と所与の一回的な継起に時間的に束縛されつつ、現象の中で私自身となる。私の歴史的意識の中で、私の存在(Sein)と知識(Wissen)とは根源的に統一されている。所与と状況と負課とは、各々の限定と特殊性とをもちつつ、それらが私自身のものになるという意味をもっている。単なる現存在として軽視されたものは、いまや、私自身の現象となるのである。

「この私自身と現象としての私の現存在との一致こそ、私の歴史性であり、それの自覚が歴史的意識である[35]」。

ヤスパースにとって、実存としての私自身が、変化する現存在の中で絶対的な持続でもありうるのは、超越者に対する信仰によってである。超越者に対する関係によってのみ、可能的な実存は持続的なのである。しかし、この持続としての私自身が存在確信に到達するのは、ただ現存在との瞬間的一致においてである。この意味で私は歴史的実存として、時間的存在であると共に、時間的でないという二重性をもっている。それゆえ、ヤスパースにとって、

① 歴史性は現存在と実存との統一である。

私はいかなる場合にも、私の歴史的限定としての現存在と、いかなる客観的前提もなしに一つになりうる。無制約的な一致が実現する場合には、いかなる規準も存在しない。実存はこの一致の中で、自らの運命に基づいて本質を実現する。

歴史的意識において、現存在と実存との一致は、「私のもの」としての実際的結合である。歴史的な個々の存在と、私は自由に基づいて一致している。そして同時に一致を放棄する可能性をももっている。

現象的な対象なしに私はありえないが、歴史的瞬間をこえてそれを絶対化するならば、私は実存を固定化し、普遍的真理の中にそれを失う。それ故に歴史的な自己実現においては、持続的な所有が実現されるのではなく、或る実存が実現されたのであり、それは現存在として再び疑いと、誘惑にさらされつつ、現象である限り、無に帰する危険の中にある。最大の錯誤は、現象が歴史的状況において、一度、絶対化され、それ以後単なる現象として、また空虚なる殻《から》として継続的に固定される場合である。すべての現象は再び歴史的自己実現の絶対的根源から相対化されねばならない。

② 歴史性は必然性と自由との統一である。

私は歴史的意識として、与えられた状況の必然性の中に、自由の可能性を見出す。既に決断はなされ、私は選びとられた。しかし、私はなお一生涯決断しつづけねばならぬ。選びとられた物から見れば、私は不可避的に限定されている。しかし、自己の決断可能性から見れば、私は根源的に自由である。「単なる客観的事物の絶対的必然性と、無抵抗の自由とは、共に、歴史的意識によって、根源的な『基礎に根を下ろすこと』（In-dem-Grunde-stehen）へと止揚された。後者は本来的自己存在によって実現される[36]」。

私が実存的に現象するのは、私の選択と決断とによるものである。私の決断の自由は、その根拠を不可解な超越的基礎の中にもっている。そこから、私は自由なる決断と行為の必然性を汲みとるのである。

③　歴史性は時間と永遠との統一である。

実存は瞬間において実現される。その瞬間は過去と未来とをつつみ、しかも、過去にも未来にも偏らない。現在は未来のための通路や段階ではなく、また過去の固守や繰返しでもない。

時間性と無時間性との一致としての瞬間は、実際上の瞬間を「永遠の現在」へと深める。歴史的意識は、現象としての「経過」と現象を通してあらわれる「永遠的存在」とを、「唯一者」（das Eine）の中に認識する。無時間的な妥当性が、あの時この時に把握されるのではなく、また時間性と無時間性とが別々にあるのでもなく、一たび実現された時間的特殊性が永遠的存在の現象として把握されるのである。この永遠性は、この瞬間と絶対的に結びついている。

かかる瞬間は歴史的実存の現象として、一つの現象的連続性の中で確認されることが必要である。本来的瞬間は、高き瞬間として、実存的過程の中の頂上であり、一連のつながりである。それは媒介でもなく、現象的時間存在の実質的継続からはなれて自足的でもない。実存は瞬間において存在し、しかも瞬間においては完成しない。

以上、三つの「対立物の統一」（現存在と実存、必然性と自由、時間と永遠）によって示される実存の歴史性が、さきにヤスパースによって主張された限界状況のアンチノミー、即ち、「すべての状況にはそれを否定する状況が必然的に付随している」というアンチノミーの解決を目指すものであることは、明らかであろう。

現存在のあらゆる状況の狭さを通して、いいかえれば、現存在における特定の主観としての私の生への意志と、客観としての特定の対象との間に成立する特定の主―客関係を通して、この関係自身を否定するような強制力がつねに外部から姿をあらわすというのが、このアンチノミーの意味であった。たしかに、ヤスパースのいうように、特定の主―客関係の時間的持続性はつねに疑わしいものである。しかし、現象の相対的非持続性が主張される場合には、絶対的持続性が前提されていなければならない。ヤスパースにとって、内在的な持続性は存在しないのであるから、絶対的持続性は、ただ超越者との関係の中にのみ見出される。いいかえれば、絶対的持続性は、存在（ここでは超越者と実存）の属性であり[37]、現存在の中にある可能的な実存は、この存在に対する潜在的な確信[38]、或いは信仰を通して、現存在の非持続性と対決しているのである。

従って、ヤスパースにとって、現存在の相対性は、可能的な実存の自由を媒介として、超越者の絶対性に対立しているといえるであろう。彼において現存在の相対性が、ただ時間的歴史的にのみ把えられているのは、絶対的他者が、超時間的な超越者に限られているからである。即ち、超越者の前には、現存在の空間的制約も、歴史的制約に還元されてしまうからである。

一方、内在的な他者（他人）は本質的なものとは、考えられていない。現存在を相対化する強制力は、ただ超越者の現象としてのみ把えられている[39]。

かくて、ヤスパースにおける現存在のアンチノミーは、絶対者に対する相対者の対立として、まさに「運命」とよばれるにふさわしいものである(彼自身も「運命への意志」、「運命愛《アモール・ファティ》」という語をもって、間接的にそれを肯定している)。彼における実存の歴史性は、この「運命」の超克に外ならない。

要約すれば、ヤスパースの可能的な実存は、信仰によって永遠的絶対者に直面しつつ、同時に現存在の時間的相対性の中に生きている。この可能的な実存が現実的実存となるには、いわゆる現存在のアンチノミーが克服されなければならない。ここに、可能的な実存は、超越的基礎に発する自由に基づいて、「運命への意志」(Schicksalswille)として、現存在の必然性(過去)を身に引き受ける。そのとき、特定の対象が超越者の贈与(未来)となって与えられ、ここに主—客の分裂をこえた「唯一者」(das Eine)が実現し、「運命への愛」(amor fati)が成就する。それは絶対的持続、即ち永遠が、相対的非持続、即ち時間の中へ実現される一瞬である。

このような形における現存在のアンチノミー、即ち「運命」の超克が、即ち、ヤスパースの実存の歴史性に外ならないといえるであろう。

しかし、この歴史性は、「超越性」と「内在性」との無媒介的結合であり、つねに瞬間的な性格のものである。運命への愛はつねに不安定である。「運命愛は、克服されたる契機として、また休息を許さない不断の対抗者として、個々の現存在条件への、遂には私の全運命への拒否を、自殺の可能性を、また、闘争と反逆の可能性を蔵している」[40]。のみならず、くりかえしていうように、本質的な他者が超越者に限られる結果、内在的他者との空間的関係が無視されている。しかし、すでに第二節において考察したように、限界状況において出現する他者は、決して超越者のみではない。むしろ、闘争と罪責においては、内在的な他者、即ち他人がまず前提されなければならないのである。

ヤスパースにおいて、現存在のアンチノミーは、絶対者との間の対立であった。それはいわば上から下への

schicken（贈与すること）を通して生ずる Schicksal（運命）であった。しかし、現存在のアンチノミーは、同時に Begegning（出会い）でなければならない。即ち、自己と他者との対等な Gegenüber（直面）をふくまなければならない。

ヤスパースによる内在的他者及び空間的対立の軽視は、彼の包括者の構造が、「我々である包括者」と「私である包括者」との間の関係を明確にしないことにも由来している。そして、さらに、自己存在包括者を認めないことによって、彼は、内在性と超越性の真の媒介者を見失ったのであった。

もし、限界状況を自己存在包括者との関連において見るならば、我々は必然的に、他者を空間的方向と時間方向の両方に見出さざるをえない。空間方向において、私は内在的他者、即ち他人に直面する。時間方向において、私は超越的他者、即ち神に直面する。従って、自己存在包括者は、超越的他者と内在的他者、神と他人との潜在的媒体でもあるのである。

6　むすび

ヤスパースの実存は、「超越」と「内在」、「相対」と「絶対」とを媒介する包括者をもたないため、「高揚」の瞬間と「没落」の持続、運命への「反抗」と超越者への「帰依」、「昼の法則」への従順と「夜への情熱」、「唯一者」への集中と「多者」への分散という両極端の間をたえず動揺せねばならない[41]。

この運動を通して、実存は「可能的な実存―理性」の分極性として、他者と交通しつつ、高揚の瞬間と唯一者の実現を目指してたえず努力するが、たえず挫折して、あらたに限界状況を経験せねばならない[42]。

これらは、前述のように、彼が現存在のアンチノミーを超越的絶対者と内在的相対者との対立とみなすこと、及び自己存在包括者を認めないことの当然の帰結である。

こうして、彼の実存は、本質的に「消滅的、かつ、瞬間的な」(verschwindend und augenblicklich) 性格[43]をもつ。ヤスパースの実存の歴史性は、ついに、いまだ完全には克服されざるアンチノミーに基づく動揺を免れることができないのである。

しからば、自己存在包括者を認める我々の立場からは、いかなる結論を生ずるであろうか?

我々はここですでに第三節に述べた自己存在包括者(モナド)のアンチノミーの暫定的な解決を、世界内存在の構造との関連において述べて、この章を閉じたいと思う。

自己存在包括者《モナド》のアンチノミー ｛ 私の可能存在は私である。
私の可能存在は他者である。

○このアンチノミーの解決

(1)　私の可能存在は、私でもなく、他者でもない。

この解決はアンチノミーの両項の否定である。この場合、一方において、私は私の可能存在を自ら否定することによって、私の所有たることを否定するとともに、他者の所有たることをも拒否することができる。即ち、「自殺」である。しかし、これはアンチノミーの消極的解決にすぎない。他方において、私は自己の可能存在包括者が、自己とも他者とも異なる超越的第三者に属するもの、或いは、この第三者となるのを体験することができる。即ち、私の可能存在包括者を私でもなく、他者でもない或る第三者にゆだねることができる。これがアンチノミーの積極的解決としての「超越的信仰」である。

(2)　私の可能存在は私でもあり、他者でもある。

この第二の解決は、第一の解決の中の積極的部分を土台としている。いいかえれば、アンチノミーの解決の「超越的側面」に対する「内在的側面」である。私は、自己の可能存在包括者を第三者から私に仮に委託されることによって、自己の独占的所有権を否定し、内在的他者(他人)とそれを共有することができる。このとき、私の属する可能存在包括者と他人の属する可能存在包括者とは、互いに領域的に重複しあって「我々の」可能存在包括者となるであろう。つまり、私の可能存在包括者は、仮に委託された限りにおいて、私のものであって、同時に他者のものでもあるということになる。

こうして、私は自己の可能存在包括者を超越的第三者から委託されることによって、まず、可能存在時間のアンチノミー(死と苦)から解放される。可能存在包括者(可能存在意志)は、本来、超越者に属し、私に対して現在仮に委託されているにすぎない。私の死と苦はもはや本質的に私に属しない。超越的第三者は、可能存在意志の贈与委託者として、私にとっての私の死と苦の棘を限りなく解消せしめる。また、自己存在包括者が、超越者のものとなることによって、可能存在空間は、潜在的には既に、私と内在的他者(他人)との共有の空間(身体)になっている(ここに永遠なる共同体「場所」の理念が先取されている)。なぜなら、可能存在空間は、本質的には、もはや私だけのものでも他者だけのものでもないからである。しかし、可能存在空間のアンチノミーがより十全に克服されるためには、この空間(身体)を通して能うかぎり相互的に存在意志の贈与と受容が行なわれ、包括者の共有がたえず実現されなければならない。信仰に基づく全可能存在空間の仮借なき相互的贈与(交通)によってのみ、闘争と罪責は解決される。実際、現存在としての我々は、つねに自己の労働力の相互的贈与を通してのみ、共同的存在を形成している。しかし、自己のものとしての労働力は、真の決断によって贈与されることはできない。それはあくまで私のものであって、他人のものにはなりえない。しかし可能存在意志を通して、超越的他者から贈与委託されてくる私の労働力のみを、私は、自己にして他者となった可能存在包括者からの自由を通して、絶えざる決断をもって他人に贈与しうるだろう。そして同じような形で他から贈与される労働力のみを、純粋な喜びと感謝をもって私は受けいれうるであろう。このような決断による不断の自己贈与と他者受容を通して私と他人は可能存在空間のアンチノミー（闘争と罪責）を現実に、かつ窮極的に克服せんとする。超越的信仰により、我々の生への意志は、内在的な自己贈与と他者受容への意志となる。この内在的な自己贈与と他者受容への意志は、同時に、真の交通への意志でもある。私の意志はたえず他人と交通しつつ、その中に超越者からの呼びかけを聞いたと信ずるときに決断する。贈与と受容への決断は、いわば、私の意志の中なる超越的贈与者の声と、包括者を通しての他人の声との呼応によって生ずる。それは、あたかも、私の存在の贈与者が、私の存在を他人を通して要求し、また、他人を通して付与するかのようである。かくて、決断は、超越的交通と内在的交通との一致であるだろう。

私は内在的な自己贈与と他者受容の遂行を通して、内在性（現存在、意識一般、精神）を貫いて、再び超越性に還帰する。即ち、私の意志は、自己にして他者である可能存在意志の超越的源泉に支えられつつ、内在的媒介を通して、再び内在的他者の超越性にふれるのである。このとき、私は無制約的な意志として、超越的意志と内在的意志の一致であり、自己存在包括者（モナド）のアンチノミーを原則的に克服し、それをより透明な「共同存在包括者」（場所）へと変ずる。無制約的な自己贈与と他者受容への意志としての私は、その身体としての「共同存在包括者」（場所）と共に、内在的超越の持続であり、不断に実存的信仰によってアンチノミーへの頽落と闘いつつ、決断する人格である。

自己贈与の形式は、ある客観化を要求する場合には、価値として規定される。しかし、私は、私の贈与した価値が、厖大な社会のメカニズムの中で、目的とする他者に到達せずに失われたり、或いは他の目的に転用されたり、濫用されることのないよう不断に警戒せねばならぬ。私は自己の贈与の伝達にかんして責任を負う。自己の贈与が正しい決断にもとづいて行なわれるならば、この正しい伝達への要求は決定的である。

私は無制約的な交通への意志として、共同存在包括者（場所）に帰依し、絶えざる決断をもって、その中に与えられる自己の存在を贈与し、また、他人の存在を受容する。私の生命、身体、労働力、観念、記憶、認識能力、言語は、他人のそれと共にこの包括者の中に包まれ、ことごとく内在的交通の媒介者となる。交通（存在贈与）の目的たる他人は、共通の時間と空間を通してのみ発見されるが、しかし、人格としてそれらの外に立つこと、私と同じであるだろう。

このとき、私と他人とは共に「場所」の住民として、現実世界に内在しつつ、現実世界を超えた人格となる。我々は、世界なしには生きえないが、しかし、世界が、超越的な自己贈与と他者受容への意志の媒介となる限り、我々はアンチノミーから原則的には解放されているにちがいないのである。

以上、我々は、ヤスパースと対決しつつ、限界状況のアンチノミーの解決について追求してきた。そして、超越的第三者にむかって開かれたモナド的共同体としての「場所」という新しい人格概念を浮上せしめた。しかし、アンチノミーの解決方式が十分に形式性を脱却していないために、残念ながら、ここに述べられたことは、なお、「場所」の予備的、かつ一面的な把握にとどまるのである。

（1）Jaspers, Von der Wahrheit (München 1947) 47–140

（2）「事実存在」の中和化とその融合体験をこころみるさいの最大の困難は、対象のもつ事実存在を「形相的存在」（形相とその範例）から、浄化して意識しなければならぬ点にあるであろう。日常的意識にとっては、この二つの存在はつねに重合しているからである。その意味で、限界状況は一種の個体化的還元を遂行するとみなしうる。

（3）宇宙を空虚な「無限空間」としてとらえた近代科学者たちは、世界を「無」として捉えたといえるであろう。これに対して世界を固定した世界像としてとらえた典型は、古代、中世の球形的宇宙像であった。

（4）Heidegger, Was ist Metaphysik? (Frankfurt a. M., 6. Aufl. 1951) 27ff.

（5）Sartre, La nausée (Paris 1938) 162ff.（白井浩司訳、人文書院）

（6）サルトルの「即自存在」とわれわれの「可能存在」とは、同じものではない。後者は、むしろ、サルトルのいう「想像力の無」にほぼ相当しているが、しかし、基体的な物質存在を自己の最下層として包含している。サルトルは、「即自存在」が対象の輪郭をやぶって、溢れ出るときに、既に「可能存在」に変わりつつあることに気付いていない。つまり、対象は、そこではすでに、「像」にかわっているのである。即自存在の全体化の企ては、想像力の「無」（我々のいう可能存在）を介してのみ可能だからである。第三部第二章参照。ハイデガーの「ひとまとめになった存在者」は、全体化された「可能存在」の間接的・付加表象的な把握と見ることができる。

（7）Jaspers, Philosophie (Berlin/Göttingen/Heidelberg, 2. Aufl. 1948) 469

（8）op. cit. 496

（9）「可能的な実存」とは、「現実的実存」に対立する概念であり、ポテンシャルな事実存在としての「可能存在」とは、全く別個の概念である。

（10）そもそも「包括者」という概念は、一九三五年に出版された『理性と実存』(Vernunft und Existenz)のなかで初めて公表されたのであるが、そのさいにも、また、その後も、限界状況との関係については、何も述べられていないのである。この点に、ヤスパースの思想の『哲学』(Philosophie)（一九三二年初版）当時の立場からの明白なズレと変更を見るひともある。（例えば、Fritz Buri: Albert Schweitzer und Karl Jaspers, Zürich 1950)

（11）Jaspers, Philosophie 485

（12）ヤスパースの考える「死」が、あくまで不定な未来における死であることは、つぎの引用からも明らかであろう。「私は自分の死を経験することは出来ない。私は死について経験するのみである。身体の苦痛、死の不安、一見死をもたらしそうな状況などを私は体験し、かつ、切り抜けることができる。……しかし、死を経験することは決してない。」(op. cit. 485)

(13) Jaspers, op. cit. 488
(14) op. cit. 489
(15) op. cit. 491
(16) op. cit. 496
(17) 愛による闘争が、実存開示のための闘争に限定されている点にヤスパースの「せまさ」がある。力による闘争に対置される愛による闘争は、言葉を媒介とする実存間の「交通」だけではなく、物質を媒介する交通でもなければならないであろう。
(18) Jaspers, op. cit. 496
(19) op. cit. 497
(20) op. cit. 501
(21) op. cit. 502
(22) ibid.
(23) op. cit. 508
(24) op. cit. 509
(25) op. cit. 510
(26) op. cit. 512
(27) op. cit. 511
(28) 例えば、現存在包括者を、永遠なる「生への意志」とみなす、いわゆる「生の哲学」の立場からみれば、限界状況は消滅するであろう。
(29) 例えば、一切の客観的現象の相対性のニヒルな傍観者にとっては、限界状況は存在しない。
(30) Jaspers, op. cit. 512
(31) op. cit. 469
(32) op. cit. 470
(33) op. cit. 472
(34) op. cit. 474

(35) op. cit. 400
(36) op. cit. 403
(37)「我々にとって持続するものがあるとすれば、それは絶対的存在であろう。」(op. cit. 512)
(38)「信仰は現象の中における存在の確信、神への信仰である。……信仰は隔たりにおける確信である。」(op. cit. 535)
(39)「世界なき、孤立化せる神の観念は、我々にとって無の深淵である。」(op. cit. 511)「限界状況において、可能的実存に示されるような現象的現実なくしては、いかなる超越者も存在しない。」(op. cit. 512)
(40) Jaspers, op. cit. 483
(41) Vgl. op. cit. 733–784
(42) Vgl. op. cit. 594
(43)「絶対的なるものは、自由の実現を通して、消滅のなかにこそある。」(op. cit. 512)

第二章　モナドへの内在と超越

――人称的自我の基体――

前章において「モナド的可能存在」は、もっぱら、自己と他者との「アンチノミー」の生起する場として考察され、従って、既に「場所」によって乗りこえられた一契機として扱われている。しかし、実際には、自我の把握と「アンチノミーの解決」そのものが甚だ形式的であったために、肝心の「場所的人格」の内容は、いまだ一面的かつ抽象的に把握されるにとどまっている(例えば、「場所」と「超越的第三者」との関係、「場所」と「理性」との関係など)。これまでに述べられるところは、いわば、不完全な見取り図にすぎない。

したがって、準発生的な人格論の立場からすれば、「モナド的可能存在」をそれ自身として、また、アンチノミーの手前に存在する他者(とくに物体的身体《ケルパー》)との関係において、あらためて考察することが必要となる。それは、モナド的自己が、身体的契機を介してすでに人称的「自我」の基体となっているのを発見することでもある。おそらく、自己から人格への道は、人称的「自我」という中間点を通過しなければならないのであろう。この章では、真正の人称的自我を代表する仏教的自我(いわゆる無我)の「モナドへの内在と超越」という観点から、この問題を論じて、後章への橋わたしをしよう。

1

前章にも述べられたように、宗教性が、或る意味において、人間的自我による自己と世界からの、「超越」を意味することは、たしかである。しかし、それゆえにこそ、もし、自我と世界が一旦その存在を全的に失うならば、宗教性は、その固有の地盤を奪い取られることになろう。というのは、宗教的志向の超越は、自我と世界との共通存在という堅固な地盤の上にのみ、またそこからのみ、生ずるからである。この意味において、我々は、自我及び世界の共通存在を宗教性の成立可能性の次元とよぶことができる。私見によれば、宗教が今日の世界において全的に後退していることのうらには、この存在論的次元の喪失という根源的な危機がひそんでいるのである。

周知のように、この危機は、その最初の表現形態を、一七世紀のデカルト哲学の中にもっている。通常の理解によれば、そこでは、自我と世界はそれぞれ「思惟する物」、「延長的な物」という、相互にいかなる内的関係ももたないものとして定立されている。この自我＝主体と世界＝客体との完全な存在論的区別によって、一方では、当時興隆しつつあった自然科学は哲学的に根拠づけられ、確立されたのであり、他方、宗教性はその固有の成立次元を奪われたのであった。従って、デカルトの哲学を改めて吟味しなおし、思惟しなおすことは、無意味ではないであろう。まず、はじめに、我々は、そのような一つの観点を、本章の主旨を展開するのに必要な限り、後章での詳述に先立って、示そうと思う。

デカルトは、どのような自我を発見したのであろうか？　彼のとった手続きは方法的懐疑である。デカルトは、何らかの疑いえぬものに到達するために、疑いうる一切のものを意志的に疑ったのである。『第一哲学についての省察』

の中で彼は可能的な懐疑の三つの領域をあげている。第一は、物体の大きさや形態についてしばしば我々をあざむく(外部)感覚である。第二は、とくに我々自身の身体に関係する(内部)感覚である。第三は、例えば2＋3＝5は真なりと認識させる数学的学問である。彼はいう、遠くにある四角い断面の塔の感覚像は、しばしば我々をあざむき、塔は円筒形に見える。また、塔の先端の巨大な影像の感覚像は、しばしば我々をあざむき、それは小さく見えると。実際のところ、物の形態や大きさは感覚的所与によってのみならず、また、感覚的所与の統握、いいかえれば統覚的統一作用によっても規定されているといいうるであろう。この統覚的把握によってのみ、我々は、塔の裏側を見ることなく、塔を円いか四角いものとみなし、また、計測することなく、影像を大きいか小さいものとみなすのである。従って、懐疑はまさに、この形式的統覚の正しさにかかわっている。そのさい、問題となるのは、変更、或は修正の可能性であり、つまり、物の空間的規定が別様であるか、或は、全く否定されるべきか、という可能性である。そして、意識のこのような可能的機能は、ふつう、「想像力」に帰せられているといってよいであろう。

デカルトの懐疑における想像力の影は、第二の領域に目を向けるとき、一層、明瞭となってくる。デカルトはいう、「睡眠中に、実際は、着物を脱いでベッドの中に横たわっているというのに、この場所におり、服を着て暖炉のそばに坐っているというような、ごくありふれた一切の出来事を思い浮かべるということが、何としばしば起ることであろうか！　……このことを更に注意深く考えると、覚醒と夢とが、確実な目印によっては、決して区別されえないということが、私には全く明らかになる(1)」と。自己についての知覚と同様に、ここでは、自己の身体の実在もまた、疑われている。それらは、いずれも睡眠中の夢の像にすぎないかもしれないのである。先に見たように、第一の懐疑の場合には、外的な現実は、懐疑の遂行によって部分的に想像力と結びつけられた。第二の場合には、懐疑によって、身体的現実は想像力の完全な支配の下におかれているのである。

ところで、第三の懐疑の場合、デカルトはすべての数学的学問が誤謬を犯す可能性の根拠として、全力で人間をあざむこうとする悪意ある霊をもち出す。そして、彼はさらにつづける、「天、空気、地、色、形態、音、その他一切の外的なものは、この霊が私の信じ易い心にわなをかける夢のたわむれにすぎないと考えよう。また、私自身については、手も、眼も、肉も、血も何らの器官ももたないが、ただ間違ってこれらすべてを持っていると信じているかのように、見なそう[2]」と。ここには、デカルト的懐疑のもつ途方もなく空想的な性格が、あますところなく示されている。

従って、次のようにいうことができよう、即ち、デカルトの方法的懐疑は、現実的所与(それが感覚的知覚であれ、数学的学問であれ)を想像力によって、別様であるか、或は、全く否定されるべき可能性へともたらすことを意味していると。従って、懐疑を遂行する能力は、想像力以外の何ものでもない。だが、現実的なものと可能的なものとをこのように相互に媒介する、右の遂行能力の隠れた主体は、いったい何ものであろうか?

方法的懐疑を通して、ついにデカルトは、唯一の不可疑の事実として、この主体の、即ち、まさに疑っている当の自我の存在を発見したのであった。この自我を彼は「レス・コギタンス」、思惟する物と名づけた。デカルトはいう、「思惟する物、これは何か?　さよう疑い、理解し、肯定し、否定し、意志し、意志せず、また想像力と感覚とを有する物である[3]」と。従って自我は、デカルト自身によって、理性、意志、想像力及び感覚として規定されたことになる。しかし、彼によれば、後の二つの能力即ち想像力と感覚とは、自我の本質には帰属しないので、自我は本質的に理性と意志とからなり、しかも、重点は両者のうち前者の上におかれることになるのである。しかしながら、我々が先に見たように、疑っている自我の本質は実は理性とは無関係であるといわねばならない。まず第一に、自我は本質的に個別的であり、決して理性とは同一視されえないように思われる。というのは、理性の方は本質的に普遍的、或は超個人的であり、決して個別化されえないからである（ちなみに、「超個人的な自我一般」が「我」であるというのは背理である。なぜなら、人称代名詞としての我は本来単数形及び複数形をもつのに反して、それは複数形をもちえないからである）。第二に、理性は（単独に、或は他の能力と協力して）感覚的現実及び数学的計算にかんして、肯定的な或は否定的な判断を下すか、さもなければ、それらについて一切の判断を留保するであろうが、しかし、それらについて疑うことはありえない。デカルト自身に従っても、疑いは意志に帰着するものであり、理性には帰着しない[4]。従って、方法的懐疑によって発見された、疑う自我の基体的存在は、脱自的に理性や感覚とかかわりつつ、自らの自己意識によって（即ち、想像力によって）一切の不確実な判断を無化せんとする意志に外ならないということになろう。こうして、デカルトが、懐疑によって発見された「エゴ」（我）の存在を理性と同一視したとき、彼は致命的な越境を犯したのであった。自我がただ懐疑を通してのみ発見されるものである限り、自我は想像的に自由なる意志以外のものではありえなかったからである（この主体的意志の、脱自的な人称化的契機が、物体的身体（Körper）なのであり、従って、この意志を基体とする人称的自我は後章では身体的自我ともよばれる）。

このことは、また、思惟する実体を貫いて生ずる、理性と意志の亀裂によっても裏づけられる。デカルトは、判断が犯すあらゆる誤謬の根源を、これら両者の対立に求めている。彼によれば、人間理性は有限であるが、意志は無限である。従って選択する意志は、認識する理性の照明の範囲をこえて、自発的に機能する。ここから、人間的判断の一切の誤謬が生ずるというのである。人間精神は分割不可能だとデカルトは書いているにもかかわらず、彼においては、理性は意志から、いわば一種の深淵によってへだてられているのである。

他方、彼は「理性」という語の代わりに、「自然の光」（lumen naturale）という語をしばしば用いている。この語は、我々の内なる神の理念を媒介とする・「形相的」根拠としての神の存在証明がなされている・『省察』の中の第三省察に最も多くあらわれてくる。「この光と同様に私の信頼しうるような、また、この光によって私に明示されることが真ではないと私に教えうるような、いかなる他の能力も存在しない[5]」。従って、この光が理性に外ならないとすれば、直ちに、この光とエゴとの関係が問われねばならないはずである。すでに第二省察において、デカルトは「私は、厳密にいえば、ただ思惟する物、即ち……理性である」と述べており、ここからすれば光は自我そのものでなければならないことになる。しかし、「自然の光は、それが真なることを私に対して確証する」、或は「私はその光に信頼しうる」といった言い方は、光と私(自我)とが決してまとまった統一体を形成していないことを示している。むしろ、光は自我をいわば上から照らし、自我は光に参与する限りにおいてのみ、真理を把握するのである。この意味で、デカルトの自我は、理性的実体ではありえず、むしろ、理性の光へと脱自的に立ち出でる(ek-sistieren)ようなものでなければならない。

こうして、我々はデカルトにおいて、二つのものを見出す。一つは、自由自在で無限な想像力的意志であり、これは理性の照明する領域を超えて機能するときに、誤謬を犯す。他の一つは、自我であり、真理に到達するためには、理性の光によって上から照らされねばならないものである。我々は、この意志と自我とを同一視する十分な理由をもっている。一方、理性は「自然の光」として、自我の全領域を超越するものとなるのである。従ってデカルトにおける理性と自我との同一視こそ、きわめて問題的であるといわねばならない。少し詳細に検討するならば、理性としての自我と意志としての自我とが、彼において全き統一を形成していないことは明らかである。そして、懐疑の手続きの分析は、この中で意志としての自我が唯一の可能な自我であることを、ほぼ必然的に明らかにするのである。

無限の意志そのものは、本来、志向的意識の全領域に対して超越しかつ内在している。意志は、想像力を自己に親密な道具として働かせはするものの、それ自身は単なる想像力ではなく、その基体である。意志は、すべての感覚的知覚の妥当性を無効にすることができ、また、おそらく、身体を介して脱自的に理性の光を内部に受け入れることができるにもかかわらず、それに背を向けることもできる。また、たとえ意志が理性の光を受け入れたときにも、それによって、自我は端的に普遍的・超個人的な自我一般になりきってしまうのではなく、一方ではいわば没自我的・非人称的な論理的思惟能力が、他方では、本来、自我的で想像力を伴った歴史的・実践的な判断力が生じてくる。デカルトは、実は後者の自我的能力に出会ったにもかかわらず、前者の非人称的能力を誤って「エゴ」と名づけたのである。

従って、デカルトの場合、真の自我、すなわち、無限の想像力的意志は、一見したところ、理性によって吸収されてしまって、全く蔽い隠されている。そして、理性の非人称的・没自我的な光源が自我とされている。まさに、これによって自我の存在喪失が舞台に登場するのである。

デカルトの懐疑については、第二部で、さらに詳しく述べられるであろう。

2

しかしながら、デカルトがこのような仕方で蔽い隠してしまった意志としての・自我の基体的存在は、エドムント・フッサールによって「生《レーベン》」として再発見された。しかも、この生は存在する世界、即ち、生活世界(Lebenswelt)との不可分の関係においてとらえられているように思われる。フッサールは次のように述べている、「世界が存在しているということ、しかも、常にあらかじめ存在しているということ、また、或る思念の訂正はすべてすでに存在している世界を前提としていること、これらはすべての学問的思惟とすべての哲学的問題提起に先立つ自明性に属している。客観的学問もまた、前学問的な生から由来した、恒常的に予め存在する世界を基盤としてのみ、問いを立てている。……生とは、たえず世界確信の中に生きることである。目ざめて生きているとは世界に対して目ざめているということであり、世界の存在確実性を現実に体験し、現実に遂行しているということである[6]」と。ところで、しかし、フッサールにおいて生そのものは、いったい何であるのだろうか？　このさい、注目すべきことは、『デカルト的省察』(1929)では、「意識流」が「生命流」(Lebensstrom)とよばれていることである。さらにその他にも、「根源的生」、「反省しつつある生」、「志向的生」、そればかりか「超越論的生」等々といった新しい表現が登場している。しかし、生そのものについては、どこにも、主題的に論ぜられておらず、自明のこととして扱われているのである。

しかし、すでに『第一哲学』(1923–24)の中に次のような言葉が見出される、「反省は根源的に意志における反省である。なぜなら、主観は、自己を哲学的主観として規定することによって、来るべき全認識生活へと指し向けられた意志決定を行なうからである[7]」。「我々が厳密な意味において認識作用、例えば、学問的認識作用について語るとき、次のことは明らかである。即ち、すべてのかかる行為は単に判断作用、であるばかりでなく、そこには不透明な判断作用を貫いて努力＝意志傾向が働いており、この傾向は明晰な判断作用、厳密な意味で認識する判断作用へと収斂し、その内容に(到達された真理のもつ)意志的性格を与えるのである。従って、ここではいたるところで判断作用と意志作用とが互いに貫徹しあっている[8]」。

また、一九三三年には、フッサールは、次のように書いている、「各々の本源的現在を静止せる時熟として統一的に形成し、すべての対象の内容が衝動充足の内容であり、目的の手前で志向されるといった風に、具体的に現在から現在へと絶えず前進する・そのような普遍的な衝動志向性を、我々は前提することができるか、或は前提せねばならないのではないか？[9]」

ここでは次のことが明らかになる。即ち、フッサールのいうところの生は一種の意志であるが、しかし、ここでは主として志向性を基礎づけるものとして、つまり、理性、或は対象的知覚と結びつけてとらえられているのである。しかし、純粋な生、即ち、人称的自我の基体としての生は、理性、或は対象的知覚によって媒介されているようなものではない。換言すれば、それは、直接的に、非反省的に生きる生である。それはいかにして認識され、またいかなる性格をもつであろうか？　私見によれば、その生、即ち、人称的自我の基体的存在そのものはそれに固有の空間とそれに固有の時間の中でのみ、とらえられるであろう。つまり、この自我は世界との根源的な連関の中でのみ、とらえられるであろう。もちろん、この空間、時間は、客観的で空虚な時空間とは別ものである。純粋な生としての自我自身は自己に固有の空間と自己に固有の時間とを伴っている。或は、自我は空間及び時間として実存するといった方がよいかもしれぬ。自我は、自己から出発して、自己のまわりに空間を展張し、また、自己から出発して、自己の前方と後方に時間を創立する。本来の人称的自我の基体的存在は、展張しつつある空間と湧出しつつある時間との統一である。

本来的自我のもつ、この空間＝時間的構造をそれと対応するフッサールのモナド理論及び「生き生きとした現在」の理論と対決させてみよう。『デカルト的省察』において、フッサールは次のように述べている、「『エゴ』としての自我にとって本質的に固有な領域には、単に顕在的及び潜在的な体験の流れが含まれるばかりでなく、構成作用の諸体系とともに、構成された諸統一もまた明らかにふくまれている。……このことは、また、自我自身に固有なすべての習慣性（それは自己自身の創立的な行為の結果、持続的な確信として構成される）にも妥当する。……しかし、他方において、超越的対象、例えば、外的感覚の対象もこれに属する。もっとも、それは、自己固有の感性や自己固有の統覚が、現出する空間的対象として、しかも感性や統覚から具体的に不可分なものとして、現実的・根源的に構成したものを、『エゴ』としての自我が純粋に考察する場合である」[10]。この固有本質的な領域、つまり、すべての他の「エゴ」の方法的排去の後に立ち現れる領域を、フッサールは「モナド」とよんでいる。そこには、自我の体験流の内在的時間性のみならず、「エゴ」のキネステーゼ的習慣性及び「エゴ」によって構成されたすべての空間的対象もまた属しているのである。他方、フッサールは次のようにも述べる、「自我の身体は、それに向かって振り返りつつ関係づけられるものとして、モナドにおける中心的なここという様態で与えられている」。身体はまた、「絶対的ここ」とも「零点」ともよばれている[11]。私のモナドにおける空間的対象は、感覚的知覚のみならず、自我のキネステーゼ的統覚によっても、また、唯一の中心としての私の身体に関係づけられている。今や問題は、フッサールが「不可分な」とよんだモナド内での関係づけの性格である。この関係は、いったい超越論的＝構成的であるのか、それとも一般定立的＝世間常識的《ムンダーン》であるのか？　換言すれば、この関係は現象学的ないわゆる「物体ファントム」にかかわるのであろうか、それとも自然的に定立された物体にかかわるのであろうか？　答えは必ずしも二者択一というわけにはゆかない。この意味で、ウルリッヒ・クレスゲスの『エドムント・フッサールの空間構成理論』の結語は興味ぶかい、即ち「キネステーゼ的意識が、フッサールがこの概念に与えた意味における世間常識的《ムンダーン》意識としてでも、また、すべての存在者の自己完結的な・存在根拠及び認識根拠としての超越論的意識としてでも、一義的に規定されえないという事実は、フッサール現象学における『超越論性』というものをあらためて考えぬくよう我々に迫っている」[12]。この言葉は、フッサールのモナドの内における関係力の本質的な両義性を示している。そして、このモナドの内部においては、自我＝意志の生き生きとした機能は、またいかなる役割も果していないように思われるのである。

さて、我々はフッサールの時間性理論に目を転じよう。彼は機能する自我＝生の時間様態を、生き生きとした現在と名づけている。この現在は現在としてつねに「今」であるが、しかし、同時に、立ちどまりつつ＝流れる「今」である。それは点的な今ではなく、つねに或る幅をもつ。そして、この幅の中に、「たった今あったこと」及び「まもなく来ること」という地平が含まれている。フッサールは、この地平を過去把持及び未来把持とよんでいる。機能する自我が空間的対象を志向するとき、生き生きとした現在がもつ幅の中の静止した核は物の前面に対応し、過去把持及び未来把持という両方向への地平の幅は、例えば、物のかくれた背面（或は側面）に対応することもありうる。未来把持はつねに未来を予期し、過去把持はつねに過去を保持している。

この、現在のもつ幅は、元来、機能する自我の関心によって構成される。フッサールはいう、「現在は、我々が、自分たちにとってなお顕在的な現実について語るその範囲にまで及んでいる。このことは、さまざまな射程をもった多様な意味をもっているが、主としてプラクシスに関係している」[13]。ここには、現在化しつつ＝流れる自我のもつ意志的性格が、非常に明瞭に語られている。

しかし、以上に述べたことは、対象意識、或は物の内部地平の時間性にのみかかわっており、モナド意識、或は外部地平の時間性にはかかわっていない。

フッサールの草稿によれば、彼がくり返して機能する自我の、非流動的・前時間的・恒常的現在を主題化しようと試みたことは明らかである。この匿名の現在は、ひょっとするとモナドの意識に対応していたのかもしれない。そこで、特に興味ぶかいのは、時折彼が草稿の中で、ヨリ徹底した現象学的還元の中では、過去地平や未来地平もカッコに入れられねばならず、そのとき、「たちどまる今」が最も本来的な・最も根源的な現在として残留すると示唆しているように見えることである。しかし、モナド的意識を純粋な現在として明示することは、このヨリ徹底した還元にも方法的に成功しなかったように思われる。

従って、我々はフッサールにおいて、残念ながら、空間と時間との間の内的連関の問題の解決のための端緒を見出すにすぎない。彼の空間構成の理論においては、モナド的志向性の現在的成分については論じられていないし、一方、時間分析の理論においては、モナド的意識流の不変的成分については論じられていない。それゆえ、我々は必然的に、フッサールの理論を超えて、人称的自我の基体的存在のもつ空間＝時間的構造を独自に考究しなければならないであろう。

3

私はすでに、想像力的意志、或は純粋な生が、客観的な空間や時間とは別個のそれ自身の空間とそれ自身の時間とを伴っていることを、述べた。人称的自我は、自己自身の基体として、このような空間を展張し、時間を創立する。では、この空間はどのような性格をもっているのであろうか？　我々はもう一度、物にかんするフッサールの理論を手がかりとして前進しよう。フッサールはいう、我々が現象学的還元を行なうならば、空間的物体は、その前面の表象として現出するばかりでなく、また同時に、その背面の付加表象として、つまり、背面の、共現前的な予料としても現出する。この予料は、たしかに、時折、我々を失望させる(例えば、そこには予料された色や形の代わりに、他の色や形が見出される)が、しかし、物の経験にとって必然な地平としての付加表象は、一種の推定的な明証性をもっている。換言すれば、我々は、物の隠された面を予料することなしに一つの物を見ることは決してできないのである。この予料は、現象的時間分析の制約の下では、意識流の中の未来把持と過去把持とに分節する。しかし、我々がここで銘記しなければならぬことは、物の予料された隠れた面が背面と、つまり、隠れた前面とみなされる限り、そこではすでに複数のパースペクティヴが前提されているということである。というのは、いかにして我々は、或る一つのパースペクティヴの中でとらえられたボールや「さいころ」を、同時に、何らかの方法で他のパースペクティヴの中へも置き入れることなしに、フッサールのいうように、ただちに球や六面体としてとらえることができるだろうか？　背面、つまり、「隠された表面」としての内部地平は、複数パースペクティヴとしての外部地平の制約の下においてのみ、可能なのである。この点については、後章で詳しく述べられるであろう。(14)

従って、物の背面を付加現前させる自我は、すでに相互主観的な自我、即ち、他我によって媒介された表層的自我であり、基体的な・固有本質的な自我自身(Ich selbst)ではない。私は庭にある一本の木を見て、現象学的還元をほどこしつつ、幹の背面を付加現前させ、或は、未来把持や過去把持によって背面を直観視することができる。しかし、そこにはすでに匿名の他我が存在している。なぜなら、付加表象されたものとしての幹の背面は、まさに、向う側に隠された前面だからである。そして、背面を「たった今見られたもの」そして「まもなく見られるもの」とみなすことは、それをちょうど今、隠された前面としてどこかに保存されているものとみなすことを意味している。しかし、このように隠された前面は、これを今(この原的瞬間)、向う側から、或はどこか別のところから見ている他我の、匿名の眼差しを仮定して、はじめて主張しうることである。だが真にモナド的に実存する自我自身の眼差しはこの背面を決して隠された表面としてはとらえないであろう。即ち、真に固有本質的な自我自身は、物の背面を決して付加表象しないであろう。未来把持や過去把持も、また、生じないであろう。なぜなら、後に明らかにされるように、この自我は、もはや流れない恒常的現在のみをもつであろうからである。自我自身は、ただ、せきとめられた現在の幅のみをもち、そこで物の前面のみを見るであろう。この自我にとっては、もはや付加表象された背面は存在しない。なぜなら、それはもはや現出しないからである。換言すれば、自我自身は匿名的な他我の眼差しの媒介なしに、物をひとり自らの眼のみをもって見るからである。

フッサールは、表象現前を本来的な現出、付加表象を非本来的な現出と名づけている。しかし、意志としての自我にとっては、背面は本来的な非現出である。背面は、もはや隠された前面ではないがゆえに、それ自身としては現出しない。隠された前面はただ、他我の媒介を通してのみ、成立する。背面そのものは、本来、現出しない。現出するためには、背面は何らかの方法で前面へと転換されねばならない。しかし、ここには転換へのいかなる原理的方法も存在しない。もし、この物体を回転させるならば、たしかに、新しい前面が現出するが、しかし同時に、新しい背面が生じ、まさに背面として、それは沈黙する。この新しい背面の上に、例えば、たった今まで前面であったときの、もとの色を見ることはすでに、それを今向う側から見ている他我の眼差しを前提としている。現出するのは、つねに隠された前面のみであり、決して背面自身ではない。背面自身は本質的に沈黙している。物体の背面は永遠に沈黙している。しかし、沈黙しつつ、そこにある。或はこうもいえようか、背面は声なくして呼びかけ、形なくして現出していると。

ここでは、背面の存在は決して外側からはとらえられない。なぜなら、背面は決して(隠された)前面、つまり、付加表象にはならないからである。背面はつねに物の内側からのみとらえられる。この内側からのみとらえうる存在は、本質的に、外側からとらえうる存在とは異なっている。後者は現象的還元によってカッコに入れられる蓋然的存在である。換言すれば、それは前面のもつ存在であり、従って、客観的・三次元空間の中に現出する延長的物体の存在である。なぜならこの物体は、隠された前面をもふくめて、前面(複数)のみをもち、本来の意味における背面をもたないからである。この物体は、製図上の平面投影の意味で、同時にあらゆる面からも見られうる。これに反して、背面の存在は、物体の内側からのみ見られうる。即ち、それは物体の周囲をめぐることによってではなく、物体の核心に沈潜することによってのみ、観られうる。従って、背面の存在は、物体のポテンシャルな奥行き（深み）である。真に固有本質的な自我の前にあるすべての物体は、このポテンシャルな存在のみを、つまりこの奥行きをもつ。逆に、もしそれらの物体が奥行き（深み）をもつならば、それらは自我に対して或るポテンシャルな存在をもって現前している。

さて、ところで、自我もまた、内側からのみとらえうる同じ性質の存在をもっている。人称的自我の基体的存在は、決して、外側から、つまり、客観的空間の中ではとらえられない。内側からのみとらえうる・この自我のポテンシャルな存在こそ、（前章でとりあげられた）可能存在としての意志、或は純粋な生の現実態に外ならない。とはいえ、それは、非対象的な出発点（始点）としてとらえられる限り、肉身（Leib）ともよばれうるであろう。出発点としての非対象的肉身は、物体（複数）の可能存在の前及び只中に立つ・私の可能存在である。肉身としての私の可能存在と物体の可能存在、或は奥行（深み）とは互いに不可分に連関しあっている。私が一方に気付くとき、同時に、他方も気付かれる。それゆえ、両者は一種の「対《つい》」を形成しているといえよう。しかし、すべての「対」は私の肉身の上に共通の極をもっている。すべての物体の可能存在は、ちょうど要《かなめ》に対するように、私の肉身に関連している。しかし、物体の可能存在は相互にも関連しあっている。例えば、書物の可能存在は、それがのっている机の可能存在に関連している。また、机の可能存在は、それがその前に置かれている壁の可能存在に関連している。これらの物体の可能存在、或は奥行き（深み）は、それらの交線（例えば机の前面と、その背後にある壁の前面との交線）をこえて相互に浸透しあい、私の前に一つの連続体を形づくっている。この連続体の、「浮き彫り《レリーフ》」のように突き出した表面こそ、これらの物体の前面（像）なのである。私の眼差しのもはや及ばない、私の肉身の背後や上方にも、この連続体はひろがり、触覚的・キネステーゼ的想像空間によって私からへだてられている。これに反して、私の前には視覚的・キネステーゼ的想像空間がひらけ、それによって私は連続体の表面、つまり物の前面からへだてられている。かくて、肉身としての私は、連続体の同心球的な壁によって周囲をぐるりととりかこまれており、この壁の奥行き(深み)は私から見て無限のかなたにまで及んでいる。

私は先に、本来的な人称的自我は基体としての空間を展張すると述べた。私の肉身《ライプ》のまわりにぐるりと可能存在の充実した空間がひろがり、それは無限に遠く深くのびている。私はこの無限の連続的な可能存在空間の只中に居心地よく、しかしただひとりで住んでいる。居心地よくというのは、意志としての私の可能存在は不可分にかつ親密に空間の可能存在と連関しているからであり、ただひとりというのは、この空間の中には私自身以外の何者も住んではいないからである。この空間を本来的な意味における「モナド」とよぶことにしよう。それは、フッサール的な意味において、真に自己固有の領域である。いいかえれば、これは私の絶対的個体性の領域である。

さて、このような自我自身の空間性は、時間性とどのような関係をもつであろうか？

私はすでに先に、このモナドは現在のみをもつと述べた。ここでは、もはや、時間は流れない。ちょうど私のモナドがますますひろがり、全客観的空間を占領しうるように、モナドの時間性である「現在」の幅は、ますますひろがって、(客観的時間次元が無限に延長された一本の直線で示される限り)過去と未来の全体を占領することができる。この意味において、ここでは時間が限りなく湧き出している。

モナドの「大きさ」と同じように、現在の「幅」も、きわめて流動的であり、限界をもたない。そして、すでに述べたように、両者は主として、実践的な・意志的関心によって限定され、規定される。もし、私が何か特に興味ある記憶をよびさますならば、それは流れつつ過去把持的に保持されるのではなく、むしろ、現在へとファンタスティクに準現前化される。そして、この現在は、「今」とこの過去の時点とのキネステーゼ的持続に正確に対応する幅をもっている。未来についても、全く同じことが成り立つ。この幅が、現在的モナドの「大きさ」と一義的に対応していることは、きわめて注目すべきことである。例えば私が次週に訪れるであろう或る場所の、美しい景色を準現前化するならば、私のモナドは此処からその場所までキネステーゼ的に拡大されつつ、まさにこの(未来をふくむ)現在の幅に対応する大きさをもっている。かくて、モナドの一定の空間的大きさと現在の一定の幅とは、私の肉身のキネステーゼの媒介によって、相互に対応している。しかし、何らかの実践的目的論やキネステーゼなしにも、モナドの無限の大きさと現在の無限の幅とは、私の想像力的意志としての可能存在の媒介によって、相互に対応している。ここでは、空間と時間とはもはや互いに切りはなすことができない。むしろ、それらは、同じ一つの事象の二つの側面にすぎない。ここで、我々は、ついに自我自身と世界、空間と時間との基体的統一へと到達したのである。私はこの統一を「純粋な生の連続体」とよぶことにしたいと思う。

この「純粋な生の連続体」は、第一章で述べた「可能存在融合体」と同じものである。元来、「生」は、事実存在とそれをとりまく可能存在との脱自的統一体であるが、ここにいう「純粋な生」(固有本質的な自我自身)とは、事実存在による規定を捨象し、自らを全体化せんとする限りにおける、このような「生」のことであるのだから。後者は実は、「実存」の別名にほかならない。

4

この章の初めに、私は、自我と世界との共通存在の確固たる基盤の上にのみ、宗教性一般は成立すると、述べた。そして、この基盤を宗教性の成立可能性の次元と名づけた。いまこの次元は、具体的な形態をとって、先の連続体としての我々の前に姿をあらわした。宗教性は、私見によれば、一般に、この連続体からの超越として特徴づけられるであろう。この超越の種類と方法がどんなに多様であるにせよ、この次元の純粋な個体的性格への根本的関連なくしては、宗教性一般はおそらく不可能であるだろう。

それとも、人々は次のように反問するだろうか、「この次元、或は連続体は単なる抽象ではないのか？　我々は実際つねに他の人間とともに、いわば相互主観的に客観的世界の中で生きているではないか？　従って、この独我論的連続体はせいぜい一つの思弁的・仮構的な意味をもつにすぎないのではないか？」と。そうではない。想像力的意志の連続体は最も根源的な・最も純粋な・人称的自我の基体的存在である。人々がこの世界にかけがえなくただ一人存在するものとして、「私」という言葉を口にする度毎につねに彼らは無自覚的にせよ、この連続体と関わりあっているのである。

存在喪失のプロセスがとどまるところなく加速している現代の客観的世界の只中においては、なるほど、連続体は隠されたままになっている。換言すれば、そこでは人々はかれら自身の基体を見失っている。そのことは、例えば現代世界の実践的目的観として、即ち、とくに科学技術として現われている。科学技術は、つねにその時々の目的をもち、このその時々の目的は、ハイデガーが分析したように窮極的な目的根拠（つまり、自己自身）に関連している。しかし、科学技術は、この目的根拠がそもそも何であるか、を知らない。無意識的に技術進歩を通して、それは熱心に自らの隠された目的（テロスX）を追求するが、それを主題化するための手段をもちあわせていない。これこそ、人々が今日その隠された自己自身の基体、即ち連続体をほとんど情熱的に追い求めている、皮肉な方法の一つである。

宗教性の超越の様態を様々な歴史的形態において、哲学的視点から論ずることは、ここでは取り上げえないテーマである。私は、ただ禅仏教の若干の面だけを主題化しようと思う。私は、禅の宗教的真理それ自身をではなく、むしろ、我々の宗教的次元とのその関連性を論じようと思うので、禅的真理の若干の根本性格が、連続体のそれといかに相似的であるかを示唆するにとどめるであろう。

禅の真理の根本性格の一つは、反＝目的論である。六世紀の中国梁の皇帝、武帝(在位五〇二―五四九年)が禅の創立者である達磨《だるま》と会見したとき、彼はたずねた、「朕は多くの寺を建立し、多くの僧を任命し、扶養した。朕は仏教のため甚だ多くの力をつくした。それにはどのような功徳があるだろうか?」と。それに対して、達磨は答えた、「無功徳(15)」と。禅は合目的的な行為を評価しない。なぜなら、そこからは必然的に目的と手段との区別が生ずる。手段の中では、善いものと悪いもの、適切なものと拙劣なものとが区別されなければならない。このような区別は健全な常識の本質である。しかしながら、この区別は、人々が彼の窮極目的の外にいるときにのみ、生ずるのである。これに反し、人々がすでにその目的の中に住まうとき、彼らはもはや何も選ぶ必要はない。人々は一切の二元性の彼方にいる。従って、禅の反＝目的論は、自我が、ここでは、すでにその故郷に、つまり彼のモナドに住まっていることを意味している。いいかえれば、禅は連続体からの単なる超越ではなく、始めから、またそれに内在してもいる。禅は連続体への内在的超越である。

禅が連続体に内在しているという性格は、種々の相において示されうる。まず第一に、それは絶対的に唯我的である。昔の禅匠趙州《じょうしゅう》(九世紀)はいった。「天上天下唯我独尊(16)」と。また、古詩には、「寥々天地間　独立望何極(人独り寥々として天地の間に立てり。その遥けさの限りも知らず)(17)」とある。さらに、唐代(九世紀)の偈《げ》にこうある、

「切に忌むべきは　他に『渠《かれ》』を求めることだ、

　そうすれば、ますます遠く
　　私から渠は離れ去ってしまう。
　私は今まったく独り自ら行くのだ、
　　　すると、私はどこにいても
　　　　渠に出会う。[18]」

この「渠」は、真の自我と解されるであろう。そして、この自我が絶対に唯我的なものと見なされていることは明らかである。

第二に、禅の空間＝時間様態は、連続体ときわめて相似な性格をもっている。昔の禅匠はいった、「あきらかに知りぬ、心とは山河大地なり、日月星辰なり[19]」と。また、別の師は語った、「尽十方界、真実人体[20]」と。さらに他の師はいった、「各々の個人的意識の根底には、宇宙的無意識が横たわっている[21]」と。これらの言葉は、連続体において見られるような、自我と世界との密接な内的連関の表現として理解されうるであろう。

他方、現代の禅匠鈴木（大拙）によれば、時間は一本の直線のように解されてはならず、むしろ、過去、現在、未来がそこで同時に生起し、絶対的現在となる一つの円のように解されねばならない。また、道元（一三世紀）によっても、時間は過ぎ去るのではなく、むしろ互いに浸透する絶対的・永遠的現在をそのつど形づくる。例えば、私が山に登ったり、河を渡ったその時は、私が玉殿朱楼に住んでいた時を呑却し、また吐却する。もし、時が単に過ぎ去るとすれば、間隙が生ずることにもなろう。しかし、「尽界にあらゆる尽有は、つらなりながら時々である（世界全体の存在者は連続的に関連しあい、そのつど絶対的な現在を生きている）」とそう道元はいっている[22]。また、或る現代の禅匠は、「只今に安住して自己を忘ずるとき、久遠の昔も今ぢゃ、無辺世界も今ぢゃ、禅の実験は只今の体得にありぢゃ[23]」といっている。

もはや流れることのない現在の、この注目すべき強調は、「連続体」の同じ時間性を我々に思い起させずにはいない。しかし、鈴木が、「時間と空間とは本来別けるべきものではなく、時間—空間、空間—時間と見なされるべきものである。つまり、両者の間には連結符をおいて一つのものと見るべきである。なぜなら、絶対的な現在には、時間も空間もふくまれているから[24]」と語るのを聞くのは、一層おどろくべきことである。我々は、禅と連続体との間の相似性をもはや偶然的なものと見なすことは出来ないのである。

だが、連続体に対するこの禅の内在的関係は、禅のもつ一面にすぎないことを、忘れてはならない。禅はもう一つの面、つまり、連続体に対する超越性をももっている。

この面は、我々が華厳経の中に「無限の時は一瞬であり、一瞬は無限の時である。一点は無限の空間であり、無限の空間は一点である[25]」とあるのを読むとき、明らかになる。もっと具体的にいえば、筆の尖端に全宇宙は宿る。或は、「ひとが一本の指をあげれば、それは全宇宙を蔽う[26]」となる。ここでは、自我の連続体への内在と客観的世界への超越とが統一されているのを、我々は見ることができる。換言すれば、ここではモナド的自己は静的な身体的契機(身体統覚[27])を介して客観的の中の物体と同一化している。私は、一個の物体であり、同時に、一つのモナドである。だが、また、その逆にここでは世界の中の一切の物体にも、それらの絶対的個体性が保証されている。趙州の弟子の一人が禅の本質をたずねたとき、彼は答えた。「庭前の柏樹子[28]」と。一本の柏は、ここでは一本の樹木であるばかりでなく、物体と宇宙的モナドのおどろくべき統一なのである。

客観的世界へこのような超越によって、自我の絶対的唯我性は、日常的な共同性と結びつけられるに至った。客と茶をのみ、客にあいさつし、皿を洗うことは、同時に、我らをつつむモナド的・窮極的真理の開示なのである。

禅の反＝目的論は、日常性の中でも、或るきわめて独自の性格を獲得する。ここでは、人間のみでなく、一切の物が窮極目的である。なぜなら、それらもまたすべてモナドを、つまり、全宇宙を内につつんでいるからである。だが、何らかの手段なくしていかにして人々は実践的に行為しうるのであろうか？　ただ、一個の物のように、である。風が吹けば、風鈴は鳴る。春が来れば、梅の花は咲く。そこで、人もまた、一個の物のように、或は、全自然のようにふるまう。人は自分が何をなし、いかにふるまったか、を知っているだけである。換言すれば、ここでは、人は物を道具として使用するのではなく、物との内的接触によってそれと対話しつつ、物が何を欲するかを知るのである。ひとは、物の欲し、全自然の欲することのみをなす。東洋では、ひとは使いふるした道具を悼《いた》みつつ、焼却する。それは単なる手段ではなく、それぞれ私の肉身の別かたれた部分、いな、むしろ、我々の肉身と同じく、それぞれがモナドである。禅では、「一切の物は我々を仏陀の光もて照らす」という。

このような、物とモナドとの逆説的統一は、古代インドの般若経の逆説的論理によって、普遍的形式へともたらされたといわれている。ここでは、「Aは非Aである。ゆえにAはAである」と主張される。この論理を、例えば、存在と存在者との同一性と差異とにかんするハイデガーの思惟と対決させることは、一つの興味あるテーマであろう。しかし、禅それ自身の宗教性については、ここでは、これ以上語るまい。我々には、宗教性の次元としての「純粋な生の連続体」が、禅仏教の一つの契機をもなしていること、それとともに、ここでは、理性的契機が分別知として疎外されていることを、示したことで満足しなければならない。

終わりにあたって、私は一つの問いを提出したい。連続体への内在から出発して、物体的身体を介して物一般へ超越するのでなく、物と違って自由な眼差しを送り出している人間へと超越する宗教性とはどのようなものであろうか？　私にはそこから一種の真の対話的宗教性が生まれてくるように思われるのであるが――。このような宗教性は、自然の光としての「理性」をそもそもどのようにして受けいれるのであろうか？

(1) Descartes, Meditationes de prima philosophia, Oeuvres de Descartes publiées par Charles Adam et Paul Tannery VII (Paris 1973)［略号 A. & T. VII］
(2) op. cit. 22f.
(3) op. cit. 28
(4) dto., Principia Philosophiae, I–XXXII, A. & T. VIII–1, 17
(5) dto. Meditationes, Med. III, A. & T. VII 38f.
(6) Husserl, Die Krisis der europäischen Wissenschaften und die transzendentale Phänomenologie, Huss. VI (den Haag 1962) 112f., 145
(7) dto., Erste Philosophie II, Huss. VIII (den Haag 1959) 6f.
(8) op. cit. 23f.
(9) dto., Manuskript EIII5 (Held, Lebendige Geganwart からの引用)
(10) dto., Cartesianische Meditationen und Pariser Vorträge, Huss. I (den Haag 1950) 134
(11) op. cit. 152
(12) Claesges, Edmund Husserls Theorie der Raumkonstitution (den Haag 1964) 144
(13) Husserl Manuskript C3V (Brand, Welt, Ich und Zeit からの引用)
(14) 第三部第一章参照。
(15) 鈴木大拙全集（岩波版）、第五巻（一九六八）所収「金剛経の禅」三九三
(16) 同右、第十三巻（一九六九）所収「禅への道」一三一
(17) 同右、第十二巻（一九六九）所収「禅による生活」四一九
(18) 同右、三八五以下
(19) 道元　正法眼蔵（岩波日本思想大系）、上巻（一九七〇）七五、八五

(20) 同右、下巻(一九七二)三一
(21) 鈴木大拙全集、第十二巻所収「禅による生活」四〇二
(22) 道元　正法眼蔵、上巻二五八参照。
(23) 鈴木大拙全集、第五巻所収「金剛経の禅」四三一
(24) 同右、四二九参照。
(25) 同右
(26) 同右、第十二巻所収「禅による生活」三六四参照。
(27) 身体統覚については、第三部第三章参照。
(28) 鈴木大拙全集、第五巻所収「華厳の研究」一七二

第二部　実存と理性

第一部において、我々は、「可能存在＝融合体」としての「モナド」から出発して、「限界状況のアンチノミー」を介し「場所的人格」の素描に到達した。この「人格」が、身体統覚を介する、「モナド」への内在的超越としての仏教的人格とは、やや異なることもすでに示唆された。しかし、「場所的人格」は、単に狭義における「宗教的人格」にとどまるものではない。それは、人間の日常的合理性をふくめて、あらゆる理性的領域の根源をうちに包括するものでなければならない。いいかえれば、「理性の基体」でもなければならない。

この関係を明らかにするためには、実存哲学を介して、一方において、「場所的人格」の主構成要素である「モナド」が「想像力的自己」の基体であることが確認されるとともに、他方において、それがそのままでは「理性的思惟」の基体となりえない理由があらためて吟味されなければならない。さらに、いわば方向を逆にして、デカルトに始まる近代的理性主義が、その方法としての懐疑を通して、「モナド的可能存在」といかなる内的な関わりをもっていたか、が第一部におけるよりも詳しく明らかにされねばならないであろう。

第一章　実存哲学の目指すもの
——理性の基体——

この章において我々は、先立つ章において示された「可能存在融合体」や「純粋な生の連続体」によって象徴されるような・人間のモナド的個体性と現代の実存思想との内的関係を明らかにするとともに、実存思想が近代的理性主義に対して有する歴史的意味の解明を通して、モナド的個体性と理性との関係に、光を当てることを試みようと思う。

1　実存思想の歴史的意味

これらのことを明らかにするためには、どうしても、もう一度、一七世紀以後の西洋哲学が、多かれ少なかれ自覚的に、そのまわりをめぐって歩んできた「意識と存在」という問題までほりさげて考えてみることが必要である。もちろん、それ以前の哲学も、意識や存在について論じなかったわけではない。しかし、そこでは、人間の意識もまた存在（または、在《あ》るもの）の一種として、ひろく、存在論（形而上学）のなかに包含され、意識と存在との根本的対立という考え方はなかったのである。古代のプラトン、アリストテレスらの哲学についても、中世のアウグスティヌス、トマスらのキリスト教哲学についても、一応、そういうことができる。

　さて、一七世紀半ばに、存在と対立するような性格の意識を最初に発見したのは、いうまでもなく、デカルトその人であった。しかも、彼はそれを世界の内にではなく、自分自身の能動性の内に発見したのであった。つまり、この意識は、「疑う」という形で、世界のもつ事実存在(世界があるということ)を、意志的に否定しうるような根本的な作用そのものであった。そのために、もはや、従来の意味で、この意識をも存在とよぶことは不可能になった。もっとも、デカルトは彼以前の形而上学の影響で、この意識をも「実体（substantia）」とよび、世界のもつ存在と同じことばでよんでいた。そのため、彼の哲学は、周知のように、まったく性質の異なる二つの実体をもつ、救いがたい二元論におちいってしまったのである。このデカルト的な意識を正しく「存在の否定」、つまり「無」としてとらえるには、遠く、二〇世紀の現象学と実存哲学の出現をまたねばならないのであるが、それまでの間、デカルトにつづく西洋哲学は、新しい意識と世界との間のリアルな関係を見いだそうとして、全力を注ぎつづけるのである。

　ここで、注意を要するのは、デカルトが世界の存在を「延長」としてとらえている点である。延長とは、つまり、空間的なひろがりであり、あらゆる方向に性質がひとしく、「硬さ(抵抗)」をともなってはいるが、しかし、いまだ赤裸々な物質存在に固有な「不透明さ」と「ねばっこさ」、つまり「不条理性」をそなえてはいない。いいかえれば、デカルトがとらえた存在は客体化(空間化)されたかぎりでの存在であり、ハイデガーの用語でいえば、眼前的存在者の存在にすぎなかった。

　このような存在の了解は、コナトゥス(自己維持の努力)というおもしろい性質をつけくわえられているとはいえ、そのまま、デカルトの後継者スピノザの汎神《はんしん》論的な体系のなかにも見いだされる。つまり、彼の考える神でもあり、宇宙でもある唯一の「実体」は無限の延長性を与えられているのである。

しかし一八世紀のカントにいたって、はじめて、「存在」は単なる延長的存在であるにとどまらず、さらにそれを越えた意味をもあわせもつようになった。つまり、カントは、一方において、もろもろの対象を延長的空間のなかの直観の集まりとみなしながら、しかも同時に、ある認識不能な「物自体」という存在を対象の背後に認めているのである。この「物自体」は、ある場合には、人間の理性的意志の存在と道徳の次元で結びつけられ、したがって、単に物体の存在であるばかりでなく、人間存在とも無関係でないことが示唆されているが、カント自身あえてこの問題に深入りしようとはしなかった。したがって、物自体とよばれるこの未知の「存在」と「意識」との関係はついに明らかにされないままに終わっている。一方、延長性としての「対象の存在」は、カントにおいては、「理性」によって終始完全に支配され、いわば、それに吸収されてしまうのである。

さて、「物自体」や「人間存在」をも含めて、すべての「存在」を「意識」のなかへ吸収しようとしたのは、カントの後継者ヘーゲルであった。彼は、その方法として「弁証法」という新しい論理を見いだすのである。弁証法については、いろいろな角度から説明することができようが、われわれの当面する問題に即していえば、それは、「存在とは、存在の意識である」という唯一の真理の展開だといってよいであろう。たとえば、デカルトは、その意識によって世界の存在を否定することができたが、そのためには、彼があらかじめ、「存在」を意識していたのでなければなるまい。しかも、(ヘーゲルによれば)「存在」というものは、意識されるかぎりにおいてのみ、存在するものであるから、意識による「存在」の否定というものは、けっきょく、意識による「存在の意識」の否定であり、つまり、意識による意識の自己否定でなければならない。それゆえ、最も単純な感覚的存在から、人間社会の存在にいたるまで、すべての「存在」の否定の否定、つまり、展開は、それを意識する意識(あるいは精神)自身の展開でなければならないというのが、ヘーゲルの弁証法の基本的原理であると考えられる。この弁証法的発展の原動力は、

「存在の意識」が「意識」でありながら、しかも、同時に「存在」であるという「矛盾」であって、つまり、存在の意識は単なる意識たることに甘んぜず、自己を対象的存在へと疎外するが、ふたたび、単なる対象たることに甘んぜず、自らを意識に吸収しかえすことによって発展するのである。ヘーゲルは、この矛盾を「精神は実体であって、同時に、主観である」というテーゼであらわしている。

このように、「存在の意識（つまり、観念）」をもって、「存在」そのものと同一視する点に、ヘーゲルの弁証法の特徴があり、また、その限界があるといえよう。なぜなら、「存在」そのものは、必ずしも、「存在の意識」に吸収されてしまうとはかぎらないのであって、それは、意識される以前からすでに存在し、また、意識されつつも、依然として意識の彼方に存在しているかもしれないからである。

ヘーゲルに反対して、「存在の意識」に対する「存在」自身のこのような独立性と自立性を強く主張したのが、一九世紀半ばにあらわれたマルクスとキルケゴールとであった。マルクスは主として延長的存在の側から、キルケゴールは主として非延長的な人間存在の側からそれを主張したのである。

マルクスによれば、人間の意識というものは、脳髄の或る内的状態にすぎない。したがって、意識は、脳髄を含む人間がおかれている社会的、経済的条件によっておよそ規定されている。つまり、意識が存在に先行し、意識を規定するのではなく、存在が意識に先行し、意識を規定するものである。そして、この存在のあり方を支配するのが、唯物的弁証法であると。

また、キルケゴールによれば、ヘーゲルの意識は、可能性の次元である観念的存在にのみかかわって、人間の「実存」を忘れている。つまり、可能性から現実性への転化を忘れている。ところで、可能性を現実性に変えうるものは、ただ、人間の意志的決断、つまり、主体性であって、いかなる観念的な思考でもない。したがって、人間における「意識」と「存在」との関係を規定しているものは、存在的思考のロゴスではなく、実存的決断のパトスであり、形式からみれば連続的に発展する量的な弁証法ではなく、飛躍的に発展する質的な弁証法であると。

確かに、両者の間の平行には著しいものがある。彼らは、ともに「存在の意識」としてのヘーゲルの精神に対して、社会的生産関係とよばれる延長的存在、あるいは実存とよばれる人間的存在を先行させ、優位におく。しかも、それぞれ自己の主張する存在に弁証法的運動を認めようとする。

しかし、たとえ、彼らにならって存在そのものに、意識に対する優位を認めるにせよ、なにがいったい、それらの存在に意識との統一を保証するのであろうか。つまり、これらの存在は、どのようにして、自己の運動を知るのであろうか。人間を生産関係の総体としてとらえるマルクスにも、人間を単独者としてとらえるキルケゴールにも、ヘーゲルの「存在の意識」に対応するような「意識の存在」が欠けている。この「意識の存在」とは、ヘーゲルの弁証法をその過程において絶えず内側から導いている絶対的精神に対応するような、彼らの弁証法の「自覚」の内的な基体としての「存在」のことである。唯物的弁証法の現実的プロセスにおいて、次の段階への前進の進路を選択し、決定するものは、おそらく、このような「意識を内側からささえるポテンシャルな基体的存在」でなければなるまい。また、質的弁証法の現実的過程において、「あれか、これか」の選択を決定するものは、おそらく、このような「意識を内側からささえるポテンシャルな基体的存在」でなければなるまい。しかるに、マルクスには、ただ、外側から意識に反映する物質的土台と歴史的過程の時間的方向の指示しかなく、キルケゴールには、超越的な絶対神への帰依と個々の段階についての実存的分析しかない。つまり、彼らの弁証法には、一貫した意識的地平とそれを内からささえる全体的な存在の基盤が欠けている。そしてこのことは、マルクスが、歴史の法則を自然の法則と同一視し、逆に、キルケゴールが、実存の住まう物質的世界を無視したことと、けっして無関係ではないであろう。

　このような、物体の集まりとも、人間主体とも異なり、しかも、それらを通底して共通にささえる「意識のポテンシャルな基体的存在」への了解は、ショーペンハウアーやニーチェの「意志の哲学」を通して、すでに、一九世紀に、半ば直感的、詩的なすがたをあらわすが、それにはじめて学問的な手がかりを与えたのは、二〇世紀の初頭にあらわれたエドムント・フッサール(1859–1938)の「現象学」(Phänomenologie)であった。もっとも、フッサール自身の本来の意図は、意識に対して現象してくるものを、いかなる先入見もなしにありのままにとらえることだったのであり、そのために、世界の現実存在[1]への素朴な信頼をまず全体的に排去することを試みたわけであった。彼は、この意識的操作を「現象学的還元[2]」と名づけている。彼にとって重要なのは、こうした現実存在から事実存在が排去されたのちに残る「現象学的残渣《ざんさ》」、つまり形相的存在と純粋意識だったのである。しかし、皮肉なことに、現象学の歴史的展開は、フッサールの意図とは独立に、彼の思いもかけなかった方向にすすんでいった。つまり、彼の弟子たちは、しだいに、純粋意識から離れて、むしろ、排去されるために「全体化された事実存在」のほうに注目していったのである。

　元来、フッサールにとって、純粋意識は常に「なにものかの意識」であり、自己を越えたある対象を志向することをその特徴としている。この対象の中核は、形相的な永久不変な「意味」であって、対象はその一つの範例として以外のいかなる事実存在をもつことはできない。しかし、このように諸対象の事実存在への日常的信頼を全面的に奪われた純粋意識に自己を集中しているうちに、彼の弟子たちが感じたのは、おそらく、めまいのするような

「不安」だったのではなかろうか？　このとき、彼らは、「不安の無の明るい夜[3]」のなかで、足もとから、排去された対象の個体的事実存在が、全体化されて音もなくすべりおちていくのを、まざまざと感じたことであろう。しかも、一方(弟子の一人ハイデガーのいうように)彼らの意識はまさにこのとき自己の存在のささえが失われんとする状態にあることを感じていたであろう。こうして、「還元」のなかでの、思いがけぬ「不安」の経験を通して、半ば偶然にも、「不安」を感じつつある自己意識の根底には、もともと全対象の事実存在と共通の存在(ポテンシャルな事実存在)のあることが発見されたのである。理性的な純粋意識から排去され、全体化されたポテンシャルな事実存在(＝可能存在融合体)のうえにたつこの自己意識こそ、今日、実存哲学において「実存」とよばれているものにほかならないのである。

もし、右のような実存哲学発生の起源に関する推測が正しければ、実存哲学は、フッサール的現象学の、存在論への予期せざる転倒のうちから生まれてきたということができるであろう。しかも、デカルトの後継者をもって任じるフッサール自身は、ついに、この「私生児」を自分の実子とは認めなかったといわれている[4]。

実存哲学は、こうして、現象学的方法を越え、意識の背後にある、非延長的な「基体的存在」に到達したが、後者はハイデガーによって「存在」、あるいは、「在るものの全体」、サルトルによって「即自存在の全体」とよばれている。それは、のちに述べるように、あくまで、「孤独な自己意識をささえるポテンシャルな事実存在」であって、いまだ、「すべての意識をささえる存在」ということはできず、特に、理性に対しては一種の否定的な関係をもった存在であり、したがって、ヘーゲル的な「存在の意識」によってはけっしてとらえられないが、しかし、気分と想像力を介して、了解の対象となりうるような、暗黒な存在なのである。「実存」のもつ反理性的、非合理的色彩は、すべて、この基体の性質に由来しているのである。

ところで本論にはいるに先だって、有名な「実存は本質に先だつ」ということばの意味に簡単に触れておくことにしよう。このことばは、サルトルが『実存主義はヒューマニズムである』という有名な講演(一九四五年)のなかで実存主義について与えた定義の一つである。[5] ここに出てくる「実存(existence)」という語は、さかのぼればアリストテレスの使った「τοδε τι (この或《ある》もの)」というギリシア語に由来し、中世哲学ではラテン語で「existentia (があるという存在)」とよばれた語である。また、「本質(essence)」とは、アリストテレスの「το τι ην ειναι (何であったかということ)」に由来し、中世哲学では「essentia (であるという存在)」とよばれた語である。

しかし、これら二つの語が、一対の対立する概念として使われるようになったのは一三世紀のトマス・アクィナス以後のことである。トマスによれば、すべての被造物の本質は、世界創造に先だってすでに神の予見のうちに存在しているが、創造とともに、それぞれに実存が賦与されるという。それゆえ、すべての被造物は、神によって本質と実存とから合成されたものである。サルトルは、右の講演のなかで、この神と被造物との関係をペーパーナイフをつくる職人とペーパーナイフとの関係になぞらえて説明している。そしてサルトルのいうように、この神学的伝統をうけついだ従来の西洋哲学においては、もはや神を前提としないにもかかわらず、依然として、なにかある変えることのできない人間の本質(つまり、人間性)が、人間の実存に先行し、これを規定しているように考えられてきたのである。これに対し、徹底的な無神論の立場にたつサルトルは、創造主としての神を認めないかぎり、人間の実存に先行するいかなる本質(人間性)もありえない。人間が作りだすものは別として、少なくも、人間は、実存がその本質に先行するような一つの現実であると主張する。

「実存が本質に先だつとは、この場合なにを意味するのか?　それは、人間がまず先に実存し、世界のなかで出会われ、世界のなかに不意に姿をあらわし、そのあとで定義されるものだということを意味するのである」[6]。

これを別のことばで要約すれば、「実存主義とは、一貫した無神論的立場からあらゆる結果をひきだすための努力にほかならない[7]」といわれている。

このような実存主義の定義は、厳密にいえば、サルトルのそれにのみあてはまる極端なものであるが、それにもかかわらず、いかなる理性的意識にも吸収し尽くされぬ人間の事実存在を強調している点で、まえに述べたキルケゴール以来の実存思想全体に通じる根本的特徴を鋭くえぐりだしていることは、なにびとも否定できないであろう。

しかし、私がここで特に注目したいのは、右にみられるように、中世では、物質から天使にいたる被造物全体に対して適用された「エクシステンティア」という語が、キルケゴールからサルトルにいたる間に、人間についてのみ使われるようになったという事実である、実際、この事実にもとづいて、ある人々は中世的エクシステンティアを「存在」と訳し、これと現代的「実存」との間の連続性よりは、むしろ、区別を強調しようとする。しかし、その対概念であるエッセンティアのもつ意味の変化のあとをたどれば、中世的エクシステンティアのもつ意味の歴史的必然的な変化が今日の「実存」を生みだしたということがわかるのである。まえにも述べたように、中世においては、すべての事物のエッセンティアは、本来、神の英知に属するものであり、人間の知性がこれを認識しうるのは、「自然の光（lumen naturale）」によって、いわばいちだんと低い次元で神の英知を分与されるかぎりにおいてであった。しかし、デカルトによって、人間の意識が事物の存在から完全に分離されて以来、事物のエッセンティア、つまり、「なにであるか」という「本質」を認識するのは、人間理性に固有の能力とみとめられるようになった。それを最も極端にまでおしすすめたのが、フッサールの厳密なる「本質学」としての「現象学」である。ここでは、対象の本質は、純粋意識の理性的志向作用によって構成される意味とみられている。つまり、もし人間理性を、（サルトルは認めないが）観念論の伝統に従って、人間の本質とよぶことにすれば、今日では、人間の本質なくして、もはや、いかなる本質もないといえるのである。

こうして、かつては、全面的に神に帰属していた事物の本質が、今日では、全面的に人間の本質（理性）に帰属せしめられているとすれば、同様に、かつては全面的に神の創造に帰せられた事物のエクシステンティアが、いまや、全面的に人間のエクシステンティア（実存）に帰せられたとしても、さして不思議ではないであろう。実存哲学の主張は、人間のエクシステンティアなくしても、もはや、いかなるエクシステンティアもないということなのである。いいかえれば、人間的実存の技術的創造性は、かつては、せいぜい、いちだんと低い次元で神の創造に対応するものにすぎなかったが、いまや、自己の被造性を否定することによって、世界のあらゆる事物のエクシステンティアに対し、支配権と責任とをもつようになった。つまり、今日では、世界全体が、人間的実存によって、技術を適用し、加工されるべき対象の集まりにほかならなくなったというのである。神の創造を否認するサルトルばかりでなく、神について態度を保留するハイデガーも、また、（『存在と時間』では）このような立場にたっている。

このようにみてくれば、現代の「実存」が中世的エクシステンティアとまったく別個のものではなく、むしろ、エッセンティアのデカルト的変貌に対応する、歴史的必然的な発展の結果であることが、一応、理解されたであろう。次に、この「実存」の創造性が、まえに述べた、反理性的な、全＝対象的な基体への了解とどのように結びついているかを考えてみよう。

われわれは、さきに、この基体が「自己意識をささえるポテンシャルな事実存在＝可能存在融合体」ではあるが、いまだ、すべての意識、特に理性をささえるものではないと述べた。それでは、この存在によってささえられる自己意識とは、いったい、どのような意識であろうか。実は、それこそ、可能存在への意志としての「想像力」にほかならないと考えられる。

たとえばフッサールにならって、すべての現実存在への日常的信頼を意識から徹底的に排除してしまった哲学者は、まえに述べたように、絶えず、未来から過去へと流れさっていく意識の流れのなかで、漠然とした不安を感ぜずにはいられないであろう。そして、不安とは、まさに自己をささえる事実存在の基体が見失われようとするときの自己意識の状態性、つまり「気分」なのである。このとき、もし、彼がこの基体をとりもどそうとするならば、そこには二つの方法が考えられるであろう。一つは、ハイデガーのように、これを「意味」としてとりもどす方法であり、他は、サルトルのようにこれを「価値」としてとりもどす方法である。しかし、いずれにせよ、彼が失われた基体を全体としてとりもどそうと決意するや否や、純粋意識の体験の流れの方向とは逆に、過去から未来へとさかのぼっていく新しい意識の流れが、彼の眼前にあらわれてくる。そして、その流れの収斂する方向には、回復されるべき存在が知覚的体験流の絶えず発生してくるさらに彼方の地平線上に、「意味」として、あるいは「価値」として姿をあらわすのである。

この未来へと遡る流れが想像力の持続流であり、それの収斂と集中によって形成される持続の「厚み」としての「意味」、あるいは「価値」が、自己意識のやがて到達せんとする「存在可能性」であり、また、すべての想像作用のもつ自由の根源なのである。しかしながら、一方、われわれは、基体の喪失感である「不安」が現実生活のなかでは、常に、なんらかの特定の対象的喪失感である「心配」、あるいは、その否定である「欲望」と結びつき、それらを通してあらわれることを知っている。たとえば、ハイデガーのあげる「死の不安」というものも、実際には、特定の「病気」への心配や特定の危険な「事業」を達成しようとする欲望を通してわれわれにしのびよるのである。そして、想像作用の自由もまた、ある特定の心配や欲望によって規定されてはじめて、これらの心配や危険を否定しつつ、特定の(不在から)回復されるべき「意味」、あるいは「価値」を未来に投げなおすことができ、さらに、この「意味」や「価値」にふさわしい「像」(たとえば、特定の病院や、特定の資金源など)を過去の記憶から未来へと、持続的に圧縮し、とりもどすことができるのである。しかし、その際、想像力は、それが自己意識による「基体の否定(不安)」の「否定」であるかぎり、その基体の一部である、ある対象との「存在関係の否定(心配)」の「否定」(欲望)がその上で成立する「土台」であるとともに、この対象の意味や価値を自由に選択する能力でもあること、つまり、ある「像」を立てる能力であるとともに、同時に特定の事実存在を自由に否定する能力でもあることが理解できるであろう。

こうして、「可能存在の基体」にささえられた「自己意識」にほかならぬ「実存」は、「不安」の否定する作用を介して、未来へ「像」を立てつつ、しかも、この像を選択する自由として、つまり、可能存在への意志たる「想像力」として姿をあらわすのである。前述のように、人間的実存が、技術的生産性をもちうるのは、不在から「回復されるべき対象」と「回復されるべき基体」とに対して、こうして「像」と「意味」を通してかかわることができるからである。それゆえにこそ、「人間によって想像(創造)される事物のエクシステンティアは、人間的実存に全面的に依存している」ということができるのである。

もっとも、現代のすべての実存思想家が、自覚的に実存の中心に想像力をおいているわけではない。たとえば、ヤスパースは、想像力ということばをまったく使っていないし、また、未来を構想するという考え方も希薄である。一般に、想像力を前面にもちださない実存哲学ほど神秘的な色彩が強いのは興味深いことである。このことは、おそらく、想像力が「可能存在」の次元と「自己意識」、つまり「実存」の次元とを結ぶ唯一の現実的な通路であることと関係しているのであろう。

これに対し、前期のハイデガーとサルトルとでは、想像力の働きはひときわ明瞭にとりあつかわれている。そのことは、両者が、未来へさかのぼる時間を認めていることからも裏づけられる。しかし、一九三五年頃より以後の、つまり、いわゆる「転回（Kehre）」以後のハイデガーは、もはや、想像力や未来中心的な時間性についてまったく語らなくなり、それと同時に、一種の神秘的傾向が前面にあらわれてくるのである。

さて、前期ハイデガーとサルトルにおいては、「存在基体」および「存在関係」の自己意識に対する否定が「不安」および「心配」において生ぜしめられること、そして、「不安」および「心配」の否定としての自己意識の想像作用が、この失われた「存在基体」および「対象」を「意味」、または「価値」として未来に投げ立てることは、まえに述べたとおりである。彼らにとって、この「意味」、あるいは「価値」は、「自己意識が、知覚する対象の彼方で出会おうとする自己の存在の可能性」であり、「それに向かって、知覚の世界が道具の連関として実践的に整頓され、従属させられる終極目的」であり、「それに照らされて、はじめて、対象の集まりが世界（コスモス）として統一され、意味づけられる光源」である。たとえば、危険な山に登ろうとする人間にとっては、尾根の彼方のめざす山頂こそ、自己の存在の真の可能性であり、死の不安を越えて選ばれた「意味」であり、「価値」なのである。眼前の小道も、そのむこうの雪渓《せっけい》も岸壁も、知覚の世界はすべてめざす山頂に向かって通じる一本のルートとしてとらえられる。そして、登頂という目的に照らして、はじめて、山全体が単なる鉱物の集積としてではなく、抵抗する生きものとしてあらわれてくるのである。

このような「不在な存在基体および目的対象」に向かっての知覚的世界ののりこえは、彼らによって、「投企」

(Project; Entwurf) とよばれている。

ところで、このように、「不安」によってのみ、投企の自由(選択の自由を含めて)が人間に保証されるという考え方には、けっして、問題がないわけではない。というのは、そういうことがいえるのは、投企においてめざされる存在自身が、「不安」の源である孤独な自己意識の基体であり、つまり、他人に対して閉じた非理性的な存在である場合だけにかぎられるだろうからである。そして、このような自由は、当然にも、孤立した自己の私的なわだての自由にとどまるであろう。そこから、(けっきょく、ヤスパースをも含めて)従来の実存哲学に固有の、せまさと暗さが由来すると考えられる。しかし、もし、いつの日か、すべての他人に対して開かれた「理性」をささえる存在基体が見いだされ、理性自身が固有の存在を得るあかつきには、「投企」の自由を保証するものは、もはや、「不安」ではなく、「理性」自身であることになろう。なぜなら、そのような「理性」の「存在」は、おそらく、「不安」より深い次元における、「自己意識」の存在の内的否定であり、したがって、新しい開かれた想像力の源泉でもあると考えられるからである。このような方向にこそ、従来の実存哲学のせまさと暗さをのりこえていく可能性があると思われる。現に、あとでみるように、ヤスパースの包括者のバントとしての「理性」、後期ハイデガーの「存在の光」、サルトルの「弁証法的理性」などは、いずれもこの方向をめざしてあらわれてきた一種の新しい理性なのである。

そこで次に、三人の代表的な現代の実存思想家をとりあげ、できるだけそれぞれの生活のあとをたどりながら、その思想を描いてみよう。彼らにおいて生活と思想とは、きりはなすことのできぬ密接な関係をもっているからである。

2　ヤスパース

ドイツの代表的な実存哲学者の一人、ヤスパース（1883–1969）は、北海に近い北ドイツの小都市オルデンブルグの銀行頭取の息子として生まれた。彼は少年時代から、孤独癖の強い、しかも一種の正義感を内に秘めた人物であったらしい。ギムナジウム（高校）時代に、彼は指導教官の非理性的な命令に対して服従を拒んだことがある。また、出身階級によって三つに分けられた閉鎖的な生徒会のどれにもはいろうとはしなかった。そこには、人間的なコミュニケーションが欠けていたからである。校長はこれらの態度がなにか政治的な動機から発しているものと誤解し、教官たちに、注意をおこたらぬよう命令した。級友たちも、当時のプロイセン的軍国主義に心酔していたので、ヤスパースに加勢する者はだれもいなかった。そのため、上級の三年間、彼は、常に孤独であったという。

彼の父親はブルジョアであったので、孤独な彼を慰めようとして、狩猟場を借りきってくれた。そして彼は、自然のなかで狩りをしたり、読書をしたり、芸術作品を鑑賞したりして、孤独をまぎらした。この孤独は一面において、自己自身との一致という点で彼に力を与えてくれたが、しかも他方では、ますます激しく、他人とのコミュニケーションを飢え求めさせた。そして、彼が自分の立場と心境について反省するときに、自分を決然たる行動的な反抗から遠ざけて、消極的な忍耐にとどまらせている、或るかくれた恐怖が胸にひそんでいることに気づかずにはいられなかった。誠実にふるまうことはできても、英雄的にふるまうことはできないというのが、自分からうけた最初の衝撃だったという。このような自己のもつ限界の意識が反抗的な孤立につきものの傲慢さから彼を守ってくれた。そして、一種の謙遜さが、彼の本性にしみこんでいったが、それはのちに、自由な人間のもつ有限性と負い目の自覚として、彼の哲学的思索のなかにもとりいれられるのである。

健康にあまり恵まれなかった少年の日の態度は、その後も、ずっと彼の身についてしまっている。一九三七年、ユダヤ人を妻としているという理由で、ナチスによってハイデルベルク大学から追放された頃にも、この態度に変わりはなかったという。彼はいう、

「私は確かに内的に自由であったし、見苦しい行為や誤った公言によって、いかなる圧力をも避けはしなかったが、しかし、この犯罪に対して少しも闘わなかった。私の心はそれを促したけれども、慎重さがおしとどめたのである。それゆえ、一九四五年に、私の行為を誤って模範として称賛したラジオや新聞の報道に対して、わたしは訂正文を公表しなければならなかった。それは次のようなことばで結ばれている。『わたしは英雄ではないし、英雄として扱われたくもない』と。」(8)

もって、彼の慎重ではあるが、誠実な態度をみることができるであろう。

彼の哲学への第一歩は、スピノザを読むことからはじまっている。スピノザの哲学大系に没入することとその座右銘「慎重に（caute）」が、孤独なギムナジウム時代の慰めであったという。

ギムナジウムの卒業をひかえ、大学の専門学科を選ぶにあたって、父は、日頃の芸術、文学、哲学への嗜好《しこう》からみて、彼が文科を選ぶものと思っていたが、彼は実際的な職業につきたいと希望し、弁護士になる目的で法科を選んだ。そして、一九〇一年、ハイデルベルク大学に入学、翌年ミュンヘンに移り、クラーゲスの筆跡学やテオドール・リップスの哲学の講義を聞くが、専門の法律についてはさっぱり興味がわかない。

一方、敏感な彼は、第一次世界大戦前夜のヨーロッパの、繁栄のかげにひそむ社会的虚偽と精神的頽廃《たいはい》とに気づかずにはいられなかった。こうして、社会に対する懐疑、自己の幸福のたよりなさ、健康の不調と勉学の目的喪失

とが、彼をしだいしだいに不安にしていく。

この不安のなかから、ヤスパースの心には、哲学が残された唯一の真理への道として、ほぼ確定的に浮かびあがってくる。しかし、

「世界の現実に生活をもって参与することなしに、なにごとかをすることなしに、正しく哲学することはできない、とわたしは自分にいった。哲学への道は抽象的思索のうえを通ってはいない[9]。」

こうして、一九三〇年から、ベルリン、ゲッティンゲン、ハイデルベルクなどにおいて、約二〇年間にわたる医学および心理学研究の精進がはじまるのである。医学を選んだのは、なによりも現実に近づくためであった。「わたしはありのままの事実を知ろうとした[10]」。それゆえ、講義よりも実習を好み、研究所や北海へリゴランド島の動物実験所で働いた。このような科学的研究の経験が、のちの彼の哲学にある特色を与えていることは明らかである。つまり、哲学というものは、科学的認識態度を限界までおしすすめていって挫折《ざせつ》したときに、はじめて飛躍によってその出発点をつかむことができるという考え方である。

そういう意味で、フッサールと面識のあった彼が、「哲学者としてのフッサールには失望した[11]」と述べているのは、むりからぬことである。両者は、「事実への肉薄」という点では一致しながらも、フッサールが「事実を見る」という態度の分析にとどまり、「見られるもの」にはほとんど無関心であり、ただ、精確さにおいて哲学を最高の「厳密な科学」とみなそうとするのに対して、ヤスパースは、哲学とは生の根底を、私自身の正体を、そして、「限界」において感じとられるものを、照らしだすものであって、ひたすら精確さを求める科学的真理とは異なった唯一の本質的真理を独自のことばで語るものであると考えていた。彼によれば、哲学的真理は、傍観者の観照のうちにおい

てではなく、生活の実践のうちで、その真理たることを証明すべきなのである。彼は、「現象学」を哲学とみなすことは、哲学の精神に反するとさえいっている。

とはいえ、ヤスパースがその精神病理学研究において、現象学的方法を使用していることは、みずからも認めるところであり、哲学の領域でも、あまり性急にこの方法を批判しさったことが、彼自身の哲学にとってはたしてプラスであったか、どうかは一つの問題であろう。まえに述べたように、想像力の次元が彼に欠けているのは、そこから生じたマイナスの結果の一つであるとも考えられるのである。

さて、真の哲学をめざしつつ、精神医学と心理学を研究していた彼に、哲学を職業として生きることを最終的に決意させたのは、間接的には、一九一三年におこったキルケゴールのドイツ語訳との出会いであり、直接的には、一九二〇年におこった尊敬するマックス・ウェーバーの死であるが、これらについては比較的よく知られているので、これ以上述べないことにする。翌二一年、彼は、ハイデルベルク大学で心理学私講師から、哲学教授に任命されている。

しかし、そのまえに、彼の思想と生涯にとって決定的な意味をもつ、妻ゲルトルードとの出会いがおこっている。彼女は、ハイデルベルクでヤスパースと同窓だった医師エルンスト・マイヤーの姉にあたるユダヤ女性である。一九〇七年の夏、二十四歳のとき、哲学を専攻する彼女とめぐりあうことによって、ヤスパースは運命の円環が、いまやついに閉じられたことを悟ったのである。彼女は、実に「超越者からの贈り物」であり、神秘的な「唯一者」を完成すべき相手だったのである。

「世界は変わり、しごとははかどった。哲学的思索は、懐疑のふちから生まれ変わったように、生涯を通じてのコミュニケーションを可能にする、絶対的な、はかりしれぬ決意の経験を通じて、真剣さを獲得した。[12]」

この出会いの体験は、ヤスパースの、人間は「ただ他の実存とともにのみ、実存となりうる」という思想のうちに反映している。もし、私の実存が、一個の自己存在だけでじゅうぶんであるかのように、絶対化されるならば、それはもはや真の実存ではないという。むしろ、私は他人との間にたえず「愛の闘争」としてのコミュニケーションを展開しなければ、自己自身に到達することすらもできない。「愛の闘争」とは、生存の多忙のなかにうずもれ、かくされている自他共通の存在の根源を明るみにもたらそうとして、他人とともに、なにものにもとらわれず、なにものをも恐れず、公平無私、真実を傾けて、語りあうことである。このような会話は、常に一つの冒険である。それは、普通ならば羞恥とともにかくされているような、傷つきやすい自己をさえ表面にあらわすからである。しかも、この一種の賭が他人によって同じ真剣さでうけとめられないこともしばしばあるであろう。否、むしろ、しばしばなにかこっけいなもの、軽蔑すべきもの、つけこむべき隙とすら考えられるであろう。それゆえ、実存的コミュニケーションは、常に一種の「闘争」である。しかし、自己と他人との間の闘争ではなく、実存への意志(愛)とそれを妨げるものとの間のおのおのの自己のうちなる闘争なのである。

さて、三七年、かねて非ユダヤ化政策をすすめていたナチス政府は当時ハイデルベルク大学哲学主任教授であったヤスパースに対し、ユダヤ人である妻を離婚するか、それとも教授を辞任するか、という選択を迫ってきた。これに対し、ヤスパースは、教授の職をすてることによって、自己と妻に対する誠実を貫いたのである。したがって、それ以後、約八年間、つまり、四五年五月、ナチス・ドイツが連合軍に降伏するまで、彼は野にとどまり、その著書が出版されることもなかった。

「ますます恐るべき、荒廃し、非人間化していく環境世界に対して、わたしは、自分に固有のドイツ的信念で抵抗したが、この世界に向かっては、もし人が生きようとするかぎり、啞《おし》のように黙りこくっているほかなかったのである。[13]」

時代と地理的環境を同じうしたために、ここにとりあげようとする二人のドイツ人と一人のフランス人は、なんらかの形でナチズムとの交渉にまきこまれざるをえなかった。彼らがこれに対して示した反応のしかたは、まさに、「状況における実存的決断」として、彼らの学説の真価を試す試金石だったといってもよいであろう。

ヤスパースの場合には、その態度は、終始、非政治性によって貫かれている。彼は自己の内面性と妻への誠実を守って、職をすてても、外からの圧力と妥協しなかった。しかし、彼みずからも語っているように、それはあくまで消極的抵抗にとどまり、積極的な形では少しも闘わなかったのである。なにびともそれを安易に批判することはできないであろう。少しでも積極的に抵抗することは、当時確実に死を意味したであろうから。そして、彼の態度を彼の哲学の内容と照合するとき、そこにある程度首尾一貫したものがみられることも確かである。同時に彼の哲学のもつ限界が否応なしにそこに浮かびあがってくるにしても——。

いま、「限界状況」の説を通して、彼の決断のよって来たるところを探ることにしよう（詳しくは、すでに第一部第一章で述べられた）。彼によれば、

「状況とは、自然法則的なばかりでなく、むしろ、より感覚的な現実であり、心理的でも、物理的でもなく、むしろ、同時に両方であるような、また、わたしの現存在（生存）にとって、利益とか損失、好機とか障害を意味しているような具体的現実である[14]」

と。人間は常にこのような状況のなかにおかれており、他の状況のなかにはいっていくことによってのみ、一つの状況から脱出することができる。しかし、彼にとって重要なのは、いかなる状況に向かって現在の状況を越え出るか、ということではない。むしろ、このような無限の状況内存在の反覆のうちに一つの「限界」を感得することである。このときすべての「状況」は、人間は状況から完全には脱出しえぬという意味の「限界状況」に変わるという。

しかし、このほかに、「限界状況」は種々な具体的形態をもとりうるのであって、ヤスパースは「死」、「苦悩」、「闘争」、「負い目」の四つをあげている。これらは、われわれの現存在がときに応じて避けがたいしかたでぶつかる暗礁のようなものであり、また、われわれの目がその彼方を見通すことのできない壁のようなものである。しかし、これらの限界を限界として感じうるものは、すでに現存在の立場にはいない。現存在はこれらの限界を直視する力をもたないからである。限界状況は生存の衝動を超えた自由を知る者にとってのみ存在する。この自由において決断することによって、われわれは、限界を介して、現存在から実存へと飛躍することができるのである。この決断によって選ばれたものは、単なる客体ではなく、「超越者から私への贈り物」という意味をもっている。私とこの贈り物とは、この瞬間において一体をなし、いわば永遠の調和のうちにおかれているともいう。そして、この最高の瞬間においては、世界は透明となり、もろもろの世界現象は「超越者を指示する暗号」に変わるという。

このような主著『哲学』(1932)の実存論が、ヤスパースの個人的体験の理論化であることは、じゅうぶんにうかがうことができる。しかし、ここでは、限界状況と状況、実存と現存在とが、飛躍によって、まったく、切りはなされてしまっていることに注意しなければならない。いいかえれば、実存的決断によって選ばれたものが、その人のおかれた生存的状況の克服に対しても有効であるという保証はどこにもないのである。

おそらく、このような欠点を補い、また、ばらばらであったコミュニケーションと限界状況とを相互に関連づけるためであろう、ヤスパースは、三五年以後、「実存」とともに「理性」を前面におしだしてくる。すなわち、決断の本来性を保証するものは、他人との「コミュニケーションの意志」であり、また、すべての対象的な認識の限界を突破して、対象とならぬ世界地平「包括者」に迫っていく「統一への意志」であるところの「理性」だというのである。この理性は、もはや「認識の能力」ではなく、ただ無限の地平に向かってわれわれの意識を開放しておく一種の「無」であるといってよかろう。

ここで読者は、前期ハイデガーやサルトルにおいては、「不安」が決断の本来性を保証する役割を果たしていたことを想起されるであろう。そして、このような「不安」にささえられる実存の「暗さ」と「せまさ」を越えさせるものは、基本的存在を見いだした「理性」であろうというわたしの予想をも想起されるであろう。ヤスパースの「理性」は、その見方からすれば、いまだ全的な基体を見いだしてはいないが、いわば実存という点的な基体を獲得した片輪の「理性」であるといってもよいであろう。それは、点と点とを結ぶようなコミュニケーションの場であり、空虚な形而上学的空間である包括者をつつむ地平ではあるが、しかし、自然的存在(物質)からまったく切りはなされ、したがって、また、想像力からもきりはなされている。それゆえ、このような「理性」によって導かれるヤスパースの「実存」は、依然として、状況に対して一種の「受身」の姿勢をもっている。それは、一つの状況のなかから次の状況を積極的に「投企」しようとする構えをもってはいない。「実存」が選びとるのは、未来の状況全体を規定する「意味」ではなく、状況の認識を通して与えられる個々の対象にすぎないとみなされている。このような選択のしかたは、観念論哲学のそれとまったく共通である。そこに、現実に対する彼の態度を説明する一つの手がかりがあるのではなかろうか。

さて、戦後、復帰したハイデルベルク大学から、四八年、スイスのバーゼル大学に移ったヤスパースは、しだいに深刻化していく核兵器問題について、彼なりに、積極的な関心をもち、これこそ人類の直面する「限界状況」であると発言するようになった。

彼は、核兵器の廃棄を諸国家間の協定によって実現するためには、その前提として、まず国家が主権の絶対性を自発的に放棄して、超国家的な法の権威を認めねばならないこと、そしてこの権威を守る国際的管理機関が設立されねばならないこと、また、諸国家間に検閲なき報道の自由が確立されねばならないこと、しかも、これらの実現にはいずれも重大な困難が現存することを主張する。核兵器の廃棄や平和共存を唱える政治家たちは多いが、彼らはそのために不可欠な右の諸条件を少しも実現しようとはしない。彼らのしごとは、ただ不安定きわまる平和のなかで一息つく暇を作りだしているにすぎない。一方、一般の人々もまた事態の核心をつかんではいない。科学者や技術者の多くは彼に与えられた技術的問題にとらわれて、全体をみず、一方で危機を深める手伝いをしながら、口では平和を叫んでいる。核兵器が犯罪的であると主張する人々も、表面的な兆候にとらわれて、核兵器が国家の政策や大衆の日常的営みとどのような根本的関係にあるかをみようとはしない。そして、一方には、もはやそれについてなにも考えまいとする多くのニヒルな態度がある。

このような人類的な限界状況においては、政治解決だけにたよることはできない。問題は個人の意志と考え方との変革にある。

「従来と同じように生きている人は、危機の本質を認識していないのである。それを頭だけで考えている人は、まだそれを彼の生活にとりいれていないのである。[15]」

危機の解決は、各個人の意見を通してではなく、行為を通して与えられる。

現実の問題として、西欧側の政治家は近い将来、共産主義のなしくずしの侵入を甘受するか、それとも人類の滅亡を賭《と》して核兵器を使用するか、という選択を迫られるかもしれない。これに対して、有限な思考はいずれとも指示を与えることはできないのである。ただ、超越者に基盤をもつ理性だけが、われわれに「信にもとづいて、人間を愛しつつ、希望をもって、日常生活を生きよ!」[16]と教える。数億の人々の一つ一つの小さな行為、小さなことば、小さな態度こそが重大なのである。世界的現象は多くの人々がひそかに行なう事がらの表面的兆候にすぎないからである。このような「理性」が、浄火のように世界にひろまるときにはじめて、われわれは人類の危機をのりこえることをのぞみうるのであろう、と彼はいっている。

多くの点について、ヤスパースの真剣な主張に反対する人はないであろう。しかし、依然として、この「理性」はなんと空虚であることか!　個人個人の理性的な善意を一つに結集する創造的ヴィジョンなしに、どうしてこの世界が救われようか。

3　ハイデガー

もし、将来の歴史家が、二〇世紀を代表する哲学者を幾人かあげねばならぬ機会に出会ったとすれば、公平にみて、おそらくその中にあげられる一人は、マルティン・ハイデガー(1889–1976)の名前であろう。実際、一九二七年にあらわれた彼の主著『存在と時間』は、哲学以外の諸学問的領域にまで根本的な影響をおよぼし、すでにカントの『純粋理性批判』とならぶ古典的地位を獲得したとさえいわれている。しかも、驚くべきことには、この書は著者自身の認めるように、永遠に未完のままに終わっているのである。この事実は、わたしには、単なる偶然ではなく、二〇世紀における哲学そのものの運命を象徴しているように思われる。実に、現代とは、完結した哲学をもたず、また、もちえぬ時代ではなかろうか。

ハイデガーは、一八八九年、西南ドイツ、バーデン州の寒村メスキルヒの教会管理人（寺男）の息子として生まれた。父親は、教会堂を管理するかたわら、水桶や酒樽などを作っていたらしい。

「ときおり、森のなかで樫の木が切り倒されることがあったが、そういうときに父はすぐ森や空地をよこぎって、自分のしごと場にわりあてられた木材をもらいに行った。このしごと場で、父は、塔の上の時計や鐘の世話のあいまに、心をこめてしごとをしていた[17]。」

偶然であろうか、父親が朝夕、定めの時鐘をつくかたわら、ハンマーや斧でしごとをするのを見て育ったこの息子は、のちに、人間の存在を「有限なる時間性」として、また、世界を「道具の連関」としてとらえるようになるのである。

しかし、ハイデガーは自分の過去についてあまり多くを語りたがらないようである。彼の少年時代のエピソードなども残念ながら知ることができない。彼は一九〇七年、フライブルク大学にはいり、一四年、哲学の学位を取得、翌年、教授資格を得て、母校で講義をはじめるが、おりしも、翌一六年には、フッサールがゲッティンゲンからフライブルクに招聘《しょうへい》され、以後七年間、若き同僚としてのハイデガーは、その「現象学」の影響を決定的にうけることになるのである。『存在と時間』の扉には、「尊敬と親愛の情をこめて、エドムント・フッサールにささげる」としるされている。

しかし、フッサールの現象学とハイデガーの現象学とは、名は同じでも、中身は著しく異なっている。

フッサールにとって問題なのは、意識に対して絶対的な明証性をもってあらわれてくるもの、つまり、体験の流れとそれを志向的に統一する意味（Noema）および意味付与作用（Noesis）である。このような明証性に到達するために、フッサールは、まず、世界の事実的存在の措定をすべて中止し、世界を存在に関して中立的浮動の状態におくことを要求するのである。そして、このような「現象学還元」に到達する以前の、世界の存在を素朴に信じる態度を「自然的態度」とよんでいる。

これに対して、ハイデガーの現象学が問題にするのは、徹頭徹尾、「存在（Sein）」の意味である。彼が、『存在と時間』で、まず「現存在（Dasein）」としての人間の分析をとりあげるのも、あらゆる存在するもののなかで、人間だけが「存在とはなにか」という問いを立てることができるもの、つまり、存在しつつ常に自己の存在にかかわっているようなものだからである。この不断の自己存在へのかかわりが、現存在の本質であって、それをハイデガーは「実存（Existenz）」[18]とよんでいる。これが第一節に述べた自己意識と一致することは、やがてわかるであろう。

ところで、現存在はまた「世界内存在」でもあって、常に、世界のなかで出会うさまざまの物事や隣人に対する「慮《おもんぱかり》（Sorge）」のうちにおかれている。つまり、現存在には、常に世界に対する一定の存在了解が属している。このような、自己および世界に対する現存在の存在了解をあわせて一挙にあらわにする解釈的方法がハイデガーの現象学である。彼はそれを「自己を示すものを、みずからすすんで自己を示すがままに、それ自身のほうから、見えさせること[19]」と定式化している。ここでいう、「自己を示すもの」とは、現存在の右のような「存在了解」をささえる「存在」、つまり、人間存在と世界存在の共通の基体のことであり、「みずからすすんで自己を示すがまま」とは、「現存在（人間）の現象を通して」ということであろう。つまり、ハイデガーの前期の哲学は、現存在への解釈を「手がかり」とする「現象学的存在論（基礎的存在論）」であるということになる。

フッサールにとって、「存在論」とは、意識の超越的対象としてのイデア的本質に関する意味論的存在論のことであるが、ハイデガーの「存在論」は、もっぱら還元以前の世界の事実的(対象的)存在にかかわっているようにみえる。そこに、フッサールがハイデガーの哲学を「なお自然的立場にとどまっている」とみなした理由があろう。

しかし、ハイデガーが問題にしているのは、けっして「対象的存在」ではなく、人間的存在と「対象的存在」の共通の基体としてのポテンシャルな事実「存在」つまり、可能存在である。そして、第一節にも述べたように、「存在」の意味を了解するためには、あらかじめ「不安」による「対象的存在」の否定と全体化、つまり、一種の「還元」が行なわれていなければならない。つまり、ハイデガーが「存在は超越そのものである」といっているように、「可能存在」を「対象的存在」の次元でただちに了解することはできないのであって、むしろ、「対象的存在」を「基体存在の現象」としてとらえなおさねばならない。ということは、前者を一応、不安のうちに、「不在なもの」として遠ざけつつ、全体化し、想像力を介して、基体存在の「意味」に変えて未来から読みとることでなければならない。そこには、フッサールにおける対象的存在の「積極的排去」とは異なった、対象的存在の「消極的排去」が行なわれなければならないのである。それが内容の著しい変化にもかかわらず、ハイデガーがなお現象学という名を保存した理由であろう。

しかしながら、右のような現存在による基体存在の意味の了解には、さらに二つの段階があるのであって、個々の現存在がそのつど、「あれ」、「これ」の限定された形で自己および世界の事実存在の意味にかかわっている場合の存在了解を、「存在的、あるいは、実存的了解」といい、これに対し、「存在一般」の理念の了解にもとづいて、右のような了解のうちに含まれる構造的形式を学問的にとりだしたものを、「存在論的、あるいは、実存論的了解」というのである。そして、右の構造的形式は「実存カテゴリー[20]」の名でよばれている。もちろん、すべての実存哲学は学問としての一般性を主張するかぎり、なんらかの範囲で実存カテゴリーを使用せざるをえないが、しかし、存在一般の理念的了解と個々の事実的な存在了解、あるいは、実存カテゴリーと実存との間の関係を根本的に自覚し、単なる実存的（存在的）哲学と実存論的（存在論的）哲学とを明確に区別する点で、ハイデガーはヤスパースとは異なっている。

さて、現存在としての人間に固有な本来的な存在了解は、こうして、自己の存在を単に個々の対象との存在関係を通してではなく、むしろ、自己と「ありとあらゆる在《あ》るもの（対象）」との存在関係をささえる基体を通して了解する点である。このような基体の受動的な開示が「不安（Angst）」という気分であり、能動的な了解が想像力による「投企（Entwurf）」という現象であると考えられる。

もっとも、人間は必ずしも常に、自己を基体的存在から了解しているわけではない。むしろ、日常生活のなかでは、多くの場合、自己を手もとにある道具の存在から理解している。たとえば、自分は自家用車の持ち主であるとか、月収はいくらのサラリーマンであるというふうに。しかも、このような自己了解のしかたには、必ずといってよいほど、すでに他人との比較が含まれている。つまり、車の持ち主は、暗黙のうちに車を持っていない人々と自分とを比較し、月収の額を考えるサラリーマンは、暗黙のうちに他人の月収と自分のそれとを比較している。このような平均的な日常的了解のなかに出てくる他人、およびそれと不可分に結びついている自己をハイデガーは「ひと（das Man）[21]」つまり「非本来的な人間」とよんでいる。

これに対し、自己を基体的存在から了解するためには、人間はまず「ひと」から解放されなければならない。つまり、手もとにある道具への「配慮（Besorgen）」と隣人への「顧慮（Fürsorge）」からまず解放されなければならない。それを可能にするのが、ハイデガーによれば、「不安」という特殊な気分である。不安のなかで、人間は、すべての対象的な配慮から解放され、もっぱら「世界そのものの意味」を問題にするとともに、他人との平均的な共同存在から解放され、自己を単独化するというのである。

確かに、不安という気分には、他の気分とは異なった特色があるであろう。たとえば、ハイデガーのいうように、「たいくつな気分」や「恋人のそばにいるときの気分」もまた、一種の状態全体的な「自己と世界の存在」を、なんとはなしにわれわれの周囲に開示しているにしても、この共通の存在は、あらかじめ、特定の対象との存在関係によって限定されている。恋人との存在関係についてはいうまでもないが、たいくつな気分もまた、普通「たいくつな映画」とか「たいくつな話」との関係を通じてのみ生ずるのである。これに対して、不安は、このように対象的に限定される以前の存在関係、つまり、自己とすべての対象的事実存在との存在関係が失われようとすることの開示であり、同時に、世界の意味が不在であることの開示であると考えられるであろう。少なくとも、ハイデガーはそう考えようとしていたようである。

ハイデガーはまた、前述のような「不安」以外の普通の気分を「現存在がある世界のうちにすでに投げ出されていること」としてとらえ、これを「被投性（Geworfenheit）[22]」とよぶ。これに対し、現存在が想像力を介して自己と世界の存在の意味にかかわりあうことを、「自己に先だつこと」としてとらえ、これを「投企（実存性）[23]」とよぶ。そして、前者を「既在性」、後者を「未来性」（近づいてゆくこと）と名づけ、これらの時間的統一としての人間存在を「自己に先だちつつ、すでにある世界のなかに投げ出されていること」、すなわち「被投的投企」と表現するとともに、その構造を「既在的未来性」という新しい時間性のうちに見いだしている。

その思索の歩みに多くのつまずきをみせたにもかかわらず、ハイデガーがなお二〇世紀の代表的哲学者の一人とみなされうるのは、なによりも、この「投企」に根ざした新しい「未来性」の発見という独創的業績のたまものであるといわねばならぬ。自己の存在を「投げて企てる」という意味の「未来」は、彼以前の哲学が暗示することとすらなしえなかった新しい考え方だからである。そして、これが「想像力」の本質的な作用の一つであることは、ハイデガーの弟子であるサルトルの分析を通してはじめて明らかになるのである。

さて、しかし、ハイデガーは、この新しい未来を含む「時間性」に、「本来性」を与えるために、これを「不安」の二つの現象形態と分かちがたく結びつけようとする。このとき、「不安」は二つの方向から現存在に迫ってくる。一つは「未来」から「死」として、他は「既在」から「負い目」としてである。実に、ハイデガーの本来的な現存在は必然的に「死にいたる存在[24]」であるとともに、本質的に「負い目ある存在[25]」なのである(なんと陰惨なことよ！)。

「死」はここでは単なる生物学的事実にとどまるものではない。それは、自己に先だつ想像的存在としての現存在にとっては、追い越すことのできない、また、他人と絶対にとりかえることのできない、純粋な「可能性」そのものを意味している。それは自己が存在することの「不可能性」の可能性であるが、このような可能性は極限的な、最も自己的な存在の意味の(否定的な)開示でもあるのである。すべての事実的可能性は、この卓越した可能性の手まえにある。したがって、死に向かって先行することは、あれ、これの可能性の拘束から解放された選択の自由(死にいたる自由)を意味する。

これに対して、「負い目」もまた、単なる道徳的人倫的事実に尽きるものではない。第一は、それは、すでに世界のうちに投げ出されている現存在の存在が、徹頭徹尾、「……でない」という「ない」性によって規定されていること(たとえば、「男である」ことは「女でない」ことであり、「日本人である」ことは、「アメリカ人でない」ことである)、第二に、この「ない」性をともなった自己の被投的存在をひきうけ、自己の可能的存在の根拠となるべき「責任」を意味している。つまり、与えられた状況のなかで、有限な投企を遂行する責任を意味している。

この「負い目」をひきうけるという決意をよびかけるのが「良心」の声である。その声は、現存在の彼方から、現存在を通して、平均的な「ひと」に頽落《たいらく》している現存在へとよびかけるのである。その無気味な声は、われわれがすでに投げ出されている気分的地盤をはじめてわれわれのまえにあらわすのである。

それゆえ、「死」の不安は、想像力を介して、無限定な自己存在の基体を、さまざまの有限的可能性を背後から照明する無限の可能性として示し、一方、「負い目」の不安は、同じ基体を有限な被投的地盤を照らしだす無限の地平として示すのである。

こうしてハイデガーにとって、「本来的な人間存在」とは、死に向かって想像的に先行しつつ、一方、良心のよびかけに従って、自己の有限な被投性をひきうけ、それに属する限られた可能性のうちから、死への自由において、自由に選び投企するような存在のことである。このようなあり方を、彼は、「先行的決意性[26]」とよぶ。

重要なことは、ハイデガーがこの本来的な人間のあり方である「先行的決意性」を、現存在の「誕生から死にいたる全体性」としてとらえている点である。このようなあり方においてのみ、われわれは絶えず流れ去っていく「世界時間」の「今」における、手もとの道具的価値への配慮と平均的な「ひと」への顧慮とから解放され、新しい「現在」において「状況」のうちに立ちいでつつ、他人との真の共同存在にもはいることができるというのである。

しかしながら、他人との真の意味の相互主体的関係が、右のような孤立的に完結した自己存在の基礎のうえにはじめて成立するものであるか、どうかは、大いに疑問であろう。いいかえれば、「対話」を含む相互主体的次元が、想像力のみから基礎づけられるか、どうかは、大いに問題であろう。そして、この問題は、実は、ハイデガーの「転回（Kehre）」、したがって、『存在と時間』の未完結の原因と深くからみあっているのである。

ハイデガーは、元来、「ロゴス」の本質を「話」であると考えているが、現存在に固有な開示性の一つとしての

「話」が成立する時間的次元は、「了解」が「未来」、「気分的状態」が「既在」であるのに対し、「現在」である。そして、「ひと」における「話」が、「世間話」とよばれ、既在を忘れ、未来を待望しつつある「今」に属するのに対し、本来的な真理の開示性としての「話」は、未来を先取しつつ、既在をとりもどそうとする「瞬間(Augenblick)」[27]に属するものであると述べられている。そして、このようなロゴス(話)の真理性をもって、カントがさきにとりあつかったような先天的認識一般の問題を解明しようとするのが、未刊の『存在と時間』下巻の予定された内容であったことは、種々の証拠から明らかである。それゆえ、ハイデガーの最初の意図を挫折せしめ、転回という「十字架」を負わしたのが、「真理」の問題であったということは、否定することができないのである。

もし、ハイデガーがあらかじめ考えていたように、「時間」が存在一般の意味の了解の地平であり、「先行的決意性」に固有な、未来＝既在的「瞬間」において、なんらかの形で、存在一般の意味が開示されえたとすれば、「転回」は不要であったであろう。なんとなれば、「真理」とはけっきょく、「存在一般」の意味の開示にほかならないからである。いいかえれば、もし、すべての可能的目的の彼方にそびえる「存在の極限的意味」としての「死」と、すべての事実的被投性の背後からよびかける、無限定な「存在根拠」としての負い目とが、「瞬間」において「一」なるものとして開示されたとしても、それはけっして、「存在一般」の開示とよびうるものではなかったであろう。おそらく、それは、「自己存在一般」つまり、「自己意識をささえる存在一般」の開示であって、無記な「存在一般」のそれではなかったにちがいない。もともと、ハイデガーの発見した「時間性」が、もっぱら自己意識としての「想像力」に根ざすものであったことを思えば、この結果はけっして不思議ではあるまい。

思うに、ハイデガーにおける前期から後期への「転回」の真因は、普通しばしば考えられているように、単なる方法論的な転回に尽きるものではなかったであろう。つまり、現存在を手がかりとして存在へと接近する作業が一段落したので、第二段階として存在そのものに直接かかわる方法に切りかえられたというのではないであろう。むしろ、ハイデガーが『存在と時間』上巻で「存在」とよんでいたものが、「自己存在」にすぎないことがしだいに彼自身にもわかってきたというのが真相であろう。

実際、一九二七年に『存在と時間』上巻が上梓《じょうし》されてから、三六年に、ほぼ後期の思索方向を決定づける『ヘルデルリーンと詩の本質[28]』があらわれるまで約一〇年間にわたるハイデガーの迷いに満ちた思索と生活の歩みが、その間の消息を如実に物語っていると思われるのである。

この時期は、思索のうえでは、ほとんど「存在」について語らず、もっぱら「形而上学」を問題にするため、「形而上学の時代」とよばれているが、一方、彼の生活のうえでも、その末期にナチスへの入党（一九三三年）という画期的な事件がおこった時期である。しかも、この思索上の停滞と生活上の異変とは、けっして無関係な別々の事実ではないと思われるのである。

もちろん、ハイデガーがヤスパースと違って、ドイツのいわば下層職人階級の出身であることと、「国民社会主義（ナチス）」への接近とを社会心理的に結びつけて考えることもできるかもしれない。また、平均的世間人「ひと」の分析のうちに、当時のワイマール民主主義体制への暗黙の批判を読みとることもできるかもしれない。しかし、それまでの彼の哲学的思索を貫く基調からみるかぎり、そこに、個人を没却したナチスの全体主義におもむく積極的な必然性を見いだすことは困難である。むしろ、ここには、思索の深刻なゆきづまりから来た一種の「迷い」という色彩が強いのである。とはいえ、ナチス入党後は、ユダヤ人なるがゆえに、恩師フッサールへの献辞を『存在と時間』の巻頭から削り、彼に街頭で会っても素知らぬ顔をしていたり、三三年五月には、党員として最初の大学総長に就任し、大学の非ユダヤ化を推進したりしているのをみれば、この「迷い」は相当根が深かったということができよう。

ハイデガーがフライブルク大学総長に就任する際に行なった演説『ドイツ大学の自己主張』(1933)は、いろいろな意味で有名なものであるが、われわれはそこにむしろ、彼が思索的にゆき悩んでいる姿をみうるような気がする。まず、彼は、学問の本質から説きおこすのであるが、この本質をとらえるために、ドイツの教授団および学生団はギリシアにおける哲学の発生の起源にまで帰らねばならないという。

「そこでは、ある民族の血を引くヨーロッパ的人間が、その言語を武器として、はじめて、在るものの全体に向かってたちあがり、問いかけつつ、これを現実にあるがままに、とらえたのである。[29]」

このギリシア哲学の性格は、伝統的に最初の哲学者といわれるプロメテウスの「知は運命(*αναγκη*)よりも、はるかに無力である」ということばによって、端的に示されている。それは、「物事に関するすべての知は、あらかじめ、運命の支配にゆだねられており、その力のまえに挫折する」ということである。しかし、それゆえにこそ、知は挫折するに先だって、存在するものの隠れたる全勢力に向かって、最高度の反抗をくりひろげねばならないのであって、そのときに、はじめて、在るものは底なしの不変不動性において姿をあらわし、知に真理を手渡すのである。それゆえ、知はギリシア人にとって、単なるテオーリア(観照)ではなく、同時に最高のプラクシス(実践)である。

「学とは、絶えずみずからを隠している在るもの全体のただなかに、問いかけつつ、立ちつづけることである。この行動的な忍耐は、その際、運命に対する自己の無力を知っている。[30]」

このような学の端緒的本質をとりもどすことが、ドイツ大学の直面する歴史的民族的課題なのである。ハイデガーは、このような前提から出発して、教授団には、「世界の絶えざる不確定という危機の最前線」に立ち、指導者として、そこに立ちつづけることを要求し、学生団には、国家と民族に対する「労働奉仕」、「国防奉仕」、「知識奉仕」という三つの義務の遂行を要求する。それは、「存在一般の疑わしさが、民族に労働と闘争を強要し、彼らを国家へとおしやる」からであり、また、「自己の現存在の極度の疑わしさのうちにさらされつつ、この民族は精神的民族たらんとしている」からである。そして、クラウゼヴィッツの「偶然の手による救済という安易な希望を、わたしは捨てる」ということばを引きつつ、彼は「運命への闘争」をよびかけ、「すべて偉大なものは、嵐のなかに立つ」というプラトンのことばで最後を結んでいる。

全体を通読して明らかなことは、ハイデガーが、当時、未来についていかなる明確な見とおしをももっていなかったこと、むしろ、「存在一般の疑わしさ」、「絶えずみずからを隠している在るものの全体」、「運命に対する知の無力」こそ、彼のいつわらざる実感だったということである。そして、これは、その用語法からみて、『存在と時間』以来の、「存在一般」の探求が当時深刻にゆきづまっていたということにもほかならないであろう。彼は、この思索上のゆきづまりの打開を、現実の政治的状況の打開とむりに結びつけ、むりに一体化しようとしたようにみえる。あるいは、政治的経済的にゆきづまって、絶望的にこれを打開しようともがいていたドイツ民族の境遇のうちに、自己の姿を投影したといったほうがよいかもしれない。

しかし、この自己欺瞞《ぎまん》はもちろん長つづきしなかった。ハイデガーの側からいろいろな形で具体的な協力が提供されている記録があるにもかかわらず、総長就任の翌年には、すでに、彼の哲学は、非ゲルマン的な「ニヒリズム」として批判されはじめている。そして、ほどなく、彼は、わずか任期一年で総長を辞し、ふたたびもとの学究生活に帰ってしまうのである。おそらく、その間には、ナチスをささえる粗雑な生物主義的イデオロギーとの理論上、実際上のあつれきがあったと想像されよう。こうして、ハイデガーは、約一〇年におよぶ「迷い」の時期をあとにして、ようやく彼の後期の思索にふみこんでいくきっかけをつかむのであるが、そのまえに、もう一度、彼の過渡期の思索のあとをふりかえってみよう。

この時代の著作を通覧して気づくことは、所説に模索と動揺のあとがみられるにもかかわらず、一貫して、もはや、「存在一般」について正面から問いかけることなく、もっぱら、「在るものの全体」――それは、①対象的存在の数学的総和と、②気分的状態的に全体化された対象的存在という両義性をもっている――が問題にされていることである。そして、「在るものの全体（φυσις）」をのりこえて、その彼方へ、おのおのの在るものの根拠を問うことが「形而上学（μεταφυσικα）」であるとされる。

なぜ、「基礎的存在論」にかわって、ここで「形而上学」が主題となってきたのであろうか？　それは、現存在（人間）の自己投企のみを通して、存在一般に到達しようとする『存在と時間』以来の方法が挫折したので、それにかわって、むしろ、人間を含めた「在るものの全体」を通してその基体である存在に到達しようとしているからであろう。では、なぜ、この方法を「存在論」とよばないのか。それは、到達すべき存在が、「在るものの全体」の彼方にあることだけはわかっているが、なお、いかにしてそれに到達すべきかが明らかでないからであろう。実際、模索のあとは歴然としている。たとえば、『カントと形而上学の問題』（1929）の終わり近くでは、

> 「在るものがなんであるか、という『第一哲学』（形而上学のこと）の問いは、存在自身がなんであるか、という問いをこえて、さらにいっそう根源的な次の問いにまで追いかえされねばならない。すなわち、存在というようなもの、しかも、そのうちに含まれた豊かな文節と関係のすべてをあわせた存在というようなものは、そも

そもどこからとらえられるのか、という問いである[31]」

と述べられ、あらためて、現存在の有限性と存在了解との関係が問われている。これは『存在と時間』における存在一般の探求が、ふたたびふりだしにもどったということを示す以外のなにものであろうか？

『カントと形而上学の問題』（通称“Kantbuch”）とほぼ同じ頃に出た『根拠の本質[32]』（1929）においては、真理の本質と結びついている「根拠づけ（理由づけ）」という行為を、現存在の「超越（世界投企）」から解明しようとしている。ここで注目すべきことは、後者が『存在と時間』におけるとほぼ同様に、現存在がすでにそのなかに投げ出されている「在るものの全体」のただなかから、自己の目的としての世界（の意味）への超出と考えられているにもかかわらず、時間的な連関が故意に除かれている点である。これは、現存在がそこへ向かってこえていく世界（の意味）をもはや必ずしも「未来」の次元とは考えていない点である。つまり、現存在の存在の意味を「時間性」としてとらえた『存在と時間』の立場の重大な変更であり、自己存在の意識としての想像力の立場から一歩退いたことを意味している。そして、これ以後、「時間」は、もはやふたたび、「存在了解」の地平として姿をあらわさないのである。

さて、右の二冊の書物を背景として行なわれたのが、二九年七月二四日の、一時転出していたマールブルク大学から母校フライブルク大学への、就職講演『形而上学とはなにか』であった。この講演は、いくつかの点で画期的な意味をもっている。いいかえれば、ここで前期から後期への決定的な転換がはじまると考えられるのである。

まず、第一に『存在と時間』では、まったく姿をあらわさなかった「無」が導入されるが、それは「不安」という気分のなかで、「すべりおちていく在るものの全体とともに、これと接してあらわれる[33]」といわれている。つまり、この「無」は、沈みゆく「在るものの全体」の背景として、これを拒否しつつ、はるかに指示し、浮きださせるというのである。この働きは、「無化」とよばれ、現存在の自由の根源と考えられている。そして、現存在とは、いまや、「世界内存在」ではなく、「無のなかへ保ち入れられていること」となり、「超越」とは、「投企」ではなくて、単に、「在るものの全体」を「無」において超え出ていることと述べられている。同時に、「形而上学」とは、「在るものを、それ自身として、また全体として、概念的にとらえもどすために、在るものをこえて問い出ること」と定義されている。

ところで、ここに出てくる「在るものの全体」は、はっきりと、対象的存在の数学的総和ではなく、むしろ、まえにあげたような、「たいくつ」とか「恋人のそばにある気分」のうちに開示される状態的全体性であると述べられている。このような気分の状態的全体性が、ちょうど、「知覚」が個々の対象的存在の意識への現象であるように、自己とすべての対象的存在との存在関係をささえる非対象的基体(可能存在融合体)の意識への現象であることは、まえにしばしば示唆したとおりである。たとえば、「たいくつ」のなかで周囲のさまざまな対象が示すあの「あつかましさ」も、「恋人」のそばにあるとき、周囲のさまざまな対象が示すあの「輝かしい親密さ」も、いずれも、これらの対象の背後にある基体の現象なのである。だから、この講演に出てくる、沈みゆく「在るものの全体」は同時に、沈みゆく「自己存在の基体」でもあると考えられねばならない。

しかも注目すべきことには、ここでは、個々の対象的存在は、現象的還元の場合のように、自己存在の基体とともに沈んでいくのではなく、むしろ、自己との日常的な存在関係を離れて、あらためて、無のなかでそれ自身として出会われるというのである。このとき、「在るものの全き奇妙さが、われわれを襲う」と述べられている。そして、この驚きは、次のような問いにまでわれわれを導くという。「なぜ一般に在るものがあって、むしろ、なにもないのではないのか Warum ist überhaupt Seiendes und nicht vielmehr Nichts?」[34]。

思うに、この当時、ハイデガーが直面していたのは、現存在をあくまで「世界内存在」としてとらえ、有限な世界投企の自由を認めるかわりに、「自己存在一般」に到達することで満足し、本来の目標である「存在一般」をあきらめるか、それとも、現存在を「無内存在」としてとらえなおし、存在一般の真理の前提条件として、右のように自己存在の基体を対象的存在そのものから分離捨象するかわりに、想像力と「投企」の自由を放棄するか、というディレンマであっただろう。実際、未来への超越としての「世界内存在」と無への超越としての「無内存在」とはけっして両立しないのである。つまり、世界をこえて、無のなかに保たれていることは、未来への超出を不可能にする。なぜなら、「無内存在」は、もはや自己の基体をもたず、したがって、もはや自己意識でも想像力でもなく、「自己の可能(的)存在」に未来的に関与しえないからである。

「世界内存在」にとって、「不安」は、自己自身とその基体との弁証法的かかわりのうちに含まれる一否定契機にすぎなかった。しかし、「無内存在」にとって、「不安」は自己のすべてであり、自己自身とその基体との間の同一的関係をすら切断してしまう、決定的な否定作用である。

もちろん、ハイデガーがこの「講演」のなかで、すでにここまで徹底した自己変革を意識していたか、どうかは疑問である。そこ、ここには、まだ、すべりおちていった「在るものの全体」を自己自身の存在としてとりもどす可能性を残そうとするかのようなことばがちらばっている。しかし、無の内に保たれ、想像力を失った現存在の無力は、もはや、いかにして、また、いずれの方向に向かってこの自己存在を投企すべきかを知らないであろう。彼が、四年後の総長就任講演でも、「知の運命に対する無力とその支配力のまえにおける挫折」について語りつつ、しかも、なお、「存在に対する最高度の反抗」と「運命との闘争」をよびかけているのは、この頃にいたるまで「無内存在」と「世界内存在」とのディレンマの渦中から脱出しえていなかったことを示しているように思われる。

こうして、ハイデガーが「無」を導入し、現存在を「無」のなかへ引き入れたときから、彼の「転回」ははじまったということができるのであるが、しかし、なんらかの形で、この「無」をふたたび否定して、「在るものの全体」を自己の基体としてとりもどそうという意図が残っているかぎり、なお「転回」は完成しないのである。ハイデガーが、一九三〇年代のはじめ、ナチスに心をひかれていったのは、ちょうど、このような転回の途中においてであり、彼が思索的に最も苦境にたっていた時代であると思われる。

ではいったい、なにがこのディレンマを突破させ、ハイデガーの「転回」を完成させたのであろうか？　われわれはその間の事情についてけっしてじゅうぶんな資料をもたないのであるが、しかし、その一つの、しかも、有力な原因は、ナチスの側からするハイデガー哲学への批判にあったと考えられる。ハイデガーのナチスへの参加は、総長就任講演にもみられるように、はじめから、一種の絶望的な「運命への反抗」という色彩をもっていた。これは、「無内存在」という自己の一面を背後にひきずっている以上、当時のハイデガーのいかなる「投企」にもまぬがれえない陰影であったということができる。しかし、このような暗さと無力感は、とうてい、ナチス本来の粗暴な生物学的な活力主義(ヴィタリスムス)とはあいいれないものであった。ナチス生粋の教育学者エルンスト・クリークは、三四年に書かれた『ゲルマン神話とハイデガー哲学』[35]という論文のなかで、ハイデガーの哲学は、「無」と「不安」によって支配された形而上学的ニヒリズムであって、ドイツ青年を無気力にし、ドイツ民族を傷つけ、解体する酵素であるといい、総長就任演説『ドイツ大学の自己主張』の英雄的調子は、単なる時代への迎合にすぎず、『存在と時間』や『形而上学とはなにか』における彼の哲学とは完全に矛盾するものであると主張している。このような批判は、完全に的を射てはいないにしても、思索上のディレンマをもてあましつつ、しいて、これを政治的実践の次元で克服しようとしたハイデガー自身にとってかなり手痛いものであったにちがいない。

おそらく、このようなナチス側との理論上の衝突、および総長としての実務上のあつれきが原因となって、ハイデガーは、三四年から翌年にかけて、まず、総長を辞し、ナチスへの「投企」を放棄するとともに、あわせて、いっさいの「投企」の源泉としての「世界内存在」をも放棄し、ついに「無内存在」を唯一の立場とするようになったと考えられるのである。つまり、彼は「実存」をすてて、「真理」を選んだのである。この「無内存在」から、後期の立場までは、あと一歩を残すだけである。その間の経緯については、『真理の本質について』[36]と『形而上学入門』[37]とが語ってくれる。

ほぼ三五年頃の思索を示すと考えられるこれらの著作の特徴は、もはや、沈んでいく「在るものの全体」（可能存在融合体）を自己の存在基体として主体的投企的にとりもどそうとするのではなく、むしろ、「在るものの全体」が「おのずから生じるもの」（ピュシス）としてむこうから還帰してくるのを待とうとする態度にある。そこには、実存的主体性から諦視的受容性への歴然たる転向がみられる。そして、「在るものの全体」が個々の「在るもの」となって、現出するのを外から見守ろうとする態度は、前者を、もはや自己の内なる基体としてではなく、一種の他者としての自己から遠ざけることを意味する。いいかえれば、「在るものの全体」は、いまや、いかなる意味でも人間の「自己存在」ではなく、文字どおり「自然（みずから生じるもの）」となるのである。しかし、この「自然」は、人間の「自己自身」ではないにしても、けっして、人間と無縁な純然たる「他者」でもありえない。いわば、一種のよそよそしさと親密さとの中間において、「自然」は発現して人間に出会うのである。それゆえ、『形而上学とはなにか』の終りで投げかけられた、「なぜ、一般に在るものがあって、むしろ、なにもないのではないのか」という問いに対して、『形而上学入門』では、それは、「『自然』がみずから到来するからである」と答えられているとみてよいであろう。

しかし、「自然の到来」は普通の意味における「自然現象」だけにとどまるものではない。ギリシア人にとって「ピュシス」の到来は、同時に歴史の生成でもあった。ハイデガーにおいても、かつて『存在と時間』において明瞭だった人間の事物への優位は失われ、いまや、人間も自然も、したがって、歴史も自然現象も、同じく「在るものの全体」の「在るもの」としての発現と考えられる（そこに、後期ハイデガーの東洋的なものへの接近をみることもできるであろう）。したがって、「歴史」はけっして、人間が「自己投企」によって形成するものではなく、むしろ、「自然」から贈られてくるものであり、一種の逆らいがたい「運命」であるという。読者は、この歴史観のうちに、ハイデガー自身のナチス・ドイツへの歴史的投企の挫折の余韻を聞くような気がするであろう。

しかし、自然現象としての、あるいは歴史現象としての「在るもの」が、「在るものの全体」の発現として、姿をあらわす場所はどこであろうか？　それが、「真理」開示の場としての「在るものの全体の開け」である。ハイデガーは『真理の本質について』のなかで、真理とは「存在するものの全体がその蔽《おお》いをとることである(38)」といっている。つまり、個々の「在るもの」として発現する「自然（ピュシス）」はあらかじめ、それの発現の場所として一つの「開け」をつくり、そのなかへ進入する「在るもの」を照らしだすというのである。いいかえれば「自然」は自然と歴史の現象自身であるとともに、その現象の舞台でもある。このような開けが『形而上学とはなにか』における沈みゆく「在るものの全体」のあとに残された「無」の変貌であることは、容易に推察されるであろう。

では「無内存在」としてとらえられた人間は、「自然」の発現と「開け」とに対してなにを意味するのであろうか？　それは、「開け」のなかへと脱自的に（自己をこえて）立ち出る人間、つまり、「開存」（Existenz でなく Ek－sistenz）としての人間を意味している。後者は、真に自由なものであるとされ、自己の意志を固執する「In－sistenz」としての人間と対比されているのである。

しかし、このように、発現し、照明する「自然」も、いまだ、「在るものの全体」であって、「存在」そのものではない。この「自然」が「存在」となるためには、自己のうちに「無」を吸収し、「ことば」を贈るものとならねばならない。「ことば」については、ハイデガーは、すでに、『存在と時間』で「ロゴス(理性)」の本質を「話」のうちにみて以来、重視しているが、想像力の立場からはついにこれを基礎づけることができなかったのである。このような事情からも、ハイデガーにとって真理の源泉である「存在」そのもの(その概念的把握が存在一般であるが)は、当然、「理性」の基体でなければならなかったであろう。三六年に書かれた『ヘルデルリーンと詩の本質』という短い論文は、「ことば」や「詩」の本質に関するヘルデルリーンの五つの短言を互いに関連づけつつ解釈したものであるが、そこでは、「在るものの全体」をささえ、かつ、支配するものとして、「存在」が考えられ、「詩はことばによる存在の創設である」といわれ、「創設とは自由な贈与である」とつけくわえられている。さらに、

「詩がはじめてことばを可能にするのである。詩は一つの歴史的民族の原＝言語である。したがって、詩の本質からことばの本質が逆に理解されねばならない[39]」

と述べられている。またその前年の講義である『形而上学入門』には、古代ギリシアでは、ピュシスとロゴスは同じものであったと述べられ、それらに共通の特徴は、互いに分離し抗争するものを一つの相関性へと集約することであるといわれている。この緊張的「集約(sammeln)」は「凝縮(dichten)」ともみられ、おそらく、「詩作すること(dichten)」と関連づけられているのであろう。

発現し、照明する「ピュシス」がこうして「ロゴス」と結びつけられ、「ことば（詩）」を贈るものとなって、はじめて、「ピュシス」は端的に「存在《ザイン》（Sein）」とよばれるようになる。それは四三年に書かれた『形而上学とはなにか＝あとがき[40]』から以後のことである。ハイデガーはここに想像力の基体である「自己の可能存在」の立場を完全にすてて、一種の詩的理性の基体である「存在」に到達するのである。この「ザイン」は、もはや、いかなる「全体」ともみなされていない。なぜなら、かつての「無」は実は「存在」そのもののヴェールにすぎなかったといわれ、「存在」とそれを外からとりかこんでいる「無」との間の区別が否定されてしまったからである。それに応じて「ピュシスの開け」は、「存在の光」とよびなおされるようになる。こうして、ついに、「人間は存在自身によって、存在の真理のなかへ投げ入れられている」とあるように、「在るものの到来は存在の配剤（宿命）にもとづく」とあるように、存在自身が照明し、また、「存在は光を放ちつつことばとなる」とあるように、存在自身がことばを贈るのである。ハイデガーによれば、「無」と対立した「在るものの全体」は、形而上学に固有の対象であるが、「無」と同一なるものとしての「存在」の発見は、全形而上学の克服を意味しているという。このような到来し、照らし、語りかける「存在」が一種の新しい理性的な基体であり、想像力の展開である「実存」のせまさと暗さをこえる少なくも一つの方向を示していることは否定することができないであろう。さて、しかしながら、よくみると、ここでは、「無」と「存在」との同一性は、両者の区別の端的な否定として示されている。いいかえれば「無」と「存在」とは互いに、その区別を保ちつつ、総合されるのではなく、その区別を失い、いわば、いずれともつかぬ中間者へと折衷されている。その事実は、ハイデガーの詩的思索が、典型的な「無」である近代的な分析的理性を内に包含するかわりに、終始外へ拒否しつづけていることからもじゅうぶん察知されるであろう。その意味で、ハイデガーによる「存在と意識」の総合の新しい試みは、なお、大きな問題を残しているのである。

この問題を別の角度からみてみよう。ハイデガーは、ヨーロッパの歴史は存在忘却の歴史であるといい、「存在忘却とは、存在と在るもの（の全体）との区別の忘却である[41]」という。それはプラトンが「存在」を「イデア」としてとらえたときからはじまった。イデアは「すでに見られたもの」であって、「みずから蔽いをとるもの」、「集約するもの」ではありえない。そこから、「ロゴス」はイデアにもとづく「判断」となり、照らしつつ、とりあつめるもの「ピュシス」からの分裂が生じる。この分裂こそ、それ以後、ニーチェを経て現代にいたるまで、ヨーロッパの歴史を支配しつづける「形而上学」の本質である。この形而上学は、「在るものの全体」（ピュシス）をこえつつ、これをロゴス的反省（ふりかえる）という形で概念としてとらえようとするが、その際、すでに「存在」そのものを見失ってしまっている[42]。さらに、近代における形而上学の特徴は、この「在るものの全体」が、ロゴスの「主観（Subjekt）」たる人間の「意志」（われわれのことばでいえば、「想像力の基体」）となってあらわれてきた点である。この「意志」はニーチェの「力への意志」において、その極限的形態に到達した。そして、ピュシスが意志となるのに対して、ロゴスの中心もまた、イデアを見る能力から数量的な因果関係を追求する能力へと変わってくる。ピュシスが非理性的な「力への意志」となり、ロゴスが没価値的な「科学技術的理性」となったのは、ロゴスとピュシスとの分裂と緊張が最高度に達した現代の特徴なのである。しかも、これらの「意志（主体）」と「理性（主観）」とによって、すべての個々の在るものは、「客体（対象および道具）」として立てられる。現代の技術的世界は、人間の無限の「客体化への衝動」によって支配される世界である。彼は、これを世界が「世界表象[43]」（Weltbild）となった時代とよんでいる。

こうして、現代は、ヨーロッパ形而上学の完成期であり、また、その終焉《しゅうえん》のときである。ハイデガーは、自己の思索の回転をもって、同時に、ヨーロッパ存在史の転回であるとみなし、将来の哲学は、もはや、形而上学の別名である「フィロソフィア」ではなく、「存在の声なき声」に耳を傾ける詩的思索でなければならないという。そして、人間は、技術による世界の征服者ではなく、「存在の牧人」[44]とならなければならないという。

しかし、「力への意志」と「技術的分析理性」とを、ひとからげに、「人間の主観(体)性(Subjektität)」とよび、これにかえるに、一種の主―客未分的な「存在への光」への参入をもってすることは、現代の問題を解決することではなく、むしろ、問題以前にひきもどすことではないだろうか？　理性の新しい存在論的基礎を発見し、形而上学を真に克服するためには、少なくとも、その歴史的帰結である、存在と無、ピュシスとロゴス、力への意志と理性との分裂と緊張を、放棄するのでなく、むしろ、そのままとりいれつつ、しかも、その毒性を失わせるような立場が見いだされねばならないであろう。

ハイデガーの思索は、分析的理性に対する否定的態度においても、あるいは、自己の前期の想像力的実存に対する黙殺的態度においても、このような要求に、なお、遠く、応じていないというべきであろう。

4　サルトル

さて、われわれは最後に、フランスの実存思想家サルトル(1905–80)をとりあげることにしよう。いうまでもなく、彼は戦後の日本で最もよく読まれ、少なくも、最もひろくその名を知られてきた「西洋哲学者」の一人である。この声望の理由は、いろいろあげられようが、なによりもまず、彼がめぐまれた文学的才能に加えて、徹底した無神論的立場にたち、しかも、ときには理論的不整合をさえ恐れず、絶えず現実の政治的問題と正面から、対決しつつある生きた思想家だったからであろう。

彼の幼少年時代については、サルトル自身が『言葉』[45](1964)という本で克明に語っているが、それによると有名なアルベルト・シュヴァイツァーの伯父シャルル・シュヴァイツァーの孫(娘の子)である彼は、早くから父に死別した結果、パリでドイツ語学校を経営していたこのアルザス出身の祖父のもとで、その寵愛《ちょうあい》を一身にあつめて育てられたのであった。「文章を書くこと」に対する才能とあこがれは、すでにこの時代からあらわれていたという。

一九二四年、十九歳でエコール・ノルマール(高等師範学校)にはいり、二十四歳でアグレジェ(教授資格試験)に首席で合格、この頃から学友シモーヌ・ド・ボーヴォアールとの生涯にわたるパートナーシップがはじまったらしい。三三年から、翌年にかけてドイツへ留学、フッサールやハイデガー(十六歳先輩)の講演や講義を聞き、彼らによって決定的な影響をうけた。つまり、フッサールからは哲学の方法としての現象学を、ハイデガーからは実存の分析を手がかりとする存在論の手法を学んだのである。いいかえれば、サルトルの哲学は、フッサールという同じ土壌から、前期ハイデガーという古い幹の影を浴びつつ育った新しい幹であるといってもよいであろう。サルトルに対するフッサールの影響は、ハイデガーの場合に劣らず、根本的なものである。そして、「意識」、特に「想像力」の研究を土台として、やがて、サルトルはハイデガーよりも或る意味ではいっそうフッサールの現象学に忠実な、実存的存在論を築くのである。

サルトルの思想的展開の出発点を考えるにあたっては、三四年に書かれた論文『自我の超越』(46)が重要な意味をもっている。この小論文は、同じ頃書かれた小説『嘔吐』(47)(1938)とともに、「意識」と「存在」の関係についてのサルトル固有の考え方を、最後の『弁証法的理性批判』(1960)にいたるまで、一貫して規定しつづけているからである。

ここでサルトルが主張しようとしているのは、「自我」は普通考えられているように、「意識」のなかに住んでいるある不透明な中心ではなく、むしろ、さまざまな事物とともに世界のなかにおかれ、意識によってねらわれうる一つの「対象」だということである。もともと「自我」というものは、ある意識を反省する意識に対してしか姿をあらわさない。つまり、ひたすら、世界のなかの対象をめざしている普通の意識にとっては、その対象の意識だけがあって、「自我」の意識はないのである。たとえば、電車を追いかけて走っている人間にとっては、「追いつかねばならぬ電車」の意識はあるが、走っている「わたし」の意識はない。そして、一度このような対象に没頭している意識が反省されるとき、はじめて、世界のなかで電車を追いかけている「わたし」の姿があらわれてくるのである。だが、この「わたし」は反省されているはじめの意識を通して与えられる一つの「対象」であって、すべての意識の外に超え出ている（現象学的に超越している）という。

「自我」をこのように「意識の外に超え出ているもの」としてとらえるならば、すべての意識は必然的に非人称的な次元となり、それ自身のうちにいかなる不透明な中心をもふくまない、一つの純粋な「無」となるであろう。その結果、たとえば「憎しみ」のような感情もまた、意識の内側に属するものではなく、意識が外に志向する超越的な対象だということになる。つまり、意識そのものはすべての心理的現象から厳密に区別されることになるのである。

さて、意識を「無」としてとらえるサルトルの根本的態度は、実に、このときにはじまるのであるが、この「意識」は右に述べたように、「自我」を含む「世界」によって常に包囲されつつ、この「世界」の諸事物を対象としてねらっている意識である。つまり、「無」としての意識は、その外にある「自我」を介して常に「世界」によってつきまとわれているのである。われわれは、ハイデガーの「世界内存在」や「開け」という考え方が、意識の現象学的分析という形でここに再提出されているのをみるのである。

しかしながら、問題は、この「世界」がいかなる構造をもち、性格をもつかにある。サルトルの場合には、「世界」はまさに「無」への対照物として、「不透明」な「密度の無限大な」「不条理な」「ねばねばした」もの、つまり、「物質」そのものとしてとらえられている点に特徴がある。ハイデガーの「世界」がまずなによりも「気分的なもの」としてとらえられていたのとくらべて異なる点である。ここでは、小説『嘔吐』について示されているように、世界とそこに含まれる諸事物の存在は、能動的な一体感を通してではなく、端的に受動的な「嘔吐感」を通してあらわれるのである。

このことは、別の角度からいえば、サルトルの「意識」がわれわれの日常的な意識とは異なったきわめて特殊な「意識」、つまり、「気分」とか「感情」などという、「意識」と「物質」との中間領域を排去してしまった「裸の意識」だということであろう。小説『嘔吐』に描かれた世界は、まさにこのような「裸の意識」のまえに展開される無意味な、偶然的な、ばらばらに解体した非情緒的世界なのである。

さて、しかし、「無」としての「非人称的意識」と、世界にある物質存在(身体)としての「自我」とは、いったい、どのようにして結びつけられるのであろうか？　そもそも意識が非人称的であるかぎり、わたしの身体と他人の身体との間に区別をつけることは不可能ではあるまいか？　サルトルは当然にもただちにこの難問にぶつからざるをえなかったであろう。

その結果、彼は、まもなく意識の非人称性を放棄することになる。そして、そのかわりに、「非定立的な自己意識」というものを導入するのである。すなわち、「物質」としての「わたしの身体」と結合した意識は、もはや「非人称的意識」ではなく、あくまで、「わたしの(第一人称的)意識」であるが、しかし、それは、けっしてわたしを対象として世界に定立する意識ではなく、むしろ、直面する眼前の対象(たとえば、追いかけられている電車)の存在のうちに、それにかかわっている(追いかけている)わたしの存在を見いだすところの意識である。つまり、このとき、電車の物質的存在の意識は、物質的存在の意識という点にかぎり、ただちに、わたしの物質的存在の意識でもある。いいかえれば、このとき、(わたしの)意識は、自己以外の対象の存在を通して、自己の身体の(対象性でなく)存在そのものにかかわっているのである。このような自己身体の意識を「非定立的な自己意識」とよぶのである。対象として反省される以前の、世界に生き、行動するわたしの身体は、常に、(非反省的意識を介して)このように、世界との間に存在を、いわば、交換しつつあるのである。

世界に住まう身体の存在論的構造を明らかにした点において、サルトルの考察はハイデガーの現存在分析を一歩ぬきんでたといってもよいであろう。しかし「無」としての「意識」と「物質」としての「身体」とをこのように無媒介的に結合することは、いろいろの点でなお非現実的であるといわねばならない。

まず、第一に、このような「自己意識」は、他人の身体に属する「意識」を自分から外へ完全に排除してしまうことになる。つまり、自己を世界の中心とする一種の「独我論的な意識」になってしまうであろう。第二に、右の点と関連することであるが、世界の諸事物のもつ、公共的社会的な意味が見失われてしまう。たとえば、眼前にある一枚の紙片は、わたしの知識や嘔吐感とは無関係に、「千円紙幣」という公共的社会的意味をもっている。このような意味を、サルトルの「非定立的な自己意識」から解明することはとうてい不可能である。

しかし、もちろん、サルトルも世界の諸事物を単なる「物質的存在」とだけみなしていたわけではない。少なくとも、それらを規定する純個人的な「意味」については無関心でなかった。彼はハイデガーと同じく、諸対象の「意味づけ」を単独な自己意識による「世界投企」から説明し、しかも、これを純粋に「想像力」の働きとしてとらえようとした。

「想像力」に対するサルトルの研究は、すでにドイツ留学直後からはじまっており、三四年には『想像力(L'imagination)』[48]という序論的な書物を、その後数年にわたって『想像されるもの(L'imaginaire)——想像力の現象学的心理学㊾』を書き、その執筆のために、友人にメスカリンを注射してもらって幻覚の体験を味わっているほどである。

サルトル「想像力」のとらえ方は、彼の「存在即物質」という考え方の正確な裏面である。つまり、「知覚」が「実在するもの（物質）」の意識への現象（現前）であるのに対して、「像」は「不在なるもの」の意識への現象（現前）なのである。だが、あるものが現実世界から「不在である」ことをわたしが確認するためには、あらかじめ世界が「状況的全体として」一つのパースペクティヴのうちにとらえられていなければならない。そして、さらに、意識がこの状況を全体として超えたときに、はじめて、実在する世界の彼方において、この「不在なるもの」は「像」として現前する。たとえば、ピエールがこの喫茶店にいないことを知るためには、わたしは喫茶店を状況的全体としてすでに把握していなければならない。そして、さらに、ピエールの像を思いうかべるためには、わたしは、この全体としての喫茶店をのりこえ、非現実化し、無力化し、これを（像の）背景としてしまわねばならない。つまり、想像力とは、現実世界を全体化しつつ、さらに、非現実化する（サルトルのことばでは、「無化する」）ところの意識の自由なのである。

このような想像力のとらえ方は、物質としての世界に包囲され、出口をもたなかった「無」としての「意識」に、包囲を破って脱出する自由を与えたことを意味するであろう。意識は「状況内存在」として、絶えず物質的世界につきまとわれているとともに、また、「無化するもの」として物質的世界をこえ出る自由なのである。

さて、『想像されるもの』が出版された頃には、すでに第二次大戦がはじまっており、サルトルは動員されて、陸軍気象班に属していたが、四〇年六月、ドイツ軍がマジノ線を突破してフランスに侵入し、フランス軍が降伏した際、捕虜となり、ドイツの捕虜収容所へ送られた。しかし、翌年三月、民間人に化けて釈放され、占領下のパリに帰還、それ以後、『存在と無』の執筆に没頭する。そして、終戦まで彼自身は対独レジスタンスにほとんど行動的には参加することなく、むしろ、戦争終了後の民主的左翼運動の基礎がためをすることを考えていたようである。しかし、『存在と無』(1943)そのものの内容は、なお、どちらかといえば、占領という限界状況下における個人的な「レジスタンス」の哲学ともいうべき色彩が強いのであって、戦後、彼が標榜《ひょうぼう》したいわゆる「歴史参加(engagement)」の哲学には、いまだ、ほど遠いのである。

『存在と無』は七百ページにのぼる大著であるが、そのライトモティーフは「物質である存在」と「無である意識」との矛盾的総合としての人間全体像を描こうとするところにある。このような人間は、「対自存在」とよばれ、人間以外の物質的存在である「即自存在」から鋭く区別されているが、その内実は、前に述べた「非措定的な自己意識」と「想像力」とが「時間」を介して結合されたものだということができるのである。

「対自存在」(50)とは、自己の存在に直面しつつある(意識的な)存在という意味であるが、この自己の存在というのは、実は、眼前の対象的存在及びその背景としての世界のことである(前に述べた「電車」と「わたし」の存在関係を思いだしていただきたい)。なぜなら、もし、意識の「無」によって、へだてられているのでないかぎり、身体的存在としてのわたしは、対象や世界と完全に一体となり、無差別、無規定な即自存在(物質)の全体を形成してしまうであろうから。形而上学的に表現すれば、意識は、このような物質的カオスのまっただなかに炸裂《さくれつ》した否定する「無」であり、無限の物質的充実のなかに虫食った一種の「すき間」にほかならないのである。

だが、意識による物質の「無化」には、いろいろな段階がある。まず、意識が世界のなかに出現するとともに、世界の全体は、いったん、存在を否定されて、混沌とした無差別な背景のなかにとけこんでしまう。そしてもう一度、この背景が否定されて、そのなかから、図柄のように、あれ、これの対象が存在をもって浮かびあがってくるときに、われわれの「知覚」がなりたつのである。これに対し、無差別な背景のうえで、われわれがあくまで不在なままの（つまり、存在をもたぬ）対象をめざすときには、「像」が生じるのである。それゆえ、サルトルにとっては、「知覚」と「像」とはけっして同時に成立することができない。たとえば、前者は「眼前に実在するピエール」の現象であり、後者は、「不在なままのピエール」の現象だからである。

さて、ところで、同じ自己の存在ではあっても、対象の存在と世界の存在に対する意識の存在関係は互いに異なっている。対象の存在は、ただちに、それをめざすわたしの意識の（身体的）存在であるが、世界は、対象の背景であって、意識によって否定された存在である。それゆえ、存在論的にみれば、「意識は対象であり、世界ではない」ということができる。しかし、他方からいえば、対象は、世界の全体から意識の二重の否定作用によって切りとられた部分にすぎず、意識は、たえずつぎつぎとその対象をとりかえることができる。これに反して、世界は意識の無がそのなかで「炸裂」する母胎であり、意識の存在の窮極的根拠である。それゆえ、「意識は対象ではなく、世界である」ということができる。

これらの二つのテーゼは、同時になりたつから、けっきょく、意識は「対象であって対象ではなく、世界でなくて世界である」という矛盾したテーゼになるであろう。サルトルは、これをさらに一般化して、意識は「それがあるところのものでなく、ないところのものである」[51]というのである（これを我々の言葉でいえば「『意識の存在』は事実存在そのものではなく、ポテンシャルな事実存在、つまり、可能存在である」ということになろう）。

このような矛盾こそ、意識に固有な性格なのであるが、それはどこからくるのであろうか？

それは、意識が二重の存在をもつことから由来する。つまり、意識は、「身体」という事実的存在と「世界」という可能的存在とをかねそなえているのである。現実には意識は「身体」という即自存在によってささえられているにもかかわらず、意識はみずからによって無化された母胎である・「世界」の存在(即自存在の全体)を忘れることができない。その結果、意識は常に「存在欠如」の意識となり、逆に「世界」は意識にとってなんとかして回復されるべき「欠如せる自己」、つまり、「価値[52]」となるのである。こうして、意識は、矛盾をはらむ「無に内部を侵食された存在」として、個々の対象にかかわりつつ、しかも、対象をこえた「価値」としての世界に常につきまとわれている。

　それゆえ、意識は対象との現在的交渉をこえて、「価値」に向かって時間的に超出せざるをえない。つまり、「それではない」ところの「価値」(世界)を獲得しようとし、現実に、「それであろう」とする。ここに「未来」が生じるのである。たとえば、欲望は、まさに存在の欠如の意識であり、欠如せる存在と現実的対象(たとえば、食卓の皿の上の食物)の彼方において一致しようとすることである。このとき、欠如せる存在は、いまだ現在には不在な知覚(たとえば、舌の上にある食物の味覚)として、つまり、「像」として選び投げられる。未来は、それゆえ、想像力による「投企」の次元である。そして、このとき、意識は自己の欠如せる存在(世界)を対象(像)という形を通してとりもどそうとしている。しかし、ひとたび実現された価値は、すでに正真正銘の対象(たとえば、空になった皿と胃の充実感)にすぎず、もはや、世界をあらわすものではない。それゆえ、価値の実現には、常に多かれ少なかれ幻滅がともなうのである。価値は、ただ対自の可能性としてのみ存在する。それは永久に現実性とはなりえないものである。ここに対自のもつ矛盾的性格がいっそう明瞭になる。それは世界を対象という形でとらえようとする無益なくわだてであり、挫折の反覆であるということになる[53]。われわれは、ここにハイデガーの「先行的決意性」からひとへの不断の頽落《たいらく》というモティーフの一つの変奏曲を聞くこともできるであろう。

　これに対し「過去」とは、対象としてのわたしの身体の次元である。つまり、「対象であって、対象でない」ものとしてのわたしの存在の次元である。反省において、また、他人のまなざしにさらされることによって、わたしは一個の身体的対象となる。しかし、わたしはこの対象と完全に一体となることはできない。わたしと対象的わたしとの間にはこえることのできぬ「無」のすき間がある。このすき間が「過去」の意味なのである。わたしが対象的わたしと一致しようとする場合、たとえば、一つの役割を果たしたり、一つの世俗的モラルを実践しようとする場合には、わたしはそれを演技することができるにすぎない。それらと完全に一体になろうとすれば、自己を欺瞞するほかはないのである。それゆえ、わたしは、わたしの過去であって、過去ではない。わたしは、対象的わたしを過ぎ去らしめ、それを否定する自由をもつ。

　サルトルの時間性をハイデガーのそれと比較してみよう。ハイデガーにおいて重要な意味をもっていた「死」は、サルトルにとってはまったく重要さをもたない。「死」は、サルトルによれば、単なる「偶然性」である。それは「追いこしえぬ極端な可能性」ではなく、対自のすべての可能性の外にある。対自が対象を通して世界を回復しようとするくわだてであるかぎり、死は、対自にとって完全に空白な意味であり、側面からこれを襲う「偶発事」にすぎないのである。

　一方「負い目」はそのままの形ではサルトルの視野のなかにあらわれないが、「責任」[54]の観念がそれにほぼ相当するであろう。サルトルによれば、「対自」はひとたび、自己の世界に現前するや否や、この世界のあり方に対して全面的に責任を負っている。つまり、世界の背景のうえにいかなる対象群を浮かびあがらせ、いかなる状況を現出せしめるかは、まったく「対自」の否定作用（知覚）に依存し、したがって、全面的に「対自」の責任なのである。もちろん、対自は世界の存在の根拠ではないが、しかし、その「あり方」の根拠なのである。したがって、現在的状況に直面しつつ、これを全体化することは、対自の責任であり、そこにはじめて、この状況を超出する自由が生まれる。対自の自由は現在的状況のなかにおける(価値)選択の自由であり、したがって、状況をひきうける責任と不可欠に結びついている。

このようなサルトルの「責任」はハイデガーの「自己存在の(『ない』性に貫かれた)有限的根拠であろうとする意志」としての「負い目」とほとんど同じものであるといってよかろう。前者における「状況のひきうけ」は、後者における「被投性のひきうけ」と内容的には同じ事柄をあらわしているからである。

「死」の軽視は、サルトルをして時間性の中心をハイデガーのように未来にではなく、現在におかせている。それは「対自」の超出の原点が対象および世界への二重の現前(現在)にあることからみても当然であろう。

しかし、一方、サルトルが現在を「対象からの不断の逃亡[55]」として、未来と過去の間の空洞《くうどう》としてとらえている点は、疑問であろう。せっかく、ハイデガーの気分的な既在性(それはサルトルの背景的世界にあたる)にかわって、自己を対象化する過去の次元をとらえながら、この過去を現在にとりもどすことを忘れている。実際、状況としての世界は、サルトルの認めているように、普通、未来から「価値」(目的)の光によって照り返され、意味づけられているが、そればかりでなく、過去からも対象的現象の系列をとりもどし、右の目的にいたる手段として構成しているのである。そして、この手段系列のなかには、自己の対象的身体も含まれている。たとえば、タイプの技術を身につけていなければ、めざす商社に就職できないし、コンスタントに二割以上打てる「腕」がなければ、めざすプロ野球の選手にはなれない。これらの技術や「腕」は、それが他人から習得しうるものであり、また、他人に伝授しうるものであるかぎり、対象化された自己の身体に属している。そして、「腕」のある人間と「腕」のない人間にとっては、直面する状況は明らかに異なった姿をとるのである。

対象的身体の手段化を認めないことによって、『存在と無』におけるサルトルの「所有」現象の分析はなお皮相なものにとどまっている。彼は、所有が即自的対象と対自との特殊な存在関係であり、そこに対象への一種の存在の「流出」を認めながら、これをまだ「労働」という現象と結びつけていない。そればかりでなく、身体の自己手段化を認めようとすれば、どうしても、対象の知覚と両立するような想像力の働きを認めなければならなくなる。つまり、労働の対象、たとえば機械のうえに投影される未来の身体運動の軌跡像を認めねばならなくなる。しかし、このような「像」は、サルトルの想像力理論からは出てこないのである。

『存在と無』の約三分の一は「対他存在」、つまり、わたしの対自と他の対自との相互関係の分析にささげられているが、まえにも述べたように、「対自」がわたしの身体を中核とする閉じた自己意識であるため、他の対自は「まなざし」[56]としてわたしの対自に侵入し、これを「即自化」（対象化）するかぎりにおいて、わたしの対自と交渉をもつにすぎない。つまり、他人に見られることによって、わたしの意識は否応なしに自己の対象的身体のまわりへ凝固し、超出の自由を奪われるというのである。逆に、わたしは他人を見ることによって、その「まなざし」を抹殺《まっさつ》し、他人を単なる「対象身体」へと冒瀆《ぼうとく》し、無力化するのである。こうして、わたしの対自の自由と、他人の対自とは互いに相剋《そうこく》し、けっして両立しないと考えられている。しかし、これは、どうみても、非現実的な、極端な結論だといわねばならない。

ところで、たとえ「対自」が一つの閉じた自己意識であったとしても、もし、自己の対象的身体を手段とする物質的対象の加工（労働）の次元を認めるならば、「まなざし」だけでなく、自他の身体によって加工された物質を媒介とする「対自」の間の交渉も考えられるようになるであろう。それが、のちに『弁証法的理性批判』（1960）でサルトルがたどる道なのである。

『存在と無』における「自由」は右に述べたように、まだ、抽象的で、非現実的なものであったが、大戦終了ののち、サルトルは、より現実的な「歴史参加」の理論を求めて、雑誌『レ・タン・モデルン』を発行し、また、ハンガリー事件、アルジェリア独立戦争などをめぐる政治的運動に参画することによって、現実との接触を深めていく。すでに四五年一〇月に行なわれた『実存主義はヒューマニズムである』という講演のなかで、彼は「人間が自己について責任をもつという場合、それは厳密な意味の彼個人について責任をもつというのではなく、全人類に対して責任をもつという意味である[57]」と述べ、

「他人は、わたしが自分についてもつ認識に不可欠であるとともに、わたしの存在にとっても不可欠である。わたしの内奥の発見は、同時に他人を、わたしの面前におかれた一つの自由として……わたしに発見させる。こうしてわれわれは、ただちに、相互主体性とよばれる一つの世界を発見する[58]」

と語っている。このような他人のとらえ方は『存在と無』の「自由の相剋」としての対他存在とは一見非常に異なっているが、ここでは、まだ、その理論的根拠は示されていない。

このように、孤立し閉じた「対自」に、開かれた「相互主体性」の契機を導入しようとする一方、サルトルは、現代における唯一の「歴史形成の理論」としてのマルクス主義と対決し、相手への批判を通して、自己の理論を修正し、深化していく。

サルトルがマルクス主義に向けた批判の第一は、「自然弁証法」の概念に対してであり、その第二は、「意識は存在の反映である」という素朴な反映論に対してである。しかし、これらの二点は、けっきょく、同じ問題の二側面にすぎない。つまり、マルクス主義が「歴史の弁証法」を「自然の弁証法」の一形態とみなし、人間社会の変革も、原子核の崩壊も、天体や生物の進化も、すべて同一の法則に従属すると主張するのに対し、サルトルは、真の弁証

法は人間の対自的存在のそれであり、自然の弁証法はそれからの二次的類推にすぎないと主張する。したがって、サルトルによれば、社会を変革するものも、歴史運動のもつ法則的必然性の意識への反映ではなく、人間の階級的な「投企」、すなわち、現在の社会を否定する人々の、未来社会への自由な超出の「くわだて」であるという。

この点に関するかぎり、サルトルの立場は、戦後一貫して少しも変わらない。しかし、「共通の投企」というものを完全に拒否する『存在と無』以来の「対自存在」と、『実存主義はヒューマニズムである』で提出された「相互主体性」とを社会的存在の次元でいかにして結びつけるか、が彼の戦後の理論的課題の中心であったことは明らかであり、この課題は五三年以後、友人メルロー・ポンティの鋭い批判を通して、いっそう、具体的、かつ、切実なものとなるのである。

六〇年に出版された『弁証法的理性批判』第一部は、右の課題に対するサルトルの回答として、また、実存主義の立場から試みられた最初の集団理論として画期的な意味をもっている。

この書でサルトルは、マルクス主義をもって、現代における唯一の正統な哲学であると認め、実存主義は、ただ、前者の不幸な欠陥である独断形而上学としての自然弁証法を打破して、人間的投企を弁証法の基礎とするよう、マルクス主義を内在的に補足修正するだけの意味をもつにすぎず、マルクス主義がその本来の姿にたちかえったあかつきには、それに吸収されてしまうであろうという。しかし、サルトルの立場がはたして、彼自身の考えるほどマルクス主義に密着しているか、どうかは疑問であろう。

たとえば、彼は「弁証法とは全体化の論理である」[59]という。つまり、個別的現象を常に全体的現象から意味づけ、理解するのが、弁証法の特徴であるという。しかし、史的唯物論ははたして、サルトルのいうような意味で全体化を行なっているであろうか。それは、確かに、個々の歴史的現象を先行する全社会的矛盾から説明するが、しかし、これはあくまで、後からの反省された全体化であって、一種の因果的説明に終わっている。それは、前への批判的な全体化としての対自的「投企」とは、著しく異なるといわねばならない。現に、サルトルも前者を「外からの弁証法」、後者を「内からの弁証法」とよんで区別している。このような相違にもかかわらず、サルトルはあえて自己の立場をマルクスのそれと同一視するのである。

さて、「実践的総体の理論」と名づけられた本書の第一部は遡行《そこう》的とよばれる方法によって、まず個別的な人間存在から出発して、しだいに高次の集団形態の構造を明らかにしようとする。

サルトルが出発点とする個人存在は、「有機体」とよばれているが、その内容は、いまや自己の対象的身体を「投企」の手段としてひきうけるにいたった「対自存在」であるといってよい。そして、「対自」と「対象」および、「世界」との関係は、ここでは「有機体とその周辺物質との実践的関係」という形で具体化されている。この「有機体」は、「欠乏」という否定を「欲求」という別の否定によってのりこえつつ生きる一個の弁証法的な存在である。そして、こののりこえは、自己の全体性をめざす「投企」であるとともに、有機体が自己を対象化し、無機物質化することによって、物質的対象を加工し、有機化するところの「労働」でもあるのである。「欲求をもった人間とは、外面性の環境のなかでみずからを絶えず自己自身の道具とする有機的全体のことである」[60]。このような有機体的実践の形式こそ、サルトルの考える最も基本的な弁証法であって、あらゆる弁証法の原型として「構成する弁証法」とよばれている。

しかし、注目すべきことは、このような有機体どうしの間に、ただちに、互いに他者を自分と認知しあう「相互性」が認められていることである。これは、いまや「対自」が自己の対象的身体を手段としてひきうけることによって、他人の対象的身体にも、主体性を認めるようになったことを示している。つまり、対自のもつ想像力が空間的な分散をこうむり、これによって、自他の身体は、いずれも、「主体＝客体」として、互いに地位を交換しうるものとなるのである。いいかえれば、自他の身体に対する第三者の「まなざし」を「実践的に受け入れる」ことによって、「対自」ははじめて他人をも行動する自由な身体としてとらえることができるようになったのである。それゆえ、かねてサルトルの課題であった「対自」と「相互主体性」との相互媒介は、実践の手段としてひきうけられた自己の対象的身体（主体＝客体的身体）によって、一応、可能になったということができるであろう。

しかし、サルトルもことわっているように、この「相互性」の認知は、自他の身体に対して手段として行使される平等の自由を認めたにすぎず、いまだ目的投企の次元における「調和と協力」を意味するものではない。むしろ、すべての人間的な「抗争」もまた、右のような「相互性」の認知を介してはじめて可能になるのである。それゆえ、ハイデガー流にいえば、この身体と身体との「存在的」相互性は、投企と投企との「存在論的」相克の序曲にすぎず、これをけっして変更するものではないのである。

したがって、対象的身体を手段とする「人間的労働」が、労働の対象である物質的存在を加工し、有機化（人間化）することによって、周辺的世界を自己の所有とするにあたって、この世界にわたし以外の人間が存在し、しかも、労働の手段（道具）としての物質的存在が「稀少性（rareté）」[61]に支配されているかぎり、つまり、すべての人間にとって必ずしもじゅうぶんには存在しないのが、常であるかぎり、自他の「相互性」のなかに相剋が侵入してくる。つまり、そこに必然的に物質を、「持てる者」と「持たざる者」との区別が生じ、やがては、自分の対象的身体以外にいかなる労働対象及び労働手段、つまり、「生産手段」を持たない者と、身体以外に他の生産手段を持つ者とがあらわれてくるであろう。サルトルは、「階級」の発生を、このように物質の「稀少性」から説明しようとするのである。

ひとたび、所有について階級的差別が生じると、人間の労働には一種の暴力的な様相が加わり、ここに有機体的実践からの「疎外」が発生する。つまり、人間は、自己の労働の対象や手段が、他人の「投企」によってあらかじめ意味づけられ、しばしば自己の「投企」を阻止する「反投企」あるいは「反目的」となってたちあらわれ、さらに、これらの物質が自己の主体＝客体的身体を単なる手段として、一定の労働へと強制するのを経験するのである。ここでは、他人の「投企」が「物質」を通してあらわれてくる。わたしの有機的実践は、このような「加工され、人間化された物質」の抵抗と暴力とによって、原初の自由と透明さとを失い、一種の不透明な惰性を帯びてくる。と同時に、これは、加工された物質を媒介とする一定の人間関係の成立をも意味するであろう。サルトルはここで、マルクス主義的に、この物質の抵抗と暴力のうちにただちに階級的な生産関係の反映、つまり、労働の「搾取」をみるに先だって、まず、物質の抵抗によって自己の「投企」を阻止された「無力」な人間どうしの横の関係をとりあげている。彼があげる例は、停留所で行列をつくって同じバスを待っている人々や、ラジオ、テレビの同じ放送を受信している互いに未知の視聴者たちや、自由市場における商品価格の決定のプロセスなどであり、つまり、主として、生産の次元よりは消費の次元であることに一応注目すべきであろう。彼は、これらの人間関係を「集合体（le collectif）」とよんで、「実践的惰性態（le pratico-inerte）」[62]と名づけ、投企的な人間関係としての「集団（groupe）」から区別している。

サルトルは、「集合体」の本質を人間の物質的媒体への従属と集列性（sérialité）のうちにみており、その運動を「反弁証法」とよんでいる。それはバスを待つ人々の間の関係にみられるように、各自の「投企」が一応「カッコ」に入れられたうえ、バスという同じ加工物質をめざして受動的に集列化された、交換可能な、外的な、「主体＝客体」的身体間の関係なのである。サルトルによれば、いかなる投企的「集団」の基礎にも、かかる集合体があるという。

サルトルにとっては、「搾取」という現象も「集合体」としての労働階級を前提としてはじめてなりたつのである。

集合体の本質は、物質に対する主体＝客体的身体の受動的従属関係であるが、これがその同じ身体を手段として他人の投企に従属せしめることを可能にするというのである。

さて、わたしと他人が、このような自他の主体＝客体的身体の「集合体」をそれが従属している物質とともに、手段としてひきうけつつ共通の目的に向かってのりこえるところに「集団」が成立する。このとき、わたしはすべての他人の身体を共通の集団的目的へと媒介する第三者であるが、同時に、わたしの身体はすべての他人の投企によって同じ目的へと媒介されている。つまり、「集合体」は、わたしと他人の「集団的」投企がそのなかから発進しつつ、それによって、その自由を相互に限界づけられている客観的必然性である。そして、集合体が実証的な社会科学の対象であり、分析的理性の領域であるのに対して、集団は弁証法的唯物論の対象であり、弁証法的理性の領域であるといわれている。

サルトルは、このように集合体を土台として、これを投企的にのりこえていくところに「集団」の成立をみるのであるが、それは、ごく一時的な緊急状況における個人的投企の一致から生じる「融けあった集団（groupe en fusion）[63]」（たとえば、バスティーユを襲おうとするパリの民衆）から、より永続的な共同の目的への投企を誓いあい、その目的に照らして異なった役割を分担しあう「組織された集団（l'organisation）[64]」（たとえば、スポーツ・チームや労働組合）へ、そして、さらに、役割の分担を固定化し、すべての自由を特定の支配者に譲りわたしてしまう「制度的集団（groupe institutionnalisé）[65]」（たとえば、国家、官僚など）へと自己を恒久化していくのである。これら各段階の間の相違は、けっきょく、各集団のうちにみられる、自己の自由な全体化を求める有機的個人への、主体＝客体的な惰性態たる共同的個人の滲透の度あいである。つまり、有機体の「構成する弁証法」への、「役割」や「制度」などという人工的惰性態の「反弁証法」の滲透の度あいである。前者は後者によって恒久性を得るが、後者は前者の自由を侵食するのである。このような相互滲透のうえになりたつ集団的実践の形式をサルトルは「構成された弁証法(dialectique constituée)」とよんでいる。

ところで、「客観的実在としての集団は存在しない[66]」、「存在論的に共同の実践(投企)というものはない。あるのは、実践的個人たちである[67]」といわれているように、サルトルのとらえる集団は、いかなる超有機体的統一でもなく、自由な投企と物質的惰性、有機体と無機的機械との中間にある不安定な運動であって、存在論的には依然として、有機的個体の自己全体化運動のうちにのみ基礎をもっている。つまり、相互主体性はここではいかなる全体的存在とも結びつかないのである。それは、敵の圧力による成員相互の粘着や誓約、職分、制度などという具体的形態においてのみ姿をあらわし、それらの背後にある共同主体性にまで、つまり、自他の主体＝客体的身体を目的なしにあまねく包み、照し出す「共同のまなざし」にまでほりさげられてとらえてはいない。つまり、自他の対象的身体、あるいは主体＝客体的身体が手段としてひきうけられるに先だって、まず、それらの身体がいかなる投企にも従属せぬ純粋な主体同士として存在論的な相互関係の下にあることは、考えられていない。そのため、相互性は単なる物質的惰性として個体運動に徐々に滲透していき、最も共同化された「制度的個人」は、集合体に近い一種の集列的性質(大衆社会性)を示すにいたるといわれている。こうして、サルトルの集団理論は、相互主体性に存在論的意味を認めず、ただ、実践的に、個体的投企(目的)と相互主体性(手段)とをいわば種々の比で中和せんとするものであって、その結果、集団は、これら二つの契機の総合をめざして進むかわりに、種々の異なった混合比の間を循環しているにすぎないように思われる。いいかえれば、サルトルの「弁証法的理性」は、依然として孤立した「自己意識」の存在に寄生しており、いまだ、自分自身に固有の「基体的存在」をもたないのである。

（1）現実存在とは、形相的存在（So－sein）と事実存在（Daß－sein）との統一である。
（2）ここでは、初期の「デカルト的道」としての還元だけを考えている。
（3）Heidegger, Was ist Metaphysik?（Frankfurt a. M., 6. Aufl. 1951）31［略号 WM］
（4）それにもかかわらず、フッサール自身が、実存哲学によって多かれ少なかれ影響されていったことは明らかである。「モナド」の導入は、その一例であろう。
（5）Sartre, L'existentialisme est un humanisme（Paris 1966）17f.［略号 EX］
（6）EX 21
（7）EX 94
（8）Jaspers, "Mein Weg zur Philosophie", in: Rechenschaft und Ausblick（München 1951）324
（9）op. cit. 325
（10）op. cit. 326
（11）op. cit. 327
（12）op. cit. 329
（13）dto. Nachwort zur zweiten Auflage der ›Existenzphilosophie‹（Berlin 1956）89
（14）dto., Philosophie（Berlin / Göttingen / Heidelberg, 2. Aufl. 1948）468
（15）dto., Atombombe und Zukunft der Menschheit（München 1957）18
（16）Vgl. op. cit. 27
（17）Heidegger, Der Feldweg（Frankfurt a. M. 1956）2
（18）dto., Sein und Zeit（Halle a. d. S. 1927; 7. Aufl., Tübingen 1953）42
（19）op. cit. 34
（20）op. cit. 44
（21）op. cit. 126ff.
（22）op. cit. 135
（23）op. cit. 145
（24）op. cit. 260

(25) op. cit. 281
(26) op. cit. 306
(27) op. cit. 338
(28) dto., Erläuterungen zu Hölderlins Dichtung (Frankfurt a. M. 1951) 31–45［略号 EH］
(29) dto., Die Selbstbehauptung der deutschen Universität (Frankfurt a. M. 1983) 11
(30) op. cit. 2
(31) dto., Kant und das Problem der Metaphysik (Frankfurt a. M., 2. Aufl. 1951) 203
(32) dto., Vom Wesen des Grundes (Halle 1929; 3. Aufl, Frankfurt a. M. 1949)
(33) WM 31
(34) WM 38
(35) Vgl. Schneeberger, Nachlese zu Heidegger (Bern 1962) 226
(36) Heidegger, Vom Wesen der Wahrheit (Frankfurt a. M. 1943)［略号 WW］
(37) dto., Einführung in die Metaphysik (Tübingen 1953)［略号 EM］
(38) WW 16f.
(39) EH 40
(40) WM 41f.
(41) Heidegger, Holzwege (Frankfurt a. M. 1950) 336［略号 HW］
(42) dto., Platons Lehre von der Wahrheit (Bern 1947) 49f.
EM 137f.
Heidegger, Vorträge und Aufsätze (Pfullingen 1954) 85f.
(43) HW 69ff.
(44) Heidegger, Über den Humanismus (Frankfurt a. M., undat.) 19
(45) Sartre, Les mots (Paris 1964)
(46) dto., La transcendance de l'ego (Paris 1965)
(47) dto., La nausée (Paris 1938)

(48) dto., L'imagination (Paris 1936)
(49) dto., L'imaginaire (Paris 1940)
(50) dto., L'être et le néant (Paris 1943) 115f.
(51) op. cit. 183
(52) op. cit. 136
(53) op. cit. 708
(54) op. cit. 639
(55) op. cit. 168
(56) op. cit. 310f.
(57) EX 24
(58) EX 67
(59) Sartre, Critique de la raison dialectique (Paris 1960) 139
(60) op. cit. 167
(61) op. cit. 201
(62) op. cit. 306
(63) op. cit. 391
(64) op. cit. 460
(65) op. cit. 573
(66) op. cit. 497
(67) op. cit. 548

第二章　近代的理性の実像と虚像
――デカルトを疑わしめたもの――

この章では、前章とは逆に、デカルトによる近代的理性の発見が、その背後に、実存的な想像力的意志とかかわるどのようなドラマを秘めているかを、追求してみよう。

1　理性の近代化

アリストテレスによって、理性が「光」とよばれて以来、中世から近代にかけても、理性は、やはり、何らかの意味で光としてとらえられてきた。アウグスティヌスは、「理性とか心とよばれる魂のこのものは、上からの光に照らされる。人間の理性を照らすこの上からの光は神である」[1]（『ヨハネ伝福音書論』）という。また、トマスは、われわれの理性の光を、本性的（自然的）なものと恩寵によるものとに分けるが、いずれにせよ、「人間の魂が理性の光を分有しきたる源泉はまさしく神なのである」[2]（『神学大全』）という。われわれは、まず、この光の源泉は何処か、という問題に注目する必要があろう。中世においては、それはすべて神であった。この光の源泉が、神から切りはなされ、人間自身の内部に求められるに至るとき、理性の近代化がはじまるのである。例えば、デカルトが「良識（または理性）

はこの世で最も公平に分配されている」[3]（『方法序説』Ⅰ）というとき、彼は、他方では依然としてそれを「自然の光」ともよんでいるにもかかわらず、もはや、その光の起源を問おうとはしないのである。理性は人間の所有物となるのである。

第二の問題は、この理性の光によって照らし出されるものは何か、という問題である。古代から中世にかけては、それは諸存在者の形相（実体形相と付帯形相）であった。理性自身が人間という実体の形相たることによって、他の諸実体に内属する形相をも個体的質料から抽象することが可能であると考えられたのである。しかし、中世末期（一四世紀）にすでにオッカムが指摘したように、理性と事物との形相的一致（類似）のみが真理の証しではない。むしろ、理性が照らし出す光であり、事物が照らし出されるものであるとすれば、理性に与えられる明証性こそが、真理の基準たりうるとも考えられるであろう。実際、自然的事物の静的実体性にではなく、むしろ、その偶性の動的変化に関心が移って行くときに、いいかえれば、閉じた宇宙の位階的秩序ではなく、開かれた無限宇宙の運動法則が関心の的となったときに、形相―質料説の放棄とこの真理観の転換は必至となるのである。この点は一六二三年に書かれたガリレイの、「哲学は、目の前にたえず開かれているこの最も巨大な書物（宇宙）の中に書かれている。……この書物は、数学の言語で書かれており、その文字は三角形、円その他の幾何学的図形であって、これらの手段がなければ、人間の力では、その言語を理解できないで、暗い迷宮をさまようのみである」[4]（『黄金秤』）という言葉に明瞭に示されている。

さて、われわれは右に、理性の近代化における二つの主要な傾向、すなわち、①理性の光の源泉の内在化と、②理性の光の対象の非形相化（空間的延長化）及び数学的明証性の導入を示唆したのであるが、この二つの傾向は、けっして互いに別個のものではない。われわれ人間が、一方において、何らかの形で理性の光の源泉に参与し、同時に、他方において何らかの形で、この光によって外から照らし出される身体的存在である限りにおいて、この二つの傾向は、互いに切りはなしえない内的連関の中にある。いいかえれば、われわれの身体が、もはや理性という形相と合成されるべき質料としてではなく、一個の赤裸な事物として数学的明証性の光の前にさらされる歴史的運命にあるとき、われわれの理性もまた、この自己分裂の緊張に耐えぬこうとする「意志」としてその姿をあらわさざるをえないであろう。パスカルの「この無限の空間の永遠の沈黙は私をおそれさせる[5]」という独白は、その当時、人間の身体が直面しつつあったきびしい被投性の表白であったであろう。ボルケナウをしていわせるならば、一七世紀は「人類史上もっとも陰惨な時代の一つである。……まだ宗教が大多数の心を確実に支配している。しかもこの宗教は、その柔和な宥和的な相貌をかなぐりすてて、ただおそろしい相貌のみをとどめていた。ピューリタンやジャンセン派の隠れた神のように、かくも全生活に浸透する恐怖を流布した神は、かつてなかったであろう[6]」。

まことに、ジャンセニスト・パスカルにとって、宇宙空間の無限性はその「隠れた神」の象徴であった。現代風にいえば、無限空間は、この恐るべき神の「まなざし」にも似たものであったろう。それは近代という新しい時代の入口で、人間が全的に耐えぬかねばならなかった運命の試練なのであった。だが、ボルケナウはつづけていう、「このおそるべき時代の地上の地獄のなかで、あの鋼鉄のように堅固な個々の思想家がうまれた。かれらはその熱烈さにおいてピューリタンの『信心家』にも劣らず、生きることがもちうる意味をひろく探求したのである[7]」。フランシス・ベーコンもまたその一人であった。彼の「知は力なり」という積極的立場は、実際「自然は服従することによってのみ支配される[8]」（『ノーヴム・オルガヌム』）という被投性の受容を前提としている。このように、理性の光の源泉の内在化は、自己の身体を人質としてさし出すことによって、かえって自然的宇宙を支配する力を獲得せんとする人間の認識意志のあらわれである。そして、その武器は数学である（もっとも、この武器によって人間が現実に宇宙を支配しかえすという意図を達成するには、新しい「技術」の登場が必要だったのであるが――）。それゆえ、数学を武器とする近代的人間の自然認識を「合理性」とよぶとするならば、同時に、自然への「支配意志」を伴わないような合理性は存在しないのである。近代人の「合理性」には、いわば自分を二つに引きさいた者への「怨念」と「復讐心」とがこもっているからである。(8a)

さて、これまで述べてきたような、理性の近代化を構成する二つの契機、すなわち、理性の光の源泉の内在化とその光の対象たる宇宙の無限空間化及び数学化は、それら相互の深い内的連関にもかかわらず、実際に自覚的にとりあげられ、統一的に記述されるために、一人の強力な歴史的人物を必要とした。ヘーゲルによれば、それは、いわば「事柄をまったく初めからもう一度やりなおしたところの、一人の英雄である(9)」。彼の名はルネ・デカルトとよばれている。

2　デカルト出現の背景と普遍数学

デカルトは、フランス絶対主義王制時代の下層貴族の出身である。しかし、この下層貴族は、「封建貴族」とは違って、一六世紀後半から司法官僚の地位と土地とを買うことによって成り上った富裕な商人や知識人の階層であり、「法服貴族」ともよばれ、本質的には封建勢力に対する市民階級の代弁者であった。デカルトのほか、モンテーニュ、シャロン、ボダン、パスカル、モリエールらも、みなこの階層に属する。デカルトの父は、ブルターニュの高等法院参事官、彼の母の父、つまり母方の祖父は、ポワチェの初級裁判所副所長であった。また、父方の祖父は医者、母方の曽祖父はポワチェ大学の管理者であり、そして、母方の祖父の家は、代々、商人であった。このようにデカルトには、フランス市民階級のエリートの血が濃く流れているのである。

同時にわれわれは、当時のフランスが一六世紀初めから資本主義的マニュファクチュアの時代に突入しつつあったことを忘れてはならない。中世的ギルド的労働においては、一つの限られた生産過程に熟練することが問題であったが、マニュファクチュアにおいては、はじめから分業が導入され、一つの簡単な操作を最大限に早くかつ正確に行なうことが問題となる。こうして労働は次第に純然たる労働量に転化される。(水力機械をのぞいて)動力機械が生産に参加することはないが、しかし、すでに人間の身体的労働の数量的評価がはじまっている。労働者としての人間の身体が一個の事物として、きびしく、空間化され、数量化されることがはじまっている。このマニュファクチュア的生産の拡大と、一七世紀の哲学者の意識を脅やかしたかの「無限空間」、隠れた神の恐るべき「まなざし」とは、はたして無関係でありえたろうか? 働くマニュファクチュア労働者に向けられた工場主の「まなざし」は、荘園で労働する農奴に向けられた封建領主の「まなざし」ほど貪欲ではなかったかもしれない。しかし、前者には、後者よりはるかにきびしい数量化の冷酷さがある。それゆえ、抬頭しつつある産業資本家としての市民階級の意識が直面しつつあった、一切を均質化し、計量可能にする無限空間としての宇宙は、単にコペルニクスの地動説のみによってもたらされたものではなく、むしろ、一層強く、マニュファクチュア労働者の身体に向けられた自己の「まなざし」を対自的に一般化し、拡大したものでこそあったであろう。すでにアンリ四世(一六一〇年歿)によって、四〇の王立工場が建設され、ガラス工場、絹織物工場、麻工場等に数百人ずつの工員が働いており、さらに宰相リシュリウがこれをますます増設していこうとする。その時代に生きていたデカルトの意識にも、この人間身体の遭遇しはじめていた新しい苛酷な運命が、たとえ間接的にでもあれ、反映しなかったはずはないのである。もちろん、われわれは、彼の哲学が歴史的社会的状況の単純な所産であるなどといおうとするのではない。ただ、彼の強靱な思索力の前におかれた根本問題がその根をやはり深く時代の中に下ろしていたということを指摘したいのである。いいかえれば、マニュファクチュア時代における市民階段の意識と労働階級の身体とをはなれて、デカルトの哲学は成り立ちえなかったであろうといおうとするのである。

最初に公にされた著作『方法序説』(1637)の中で、デカルトは自分が十歳から二十歳まで学校で学んだ種々の学問について次のように評価を下している、「私はよく心得ていた、――数学はきわめて巧みな創意の数々を示し、これらの創意は、学問好きな人をよろこばすためにも、またあらゆる技術を容易にし、人間の労苦を減らすためにも大いに役立つこと。(傍点引用者)……神学は天国に至る道を教えること。哲学はあらゆることについてまことしやかな話をし、学のない人々の賞讃を博する手段を与えること。……」[10](第一部)。そしてこう付け加える、「私はとりわけ数学が気に入っていた。その推理の確実性と明証性とのゆえに。しかし、当時はまだその本当の用途をさとってはいなかった。そして、それが機械的技術にのみ役立てられていることを思っては、その基礎がこのようにしっかりして不動のものであるにもかかわらず、いままでその上にもっと高い建物をだれも建てなかったことをふしぎに思っていた。……哲学については次のことだけをいっておこう。それが幾代もの間に現われた最もすぐれた精神をもつ人々によって研究されてきたにもかかわらず、いまだに、論争の余地のないような事柄が……、何一つ哲学にはないのを見て、私は自分がほかの人々よりうまくやれるなどという自負心をもちえなかったこと。そして同一の問題については、真実な意見は一つしかありえないはずなのに、事実はまことに多くのちがった意見が行なわれ、それがそれぞれ学識ある人々によって主張されているのを見て、真実らしくあるにすぎぬ事柄のすべてを、ほとんど虚偽とみなしたこと」[11](同上)。ここにいう哲学がアリストテレスとトマスを中心とするスコラ哲学であったことはいうまでもない。伝統的な哲学に対するこのような徹底的な不信感に反して、数学に対する傾斜はすでに著しいものに見える。数学は、単に技術的応用において役立つばかりでなく、むしろ、他の諸学問の基礎となるべきだというのである。実際彼が三十歳の頃(ca. 1628)書かれたと見られる未完の書『精神指導の規則』には「普遍数学」という語が使われており、それは「何か特殊な質料(素材)にかかわることなく、ただ順序と尺度とについて探求しうるすべての事柄を説明する普遍的学問」[12](第四規則)であるといわれている。少年デカルトの考えていた「もっと高い建物」とは何よりもまずこれであったにちがいない。デカルトは、この「普遍数学」が理性の第一根拠をふくみ、多くの他の学問を自己に内属させると述べている。同時に他方では「すべての学問」を「人間の英知」そのものとよび、さらに、後者をその照らす対象によって影響されぬ「太陽の光」にたとえている。そしていう、「何びとも真面目に事物の真理を探求しようと欲するなら、どれか一つの学問を選んではならない。すべての学問は相互に結合し、互いに他に依存しているからである。……かえってただ、理性の自然の光を増すようにのみ心がけるべきである」[13](第一規則)と。それゆえ、「人間の英知」とは、「理性の光」にほかならず、その英知そのものとされる「すべての学問」に共通な、きわめて重要な基礎的方法的部門が「普遍数学」であることは明らかである。つまり、一六二八年頃、オランダに移住する直前のデカルトにとっては、一見、数学こそすぐれて全学問の基礎であり、その中には、理性の光明がかがやいているとすら思われたように見えるのである。しかし、ここではすべてはまだ客観的な次元でとらえられており、理性そのものも学問の方法と成果とを通してしか見られていない。その光のかがやきそのもの、つまり、学問に対して真理を保証する明証性そのものも、それを受け入れる人間の姿勢もまだ、問題となっていない。ここに、当時すでに、彼によって普遍数学の彼方に哲学、つまり形而上学という新しい地平が予感されていたと考えられる理由もあるのである。じっさい、約二〇年後、一六四七年に出た『哲学原理』仏訳の序文によると、まず、数学的論理学の長い訓練を経たのちに、真の哲学ととりくむべきことが述べられ、「哲学全体は一本の木のようなものであって、その根は形而上学、幹は自然学、その幹から出ている枝は他のもろもろの学問であり、それらは三つの主要な学問、すなわち医学と機械学と道徳とに帰着する」[14]とあり、形而上学（哲学）の名が表面に出現するが、いっぽうこの幹をなす自然学こそ、かつては普遍数学に内属していた諸部門である。なぜなら「私は自然学における原理として、幾何学あるいは抽象数学におけるとは違った原理を、容認もせず、要請もしない」[15]（『哲学原理』Ⅱ六四節）と明らかに述べられているからである。この書物の中で実際に取扱われている自然学の諸部門は、力学、天文学、地球物理学、地質学、化学、磁気学、心理学などである。また、この書物より一〇年さかのぼるさきの『方法序説』の中には、すでに光学、気象学、幾何学についての試論も付け加えられている。これらの諸部門こそ、すでにデカルトが学生時代に、数学の基礎の上に築かれるべきであると予感していた上部構造なのである。そしてかつての「普遍数学」は、いまや自然学方法論となって、『方法序説』第二部の中に、いちじるしく簡潔になった姿をとどめている[16]。それはほぼ次の四ヵ条からなる。①明証的に真であると認めた以外のものは、何ものも真として受け入れないこと（明晰判明なる知識）。②吟味する問題のおのおのを、できるだけ多くの、しかも必要なだけの数の小部分に分かつこと（分析）。③最も単純で最も認識しやすいものからはじめて、少しずつ、最も複雑なものの認識にまでのぼっていくこと（綜合）。④何ものも見落さなかったと確信しうるほどに、完全な枚挙と全体への通覧を行なうこと（枚挙）。彼は、これらの方法によって、幾何学と代数学のあらゆる問題を容易に解く能力を得たと豪語している。

　しかしながら、ここまで年代を下るまでもなく、デカルト自身が数学的論理の上に築かれるべきだと考えていたものは実は、はじめから、自然学とその方法的原理としての普遍数学だけではなかったのである。注意ぶかく読めば、すでに前出の『規則論』における「すべての学問」すなわち「人間の英知」の中に、普遍数学をこえたより高次の学問が予感的にふくまれていたことは、何よりも「私は今までかの普遍数学をば、力の及ぶ限り研究してきた。

それで今度は、早まった熱意のせいでなしに、もう少し高い学問にたずさわりうると思っている」[17]（傍点、引用者）（『規則論』Ⅳ）という言葉が証明している。そして、『方法序説』や『哲学原理』をみれば、このより高次の学問とは結局認識のラディカルな吟味としての形而上学にほかならなかったのである。それゆえ、デカルトにおいては、スコラ哲学へのつよい不信感と数学への傾倒にもかかわらず、最初から新しい哲学（形而上学）をふくめた全学問的統一への根づよい、ひたむきな志向があったことにわれわれは注目しなければならない。この志向は、一般に、彼の二十三歳の時、一六一九年一一月一〇日にノイブルクで見たという夢体験から発するものと考えられている。彼はこの日「霊感（enthousiasme）にみたされて、驚くべき学問の基礎を見出した」という手記をのこしている[18]。それ以後、九年間、彼はもっぱら数学と自然学の研修に没頭しながら、時の熟するのを待ったというわけである。そして、一六二八年頃、彼は、ひたすら自己の哲学の完成に専心するために、断乎としてオランダに移るのである。

このようにして、デカルト自身が、自己の哲学（形而上学）を、当時、数学と自然学の延長線上に見ようとしていたことは明らかである。右にあげた四つの規則も、デカルトにいわせれば、あくまで学問一般の方法であって、形而上学にもそれを適用しうるものと思いたがっているように見える。「私は、自分に課した方法を用いる練習をつづけていった」[19]（『方法序説』Ⅰ）と。だが、実現された彼の形而上学は、はたして数学の基礎の上に立つ上部構造の一つであったのだろうか？　それとも、自然学とは全く別個の土台の上に立っていたのだろうか？　われわれは、次に、この点について考察せねばなるまい。

3　デカルトの形而上学

さて、形而上学の探求をめざして準備中の九年間に、デカルトは、自分の日常生活を律すべき「暫定的道徳」というものを設定する。彼はいう、「自分の住む家の建て直しをはじめるに先だって、……建築にかかっている間も不自由なく住めるほかの家の用意をしなければならぬのと同様に、理性が私に対して判断において非決定であれと命ずる間も、行動においては非決定の状態にとどまるようなことのないため、またすでにその時から、やはり、できるだけ幸福に生きうるために」[20]（『方法序説』Ⅲ）それを定めたと。彼にとっては、哲学することと日常性とは全く異なる二つの次元であった。もちろん、彼もこの二つを統一する英知を終局的に目ざしてはいる。しかし、元来それは彼にとって容易に見出されるはずのものではなかったのである。さしあたって形而上学の探究は、彼の生活に幸福をもたらすものとは考えられていない。それはむしろ、日常的判断と決断を阻害するおそれのあるものと見なされている。この事実は、彼の形而上学探究の方向が、いかにつよく先行する自然学の帰結によって規定されていたか、を示している。すでに、彼をめぐる世界は、普遍数学によって規定された、計量可能な無限空間としての姿を確立しつつあった。彼は光学の実験を行ない、望遠鏡をつくらせ、天体や虹を観測し、ろうそくの燃焼や落体や流体の実験を行ない、兎や仔牛を解剖し、しかも、これらの現象のすべてを貫く数学的原理を探究していた。光の屈折にかんする「正弦法則」の発見（一六二五年）はその間の一つの成果である。その後（一六三八年）彼がホイヘンスのために書いた小論文は『小なる力をもって大なる重量の荷をあげうる機械の説明』と題されている。それは人力を主動力としたマニュファクチュア時代の要求を背後にじかに感じさせる題名ではないか？　そして、この機械を動かす人間の身体もまた、いやおうなしに機械とともにこの無限空間の中に「定立」されつつあったのである。それゆえ、彼の形而上学の課題は、まず第一に、この物体化という新しい危険な状況下におかれた人間の自我に最低限度の人間としての「地位」を確保することであった。そのためには、さしあたって彼の身体を切りはなす外はなかったであろう。すでにそれは機械的自然の側に吸収されつつあったのだから。「身体をみずから切りはなした人間」、それこそデカルト形而上学の主役であった。どうして、このような学が日常性と一致し、幸福の知恵となりえたろうか？

時代の与えた緊急の課題に、暫定的にであれ、対応せざるをえなかったデカルトが、かくてすくいあげた形而上学的人間の姿は、「ひたすら認識する者」であって、「この世の中に生活する者」ではなかった。それゆえ、彼の暫定道徳は次の三ヵ条から成っている。①自分の国の法律と習慣とに服従し、幼時から教えこまれた宗教をしっかりともちつづけ、最も分別ある人びとがもっている最も穏健な、極端でない意見に従って自分を導くこと。②自分の行動において、できるかぎりしっかりした、きっぱりした態度をとり、どんなに疑わしい意見にでも、いったん従うと決心した場合は、きわめて確実な意見と同じように、それに従いつづけること。③つねに運命によりも、むしろ自己にうちかつことにつとめ、世界の秩序よりはむしろ自分の欲望を変えようとつとめること。われわれが完全に支配しうるものは、われわれの思想しかなく、われわれの外部のものについては、最善の努力をつくしてもだめなことは、絶対に不可能であると信ずる習慣をつけること。

これほど没理性的で、常識的で穏健で保守的なモラルがありうるであろうか？　デカルトが彼の認識形而上学の中にとりこみえなかった「日常性」のすべてが、ここには見事に集約されている。それは、一七世紀フランスにおけるやや保守的な一人の下層貴族、つまり、「自分の家を建て直すさいにも変える必要のあるのは上部構造だけで、さしあたり土台まで変える必要はなさそうだ」と信じている人間の日常性の表現であろうか？　いな、むしろ、それは、「上部構造さえ変えれば、いつでも土台は変えられる」と信じている近代的人間のそれといった方がよいであろう。実際、彼はいう「もし私のとった道が……私の支配しうるあらゆる真実な善をたしかに獲得しうる道であると考えなかったら、私は(暫定的モラルの示すように)自分の欲望を制限する……ことはできなかったであろう。実際、われわれの意志は、われわれの理性がものの善悪を示すに応じて、それを追求したり避けたりするのだから、よく行なうためにはよく判断すれば足りるのであり、あらゆる徳とともに、われわれの入手しうるあらゆる他の善を獲得するには、できるだけよく判断するだけで十分なのである」[21]（『方法序説』Ⅲ）と。つまり、暫定的道徳は認識形而上学の成果によって克服され、やがて、決定的道徳へとのりこえられるのであろうというのである。あるいは、意志という土台は、理性という上部構造の認識によってつねに完全に支配しうるというのである。われわれがここに見出すのは、近代的オプティミズムの一典型であるといってよいであろう。だが、「身体をみずから切りはなした人間」の形而上学が、あるいは理性とよばれる人間の上部構造（つまり近代的理性）が、デカルトの期待に十分応えうるか、いなか、そこには楽観しえぬ困難が予想されるであろう。

さて、われわれは彼の形而上学の内容そのものに立ち入らねばなるまい。空間内物象化の傾向に対して、身体を切りはなすことによって、認識する自己をすくおうとするデカルトは、形而上学の方法として、世界と身体に対する「懐疑」を用いるのである。彼がこの方法を着想したのは、オランダに住んだ（一六二九年）最初の数ヵ月の間であったらしい。「幸いなことに、今日私はあらゆる気づかいから心を解き放ち、落ち着いた閑暇を手に入れて、ただひとりとじこもっている。それゆえ、いまこそ私は、真剣にかつ自由に、私の以前の意見を全面的にくつがえす仕事にうちこもうと思う」[22]（『省察』Ⅰ）。あるいはいう、「ほんのわずかの疑いでもかけうるものはすべて、絶対に偽なるものとして投げすて、そうしたうえで、全く疑いえぬ何ものかが、私の信念のうちに残らぬかどうか、を見るべきであると考えた」[23]（『方法序説』Ⅳ）と。

彼がまず疑いの対象としてとりあげるのは、外界にかんする感覚である。「遠くからは丸いと見えた塔が近よって見ると四角であるとわかったり、その塔の頂上にすえられている巨大な彫像が、地上からながめるときほど大きく見えなかったりすることがしばしばあった」[24]（『省察』Ⅵ）。そして「ただの一度でもわれわれを欺いたことのあるものには、けっして全幅の信頼を寄せないのが、分別ある態度なのである」[25]（『省察』Ⅰ）。こうして、すべての外部感覚は、疑わしいものとしてすてられる。

次に、彼がとりあげるのは自己の身体にかんする感覚である。「実際、この両手そのもの、この身体全体が私のものであることをどうして否定できよう。これを否定するのは、まるで私が狂人たちの仲間入りをしようとするようなものである」[26]（同上）。しかし、「私は人間ではないか。夜には眠るのをつねとし、夢のなかで、彼ら狂人たちが目ざめているときに体験するのと同じことをすべて体験するところの人間ではないか。夜の眠りの中で、いかにしばしば私は、ふだんのとおり、自分がここにいるとか、上衣を着ているとか、炉ばたに坐っているとか、信じることであろう、実際は、着物をぬいで床の中に横になっているのに」[27]（同上）。そして、「これらのことをさらに注意深く考えてみると、覚醒と睡眠とを区別しうる確かなしるしが全くないことがはっきり知られるので、私はすっかり驚いてしまい、もう少しで、自分は夢を見ているのだと信じかねないほどなのである」[28]（同上）。内部感覚の疑わしさについては、デカルトは、さらに、切断してしまった脚や腕に、なお痛みを感ずるという「幻影肢」の現象をも付け加えている。こうして、われわれの身体にかんする内部感覚もすべて疑わしいものとして退けられるのである。

そして第三にとりあげられる対象は、代数学や幾何学でとりあつかわれる「単純で普遍的なもの」つまり抽象的な数学的観念である。「私が目ざめていようと眠っていようと、二に三を加えたものは五であり、四角形は四つの辺しかもつことがない、そしてこれほど透明な真理が虚偽の嫌疑をかけられるなどということは生じえない、と思われる」[29]（同上）。しかし、すべてのことをなしうる神が存在するなら、「私が二に三を加えるたびごとに、あるいは四角形の辺を数えるたびごとに、……私が誤るように、この神は仕向けたのではあるまいか」[30]（同上）。いや、最善の神がわれわれを誤らせるということが適当でないなら、ある悪い霊がわれわれを誤らせようとしているのだと仮定してみよう。「天も、空気も、地も、色も、形も、音も、その他いっさいの外的事物は、悪い霊が私の信じやすい心をわなにかけるために用いている、夢の計略にほかならない、と考えよう。また私自身、手も眼も、肉も、血ももたず、およそいかなる感覚器官ももたず、ただ誤って、これらすべてのものをもっていると思いこんでいるだけだ、と考えよう[31]」(同上)。こうして、外的感覚と内的感覚にあわせて、数学的諸観念もまた一種の錯誤として疑わしいものの中に投げいれられるのである。

デカルトのいわゆる方法としての「懐疑」は、以上の三段階を経て遂行されるのである。すなわち、第一段階において外部感覚とそれが指示する外界が、第二段階において内部感覚とそれが指示する自己の身体が、第三段階において非感覚的な抽象的観念(判断)がそれぞれ「真実なもの」としての地位をうばわれるのである。外なる空間の只中に措定された自己の身体から「解脱」せんとするデカルトが、外界と自己の身体とから、その「真実なもの」としての地位をうばうことにはさして不思議はないであろう。しかし、第三の数学的観念(判断)の真理性の否定は、デカルトの形而上学が、もはや普遍数学の単なる延長上にはないことを明らかに示している。なるほど形而上学においても、やがて「明晰判明なる知識」が問題とはなるであろう。しかし、この明証性はもはや、『方法序説』における学問的方法の第一則に示された明証性と同じものではない。後者は、さきに見たように「懐疑」のプロセスの中で神あるいは悪しき霊の名において一たび否定し去られているからである。この根源性こそ、デカルト形而上学が単なる数学的合理主義を超えたものであることの確かな証しということができる(もっとも、そこには、数学によって神の全能の自由を傷つけないようにという、古めかしい配慮から出ている面もないわけではないであろう)。

さて、右のように、いっさいが「疑わしいもの」、「真実ならざるもの」として、否定されたのちに、何か「疑わしくないもの」、「真実なもの」がのこるであろうか？　デカルトも言及するように、「少なくも、確実なものは何もないという、このこと自体は確実である」という、古代の懐疑論者と同じ貧弱な結論に到達するのが関の山ではないだろうか？

だが、デカルトは、天才的な飛躍をもって、一挙に、懐疑主義の壁を突破するのである。その間の経緯は、晩年の作という『自然の光による真理の探求』の対話の一節(32)が最もよく語っている。

ユウドックス　……ごらんの通り、あなたは、感覚の作用を通じてはじめてその認識がえられるあらゆる事物を正当に疑うことができます。しかし、あなたは、自分の疑いにかんして疑い、また、あなたが疑っているかどうかにかんして、疑問のままにとどまることができますか？……

あなたが、自分が疑っていることを否定できない以上、また反対に、あなたが疑っていることは確実であり、実際それにかんして疑いをさしはさみえないほど確実である以上、疑うところのあなたが存在するということも、また真実であり、しかも、それにかんしてもはや疑いをさしはさむ余地のないほど真実なのであります。

ポリアンドル　この点について、私はあなたに同意いたします。なぜなら、もし仮に私が存在していないとすると、私は疑うこともできないでしょうから。

ユウドックス　ゆえに、あなたは存在するのです……。

ポリアンドル　いかにもごもっともです。

ユウドックス　……もう一度論証をくりかえしましょう。あなたは存在する。そしてあなたはあなたが存在することを知っている。そしてあなたがそれを知っているのは、あなたが疑っていることを知っているからです。しかし、すべてのものを疑いつつ、しかもあなた自身にかんしては疑いえないあなたは一体何ものでしょうか?

ポリアンドル　……私の中にあって懐疑するところのものは、われわれが身体とよんでいるものではないことは真実であります。……(従って)私がさきに私に帰属させたすべての属性の中で、少なくも一つだけはなお考察の価値があります。それは思惟であります。そして私は思惟のみが、私から分離しえない性質のものであることをはっきりと認識いたします。何となれば、私が疑う、ということが疑いをいれる余地なく真実であるとするならば、私が思惟する、ということも同様に真実であるからです。実際、疑うということは、ある一定の様態をもって思惟すること以外の何であるでしょうか?……

かの余りにも有名な「我思う、ゆえに我あり」(Je pense, donc je suis; cogito, ergo sum)という句は、実は『方法序説』の中にフランス語で二回、『哲学原理』の中にラテン語で一回出てくるだけであるが、この数個の単語からなる一句の意味を知るためには、少なくも、右に引用した全問答を完全に理解しなければならないであろう。すなわち、「我思う」とは出発点においてまず、「我疑う」であったことに注目しなければならない。それは、感覚知と理性知のすべてを、「我疑う」ことであった。しかし、この疑いのさ中において、「疑っている」ということだけは、疑いえない。それだけは真実であるとユウドックスことデカルトはいうのである。いうなれば、いままで、客観の方に向かってのみ注がれていた懐疑の「まなざし」がこのとき客観に向かいつつ、同時に、「まなざし」自身の源泉に向かって反転するのである。そのとき、この「まなざし」は、そこに自分のいかにしても疑う余地なき志向的存在の基盤を発見して、その限りでおのずから変身し、「我あり」という「確信のまなざし」となるというのである。なぜなら、もし、「疑っている」ことを「疑おう」とすれば、すべての「疑い」は消失してしまうであろうから。「我疑う、ゆえに我あり」という、ややこじつけめいて見えるが、しかし真実な図式がここに成立する。それはデカルトの天才的直観なくしては、生まれえなかったであろう。

しからば、この「我疑う、ゆえに我あり」という直観がいかにして「我思う、ゆえに我あり」となったのであろうか？　実はこのときすでにデカルトは、自己の原初的直観をはなれて、一歩、形而上学的思弁に足をふみこんでゆくように思われる。つまり、直観的に「疑う我」の存在が確立されたのちに、この「我」は実体であり、「疑い」はこの我の属性ではなく、属性の「様態」(偶性)であるという、スコラ的思弁がすでに始まっているのである。そして、この「属性」そのものを求めて、「我とは何物か？」という新しい思弁的探求が始まるのである。さらに、この「属性」は、疑いによって否定された肉体にかんするものではありえないとされ、したがってあとにのこされた「思惟」であるとされる。こうして、「私とは何であるか？　考えるものである。では考えるものとは何であるか？　すなわち、疑い、理解し、肯定し、否定し、意志し、意志せず、なおまた、想像し、感覚するものである[33]」(『省察』Ⅱ)という最初の回答がでてくる。そして「疑う」は、デカルトによって、元来、「肯定する、否定する」とともに、意志のみの働きとされる(『哲学原理[34]』Ⅰ三二節)から、この回答を翻訳すれば、「私(の属性)は、意志、理性、想像力、感覚である」ということになる。ところが、それら四つの能力のうち、想像力と感覚とは、「これら二つの能力なしにも全体としての私を、明晰に判明に理解ができる[35]」(『省察』Ⅵ)という理由で、私から区別され、私の本質(属性)を構成するものとしては意志と理性だけがのこされる。そして、さらに意志もまた、広い意味での理性の一部とみなされるから(『精神のすべての欲求は意志である[36]』(『情念論』四七節))、結局、「私は理性である」というのが、デカルトの最終的な結論になるわけである。「私とはただ考えるもの以外の何ものでもない。いいかえれば精神とか、心とか、悟性とか、理性とかよばれるものにほかならぬことになる」[37]（『省察』Ⅱ）。（われわれは、この四つの名辞をほぼ同一の意味に解して差支えないであろう。）

こうして「我疑う」は、つまり「我疑わしく思う」であるとされ、結局、「我思う」の中に吸収されてしまうのである。この「我思う」の「我」は「理性」であって、後世の解説者によると、いわばカントの「先験的統覚」のごときものにあたるという。実は、この点に後述する大きな問題がひそんでいるのだが、いずれにせよ、デカルト自身が、懐疑を通して発見された「我」を「理性」であると主張したときに、理性の内在化、つまり近代化の巨大な一歩がふみ出されたことに間違いはないのである。「理性」は、このとき、自我の所有する一種の「能力」となったのである。人間は、この能力を自由に活用しうるであろう。『方法序説』第一部に語らしめれば「よい精神（理性）をもつというだけでは十分ではないのであって、大切なことは、精神をよく用いることである」[38]。

それとともに、われわれは、この理性が意志を内蔵することにとくに注目すべきであろう。「われわれのうちにはただ一つの精神しかなく、この精神は自己のうちに部分の相違をもたない。感覚的な同一の精神が理性的であり、精神のすべての欲求は意志なのである」[39]（『情念論』四七節）。また、精神（理性）の能動は精神の「意志作用」とよばれている。それゆえ、自我の能力となった近代的理性は、同時に「認識への意志」である。それは、懐疑を通してすべての物体的（身体的）なものから浄化されているゆえに、それらに対して「全き他者」として、自由に立ち向かうことができる。それは、あたかも全地球に対するアルキメデスの支点のごとく、全宇宙に対してその外に設定された確固たる支点（視点）なのである。

デカルトがふつう、近代理性主義の父とよばれるときには、およそ、右に述べたような近代的理性の確立者として、そうよばれているのである。そして、近代マニュファクチュア時代のイデオローグとしての彼の与えられた課題が、第一に、そこにあったことも否定できないであろう。しかし、すでにわれわれがいく度か示唆しておいたように、このいわゆる近代的理性の成立のプロセスが、必ずしも、なだらかな、何ら難点をふくまぬ道ではなかったことを、忘れてはならないであろう。われわれはむしろ、デカルトが、歴史の要求に応ずるのを急ぐあまり、そのプロセスをかなり大きく歪めてしまったのではないか、と恐れるものである。実際、デカルト以後、スピノザ、ライプニッツ、カント、ヘーゲル、新カント派を経て、フッサールに至るヨーロッパ理性主義の歴史は、デカルトの立てた前提から導出しうるあらゆる帰結を、すでにほとんど導き出してしまったといってよいであろう。そしてわれわれの眼前には、三世紀にわたる近代理性主義のいわば全収支決算表がつきつけられているのである。その意味で、われわれは、今日、もはやデカルトの立てた前提から出発するのではなく、この前提そのものをもう一度、根底から問題にしなおす権利と責任とをもつであろう。もっと具体的にいえば、彼の「我疑う、ゆえに我あり」という直観が、「我思う、ゆえに我あり」という第一原理に、すりかえられた、その地点をいまや発生現象学的に、再検討すべき時であろう。

たしかに、従来からの観念論的通説によれば、これは「すりかえ」ではなく、「疑う」ことは、最初から「思うこと一般」の必当然的明証性を露呈する一つの「手がかり」にすぎなかった、と主張されるかもしれない。この立場からすれば、そもそも「懐疑」そのものが、方法として偶然的、便宜的なものであり、デカルトは、もっと端的に、「我感覚す(と思う)、ゆえに、我あり」とすら主張しえたことになるのである。しかし、このような広義の「我思う」一般の明証性は、今日すでに、多くの学者によって、疑われている。例えば、サルトルは、前述のように、非人称的なコギトの存在を主張している。またロムバッハやワルデンフェルスは思惟の主体を「我々」と考え、メルロー・ポンティは、知覚の主体を「ひと」(on)と考えている。これらのことを考慮すれば、デカルトによる「自我」の発見にとって、「疑う」というプロセスが、決して、単なる「手がかり」や偶然性としてではなく、むしろ、或る内的必然性をもって採用された、しかし、デカルト自身はそのことの意味を必ずしも十分理解していなかった、と考えざるを得ないのである。

4　近代的理性誕生の謎

我々は前節において、デカルト形而上学の第一原理といわれる「我思う、ゆえに我あり」というテーゼの成立を、便宜上『真理の探求』のテキストを手がかりとして、見たのであるが、それは、「我疑う、ゆえに我あり」という直観的認識が、デカルト自身によって、変形されてゆくプロセスをこの最晩年のテキストがもっともよく示しているからである。しかし、『方法序説』や『省察』においても、事柄は本質的に変わらない。『方法序説』第四部には、三段階にわたる懐疑が述べられたのちに「そうするとただちに、私は気づいた、私がこのように、すべては偽である、と考えている間も、そう考えている私は必然的に何ものかでなければならぬと。そして『我思う(考える)、ゆえに我あり』というこの真理は、……堅固な確実なものであることを認めたので私は、これを哲学の第一原理として安心して受け入れうる、と判断した[40]」と述べられている。ここでは「すべては偽であると考える」思惟が、ただちに、「我思う」という思惟であると見なされている。ところで、この思惟の主体が「理性」であることは、はたして、自明であろうか？　デカルトの『哲学原理』Ⅰ三二節によれば、「われわれの中に経験されるあらゆる思惟の様態は、二つの一般的な様態に帰着させることができる。その一つは認知すなわち悟性(理性)の活動であり、もう一つは意欲すなわち意志の活動である。というのは、感覚する、想像する、純粋に理解する、などのはたらきは、認知のさまざまな様態にほかならず、欲求する、忌避する、肯定する、否定する、疑う、などのはたらきは、意欲のさまざまな様態だからである[41]」とあるから、さきの「すべては偽であると考える」思惟は、当然、忌避し、否定する意欲の一様態と見なされなければならないであろう。ということは、この「我思う」は、「我疑う」と同じく理性のはたらきではないということになる。

また、「第二省察」によれば、「私は、世には全く何ものもない、天も、地も、精神も、物体もないと、みずからを説得したのである。それならば、私もまたないと、説得したのではなかったか？　いやそうではない。むしろ、私がみずから何かを説得したのであれば、その私は確かに存在したのである」と主張され、さらに「いまだれか知らぬが、狡猾な欺き手がいて、いつも私を欺いている。しかし、彼が私を欺くなら、疑いなく、やはり私は存在するのである[42]」と主張されている。つまり、ここでは、「……がないとみずからによって説得される我」あるいは「欺き手によって欺かれる我」の存在は確実であるとされている。これらの我は、結局「……を否定する我」、あるいは「偽りの判断を下す我」（誤謬を犯す我）といいかえることができるであろうから、次に述べる誤謬の説明に照らして、やはり、その働きは意欲の一様態であると考えられる。したがって、これらの我は、意志であって、理性ではないということになるのである。

このようにして、『方法序説』と『省察』においても、「我」の存在が発見されるのは、「疑い」に類した意欲の様態、つまり、意志の働きを通してであって、けっして、理性の働きを通してではないことが、知られるのである。『真理の探求』における「我疑う、ゆえに我あり」の我と、その点においては、全く異ならないのである。こうしていわゆる近代的自我は、その発生の瞬間においては、けっして、一般に考えられているように「理性」ではなく、むしろ「意志」であったという事実に、われわれは注目しなければならない。しかもその意志は、現実として与えられた感覚や観念に他の可能性をつきつけ、或は、それらを夢、或は幻想として否定（無化）する意志であるから、想像力と深く結合した意志であるだろう。つまり、それは、想像力的意志であるだろう。

しかしながら、デカルトは、前述のように、この意志としての我を、いわば、理性（或は精神）としての我の一部分として、そのなかへ包摂してしまおうとする（それはアウグスティヌス以来の中世的伝統にもとづく考え方でもある）。そして、前節に見たように意志による「疑い」は、広い意味の「思惟」の一様態であるとされてしまう。かつ、身体とは異なって、精神の不可分一体であることが強調されるのである。このような操作を通してのみ、「意志」として誕生した自我が、「理性」とよばれて成長することになる。そして、ついには、「我思う、ゆえに我あり」の「我」が一八世紀のカントでは「先験的統覚」という一種の論理的機能にまで昇華してしまうのである。

だが、しかし、デカルトにおける理性と意志との関係が、スコラ的な「思惟する実体」の「主要属性」と「他の属性」という概念によって表わしうるものか、どうか、また、「思惟」と「疑い」との関係が、「属性」とその「様態」という概念によって表わしうるものか、どうか、は、大いに疑わしいのである。それを端的に示しているのが、デカルトによる「誤謬」の説明である。彼は人間がしばしば誤りを犯しやすいことをつねに容認するのだが、その原因をこう説明する、「私は、私の誤謬が、同時に働く二つの原因に依存すること、すなわち、私のうちにある認識の能力と、選択の能力つまり意志の自由とに、いいかえれば、悟性（理性）と同時に意志とに、依存することに気づくのである」[43]（『省察』Ⅳ）。すなわち、理性はただ観念をとらえるだけであって、その限りでは、まだ誤謬というものは存在しない。この観念に対して、意志が真であるか、偽であるか、という選択的判断を下すときに、はじめて誤謬が生まれるのである。なぜなら、われわれの理性は有限なものであるのに対して、われわれの意志（の自由）は無限なものであって、われわれが「神のある似像を宿していることを私が理解するのは、主として意志の点からである」[44]

(『省察』Ⅳ)。したがって、意志は理性よりも広い範囲に広がるから、理性の限界を超えて、自らの理解していない事柄にまで、選択を及ぼすことによって、「誤謬」は生ずるというのである。「何が真であるかを十分明晰かつ判明に認知していない場合に、私が判断を下すことをひかえるなら、私が誤ることのないのは明らかである」[45](『省察』Ⅳ)。

さて右の引用において、「私」とよばれているものが、理性でないことは明らかである。なぜなら、前述のように、理性自身は判断を下さないし、また、誤ることもないからである。したがって、「誤謬」を犯すところの「私」は、当然選択する「意志」でなければならない。これに対して、認識の能力とよばれる「理性」は、有限であるといわれているが、ここで見る限り、一種の受動的、かつ中立的な機能であって、どちらかといえば「非人称的な」色彩をもっている。このような理性が無限に能動的・想像力的な意志をおのれの内に包摂し、それと不可分に一体をなしているとどうして、主張することができるであろうか？　むしろ両者は、「有限」と「無限」、「非人称的」と「一人称的」、「必然」と「自由」、「不可謬」と「可謬」というように全く対立的な性格をもっているといわねばならない。このように見てくると、もともと「意志」として生まれた「我」をあえて「理性」とよばせてきたデカルトの思弁的操作がいよいよ疑わしいものに思われてくるのである。

この疑問に傍証を与えるものは、デカルトの「自然の光」という用語法である。「自然の光」とは、中世以来、人間の「理性」をあらわす用語であって、「恩寵の光」が信仰を通してのみ与えられる知恵の「たまもの」であるのに対し、万人共通に、生まれながらにして与えられた光明をあらわしている。デカルトも、「もっと大きな理解の力を、すなわちもっと大きい自然の光を」[46](『省察』Ⅳ)といい、また「自然の光、いいかえれば神からわれわれに与えられた認識能力」[47](『哲学原理』Ⅰ三〇節)といい、「この光と同等に私が信頼しうるような能力、この光の示すところを真ではないと教えうるような能力は、ほかにはありえない」[48]（『省察』Ⅲ）といっているところから見て、また、「信仰あるいは実生活に関する事柄ではなくて、自然的な光の力だけで認識される思弁的な真理」[49]（『省察』シノプシス）といっているところから見て、この語を「理性」の意味に使っていることは間違いないであろう。実際、彼の書物『自然の光による真理の探求』の中の主役ユウドックスは、「理性全体を自然の純粋さのうちに所有している男」[50]ともよばれている（傍点引用者）。しかしながら、われわれを驚かせるのは、この「光」がけっして「我」と同一視されてはいないという点である。第二部で「私は理性にほかならない」と断定されたその『省察』の第三部では、「自然の光によって私に明示されること」とか「自然の光によって私に知られていること」といわれ、さきにも引用したように、「この光と同等に私が信頼できる能力はありえない」ともいわれている。またシャニュにあてた書簡には、「我々はこの自然の光によって神を愛することができるのか」[51]と書かれ、『哲学原理』Ⅰ二八節には、「神によってわれわれに賦与された自然の光」[52]とある。また『真理の探求』の表題には「全く純粋のままで、宗教や哲学の助けなしに誠実な人間の意見を、……決定する自然の光」とある。こうして見ると、「自然の光」と「我」（あるいは「われわれ」や人間）とはどうしても別個のものであるとしか考えられないのである。

さきにわれわれが見たように、デカルトの「意志」は、いわば「理性」の光明の範囲外へふみ出すときに、誤りを犯すのであった。ここでは「我」は、いわば「自然の光」に照らされるときにのみ、はじめて真理に到達しうるのである。この二つの文脈を照合せしめるならば、なにびとも、デカルトにおける「我」は「意志」であり、「理性」は一種の「光」として、この意志を外側から照らしていると、考えざるをえないであろう。

もちろん、「我」なる「意志」は、ただ外側からのみ「理性の光」によって照らされるのではなく、むしろ、自ら開いて脱自的にこの光を内側へ受け入れるであろう。それによってはじめて、我＝意志は、真なる判断を下すことができるのである。そして、その限りでは「我は理性なり」ということもできるかもしれない。しかし、それは、けっして、我と理性とが同一であることでもなく、また、我が理性を能力として所有してしまった、ということでもない。我は、はじめから想像力的「意志」であるのに対して、「理性」はもともと我に対する他者であり、ただ意志が(恐らくは身体を介して)それを受容せんと決意するときにのみ、来たって我と一つになるのでは、あるまいか?

かくて、われわれは、デカルトにおける理性の内在化、すなわち近代化が、虚像と実像とをあわせ有することに気づくのである。理性と我とを同一視し、理性を純粋な、「認識への意志」と見る通説は、実は虚像である。しかも、近代の理性主義の歴史は、主としてこの虚像の上にこそ築かれたのであった。これに対し、理性と我とを区別し、我は無限の「想像力的意志」なりとする見方が、実像である。われわれはそこに、デカルトの天才的直観から本来導出されるべきであった、真の帰結を見出すのである。デカルト自身は、なお、この二つの像の中間にとどまっていたのであるが——。

「身体をみずから切りはなした人間」に或る新しい安住の地を確保しようとするデカルトの試みが、二つの異なった相を有することを、すでにわれわれは見たのであった。「理性すなわち自我」と主張する相は、自我を身体からますます遠ざけつつ、それを「天使」に似たものにまで近づけるが、同時に、それは理性と身体との間に不毛な二元論をたてることによって、永久に人間を、そして人間と自然とを引き裂いておくのである(そのさい、意志は匿名化して、自然に対する「支配意志」となる)。これに対して、「意志すなわち自我」と主張する相は、理性と身体とを結ぶ一縷《る》の隠れたきずなをそこに指示することによって、近代人の苛酷な運命を窮極的に克服する方向を暗示しているのである。

5　神と外界の存在

デカルトは、あらゆる疑わしいものを避けたのちに、どんなに疑おうとしても、疑いえないものとして、「疑っている我」自身を発見したのであった。彼は、この発見の中には、「明晰で判明な認知以外の何ものもない」とし、「いまや私は、きわめて明晰に判明に認知するものはすべて真であるということを一般的な規則として確立することができるように思われる」[53]（『省察』Ⅲ）と述べている。デカルトは、ここで、すでに確保された新しい「我」の立場に立って、いったん否定された外界と身体の存在及び数学的真理を再び回復する方法を求めはじめているのである。さてこの場合、「私が疑うことから私があるということが帰結することや、その他これに類したことのように、自然の光によって私に明示されることはいずれも、けっして疑わしいものではありえない」[54]（同上Ⅱ）といわれているところから見ると、自我の存在の明証性は、「自然の光」、あるいはわれわれのいう「理性の光」にもとづいているとされていることがわかるのである。そして、この明証性はあらゆる方法的懐疑の力の及びえないほど明晰なものであるはずだから、懐疑によって否定された数学的明証性よりは、当然はるかに高次の明証性でなければならないであろう。

このような高次の明証性は、われわれには、前節で見たように、いかなる形而上学的思弁によって与えられるのでもなく、本来、理性の光が、疑いの主体である意志とは異なる絶対的他者であることの中に、根拠をもっているように思われる。つまり、数学的明証性は、意志が理性の光を受容し、内在化したところに成立するが、自我の明証性は、意志が光に対して自らを閉ざした疑いの闇の極致において、かえって純粋な光そのものの明るさに気付くところに成立するのである。

だが、デカルトの省察は、失われた外界と数学とを回復するため、ただちに、右のような（高次の明証性という）道をとるのではなく、むしろ、神の存在を媒介として進もうとする。彼は、われわれの思惟の有する観念に「想念的実在性」(realitas objectiva)を認め、この観念を生み出す原因が、結果のうちにあるのと少くも同等以上の「実在性」を有しなければならないことは「自然の光によって明白である」とする。そして、われわれの有する神の観念は、「最も完全な、無限な存在者」つまり、「最高実在者」の観念であるから、それを生み出した原因は、われわれ自身でも、天使その他でもなく、神自身でなければならないと主張する。「私が存在し、最も完全な存在者の、すなわち神の、ある観念が私のうちにあるというただこの事実だけから、神もまた存在するということがこのうえなく明証的に論証される[55]」（同上Ⅲ）。この神は「完全なる者」であるから、欺瞞者でありえない。「かくて私は、あらゆる知識の確実性と真理性とが、もっぱら真なる神の認識に依存することを明らかに見るのである。神を知るにいたるまでは、私が他の何ごとをも完全に知りえなかったのはそのためである。けれどもいまや私には、神そのものや他の知性的なものについても、純粋数学の対象である物体的な本性すべてについても、無数の事柄が、明らかに知られうるのであり、確実でありうるのである[56]」（同上Ｖ）。

「神の存在は『自然の光』によって『明晰判明に』知られるが、その神の存在の認識なくしては、いかなる事柄も『自然の光』によって『明晰判明に』知られることはない」。これが、アルノーやガッセンディによってすでに当時から批判された「デカルトの循環」である。彼の記したところを文字通り読む限り、デカルトを矛盾から救うことはむずかしいであろう。ただ、我々は、第三省察の終わりに「ここでしばらく神そのものの観想のうちにとどまり、神の属性を静かに考量し、このはかりしれない光の美しさを、そのまばゆさにくらんでしまった私の精神の眼のたえうるかぎり、凝視し、賛嘆し、崇敬するのがふさわしいであろう[57]」とあるのに注目したい。神（あるいは神の属性）

は、ここでは「まばゆい光」としてデカルトに現前している。それゆえ、もし、かりにすべての明証性の根拠としての「神」(の属性)を、自然の光によって照らし出される「対象」としてではなく、意志から区別された限りにおける純粋な「自然の光」そのもの(及びその光源)として考えるならば、もはやそこに循環は存在しないであろう。この光は、すべての経験的認識の明証性を背後から支えるより高次の直接的明証性となるからである。われわれはそこに(つまり神の側に)、おそらく、のちの新カント派やフッサールの先験的(超越論的)意識の祖型を見ることもできるであろう。(神の問題については、ここでは単に右の可能性を指摘するにとどめたい。)

さて次に、外界の物体的存在の問題にうつろう。まず第一に、物質的事物の本質は、デカルトによれば、「長さ、広さ、深さにおける延長量」であるが、これについては、それが純粋数学の対象である限り、神の真実さへの信頼の下に、「明晰判明に」認識され、疑う余地はないのである。但し、これは、まだ物体の一般的本質であって、個別的な延長体の存在ではない。後者をわれわれに与えるのは、デカルトによれば、「想像力」と「感覚」とである。「物体、すなわち延長、形体運動は、理性のみによっても認識されるが、想像力に助けられた理性によってはるかによりよく認識される」[58](「エリーザベットへの手紙」)。ここにデカルトが「想像力」(あるいは共通感覚)とよんでいるものは、実は、「夢を見る能力」としてのそれではなく、むしろ、本来カントのいう空間への「純粋直観」にあたるものを指すはずではなかったろうか?「形体と運動の考察に主として想像力を用いる数学の研究は、物体の判明な観念を形成するようわれわれを慣らす」[59](同上)ともある。ここで問題になっているのは、いわゆる三次元的空間性への直観であって、けっしてキマイラを表象する能力ではないはずである。その点で、彼が「想像するためには、ある特別な緊張を必要とする」[60](『省察』Ⅵ)といっているのは、両者の区別を知っている証拠とも思われる。空間の純粋直観は、むしろ、受容的な能力であって、特別な緊張を要するとは思われないからである。しかしながら、『省察』Ⅵでは彼は（どちらともつかず）想像力の働きを、精神がある物体（身体？）と結びつき、「任意のときに向きなおり、いわばそれを注視する」[61]こととしてとらえ、「ここから私は蓋然的に物体は存在すると推測するけれども、それはたんに蓋然的にであって」[62]必然的にではない、と主張している。いうなれば、個々別々の物体の空間的「ひろがり」については、われわれは明晰判明な認知にはついに到達しえないというのである。「蜜蠟の広がりそのものもまた、知られていないものではあるまいか」[63]（『省察』Ⅱ）。

「感覚」について、デカルトのいわんとするところは、しばしばわれわれの意に反してわれわれの思惟に生み出される感覚的事物の観念は、それがわれわれの外部から来ると信じさせる大きな傾向をもっているので、もし、そうでないとすると神は欺瞞者となってしまう。ゆえに「物体的事物は存在する」というのである。このさい、「感覚の衝撃」は、たしかに外界の存在を証明してはいるが、しかし、感覚の内容自身は「きわめて不明瞭であり、混乱している」[64]（『省察』Ⅵ）。

かくてデカルトが、外界の物体的事物について、懐疑の中から完全にとり戻しえたのは、「量的な本質」と「存在の事実」とのみであって、その個別具体的な延長性（空間性）については、ただ蓋然性を確保しえたにすぎないということに、注目すべきである。これは、主として想像力と純粋直観との混同によるものと思われる。そして、このことは彼の自然学のもつ非実証性的性格、つまり「たとえ経験がわれわれに反対のことを示すように思われても、我々は、感覚よりもむしろわれわれの理性を信頼しないわけにはゆかない」[65]（『哲学原理仏訳』Ⅱ五二節）という言葉に示される独断的性格とけっして無関係ではないであろう。なぜなら、実験に伴う感覚的経験は、空間的延長性の直観の枠の中でのみおこりうるからである。なるほど、彼は物体的事物をやがて延長的実体と規定するが、その延長性は量的概念であって感覚的直観ではなかったのである(「私は物体的事物の質料としては、幾何学者たちが量と名づけているもの……よりほかには認めない。……これらについて、私が真として容認するのは、その真理性を疑いえない共通概念から、数学的論証とみなされてもよいほど、明証的に演繹される事柄だけなのである[66]」(『哲学原理』Ⅱ六四節)。彼が落体の法則や弾性衝突の法則について犯した誤りは、けっして偶然ではない。

6　心身問題

こうして「疑う我」の実存と物体的事物の本質上及び事実上の存在について、神の力を借りて、懐疑の壁をこえた明証性に到達したのちに、しかしながら、デカルトは、これら二者をスコラ的に「実体」として互いに区別しようとする。ここに実体とは「存在するために他のいかなるものをも必要としない、というふうに存在するもの」のことである。自己の身体もまた、当然、一個の物体的事物として、精神から区別される。精神は「思惟する実体」つまり「思惟」を唯一の属性とする実体であり、身体は「延長する実体」つまり、「長さ、幅、深さ」を唯一の属性とする実体である。かくて、「精神と身体とは実在的に(実体的に)区別される[67]」、「精神は身体がなくともあることができるし、身体は精神がなくてもあることができる[68]」(『省察』第二答弁)。いいかえれば、精神は身体の死後も、不滅であり、また身体は、(理性による)言語の使用や不測の状況への適応能力などを除けば、一種の自動機械と見なすことができるというのである。デカルトは後の場合を例証せんとして、『方法序説』第四部で血液の循環運動について、かなり詳しく説明している。また、彼にとっては、理性をもたぬ動物はすべて、一種の自動機械なのである。「猿または、その他の理性をもたぬ動物と、同じ器官をもち同じ形をしているような機械があるとすると、その機械がそれらの動物と全く同じものではないことを認める手段を我々はもたないであろう[69]」(『方法序説』Ⅴ)。

かくて、無限空間の中に、人間の身体も動物も、物体的事物として仮借なく措定される一方、人間の自我は理性的精神として、これとは全く異なった次元を飛翔しつつ、天上はるかより下界を見下ろすかの概《おもむき》がある。マニュファクチュア時代の人間の物象化を前提しつつ、そこから自我を救済せんとするデカルト形而上学の意図は、一応、見事に達成されたかに見えるであろう。

だが、デカルト形而上学の勝利は、デカルト「人間学」の敗北であった。われわれが「天使」ではなく、「人間」である以上つねに、自己の身体のはるか上空を飛翔しつづけることはできないからである。デカルト自身も、それを認めてこういっている。「自然は、また、病み、飢え、渇き等の感覚によって、私が自分の身体に、水夫が舟にのっているようなぐあいに、ただ宿っているだけなのではなく、さらに私がこの身体ときわめて密接に結ばれ、いわば混合しており、かくて身体と或る一体を成していることをも教える」[70]（『省察』Ⅵ）。デカルトも、また、精神及び身体と並んで、心身合一という第三の次元をみとめざるをえなかったのである。だが「思惟する実体」と「延長する実体」という二つの相異なる実体が、いかにして、一体を成すことができるのであろうか？　しかし、それには答えずデカルトは、一方では、「精神は身体のあらゆる部分をひっくるめた全体と合一している」[71]（『情念論』一〇節）ことを認め、他方では精神は身体のある部分においてとくに「直接的にその機能をはたらかせている」[72]（同上三〇節）と主張し、その部分を中空な脳室の奥にぶらさがる「松果腺」に求める。すなわち、脳及び脳から全身に無数に発出する細い神経管の内部は、血液から蒸発した微細な粒子から成る「動物精気」によってみたされており、精神が「松果腺」を動かす(!?)と、その運動が周囲の脳室内の動物精気に伝わり、その方向によって全身の各種運動が生ずるし、また逆に、全身からの動物精気の運動が脳室の真ん中にぶらさがっている「松果腺」を動かすと、それが精神に伝わって、「感覚」や「情念」を生ずるというのである。

デカルトがあれほど苦心して確立した精神と身体との実在的区別はいったいどこにいってしまったのだろうか？この点を鋭くついたのは、一六四三年以来、デカルトと文通を始めたオランダに亡命中のプファルツ伯王女エリーザベット（当時二十四歳）であった、「どのようにして人間の精神は、（思惟する実体にほかならぬのに）意志的行為をなすために、身体の（動物）精気を方向づけることができるのか、仰しゃって下さるようお願いします。なぜなら、運動のすべての方向づけは、動かされるものの反発力によるか、動かすものによって動かされる仕方によるか、あるいは、動かすものの表面の性質や形状によってきまるように思われるからです。はじめの二つの条件には接触が、第三の条件には延長が必要です。あなたは、精神の観念から延長を全く排除されましたし、接触は非物質的なものには適合しないように思われます。それゆえ、私は、あなたの形而上学におけるよりも、もっと特殊な『精神の定義』をあなたに求めます。すなわち、その活動、つまり思惟から分離された精神的実体の定義を。なぜなら、われわれは神と属性のように、それらが分離不能であると仮定しますが（とはいえ、母胎の中や深い失神において分離不能を証明するのは困難です）、これらを別々に考えることによって、より完全な精神の観念を獲得しうるからです[73]」（一六四三年五月一六日）。

これに対してデカルトは精神が身体を動かすのは「力」であるとし、精神のこの力は物体の重さと類比的に理解されると説く。すなわち、物体の重さは従来誤って実在する性質と考えられてきたが、実は、延長的な物体と物体との近接作用にほかならない。この誤解された重さは精神から独立なものではなく、非物質的な精神の力の投映に由来するものだというのである。

これに対してエリーザベットは、非物質的な力は、物体とは何ら関係をもちえないとし、私は、「身体を動かしたり、それによって動かされたりする能力を非物質的存在に許すよりも、物質と延長性を精神に許す方が自分にはより容易であることを告白します」[74]（六月一〇日）といっている。

だが、デカルトは、たとえかりに一歩ゆずって精神に延長性をみとめても、それは物体の延長性とは異なること、つまり、物体は一定の場所に限定され、他の物体の延長性を排除するが、精神の延長性にはそういうことはないと主張する。

そして最後にエリーザベットは、「われわれに未知の精神の諸性質が存在すると私は思います。それらはあなたの形而上学的省察がかくも立派に精神の非延長性について説得してくれたことを、ひっくりかえすかもしれません」[75]（七月一日）と述べて、この師弟間の論争は終わっている。われわれはエリーザベットが一貫して、デカルトの精神（自我）のもつ非延長性に疑いを表明している点に、注目すべきであろう。確かに、精神が思惟を唯一の属性とする非延長的実体である限り、それは身体をもてないばかりでなく、空間的世界に対していかなる「視点」をとることもできず、結局、外界に対して全く盲目とならざるをえない。なるほど、心身分離と心身合一とは、デカルトもみとめるように、共に人間に内在する二位相であるかもしれない。しかし、問題は、その心身の分離の仕方にある。精神と身体を実体化し、そこに実在的区別をみとめることは、分離を絶対化し、合一への道を永久に閉ざすことであろう。これに反して、前節で示したように、精神（我）の属性を「思惟」ではなく「意志」とみなせばどうであろうか？　もちろん、われわれはこの意志に物体的な延長性つまり、長さや幅や深さを帰することはできないであろう。しかし、「意志」が身体とある特殊な仕方で深く結びついていること、つまり、われわれが自分の身体を他人の身体から区別しうるのは、自分の意志の支配力を通してであること、いいかえれば、われわれは、自分の身体に「意志」という形で「住んで」いることに気付けば、意志に「内的延長性」（内的延長性が「純粋なライプ」の別名であることはいうまでもないであろう）ともいうべき一種の延長性をみとめることは、けっして不可思議なことではないであろう。

思惟ではなく、意志としての自我は、いかにしても身体から「実在的」に区別し、「実体化」することはできない。身体と意志とはショーペンハウアーもいうように、同一の存在の表と裏のようなものだからである。

ということは、外的延長性としての身体と内的延長性としての意志とはふつう表裏一体をなしており、これがデカルトのいう日常的な、心身合一の次元にあたるのである。さらに、外的延長性との合一が、このように身体の事実存在を可能にするのだから、内的延長性としての「意志」のもつ存在は、ポテンシャルな事実存在、つまり、可能存在である。そして、意志が外的延長性としての身体と合一していることは、自己の身体を中心とした空間に対してすでに開かれているということである。つまり、我は外界に対して「視点」をもっているのである。

だが、意志としての我は、身体との合一を解いて、外的延長性としての「我が《わ》」身体を、空間の中へ「定立する」こともできる。このとき我は、視点となって匿名化し、身体から一歩後退するのである。すなわち、我の表裏は分かれ、内的延長性と外的延長性とが互いに分離する。後者は、均質的な無限空間の一部となるが、前者は「縮退し」て、大きさなき「点」となり、自由に移動しうる「視点」となる。これがいわゆる心身分離の次元であり、デカルト形而上学の「自ら身体を切りはなした人間」のあり方に相当する。

だが、「視点」にまで縮退した内的延長性は、逆に自己を無限に拡大して、モナドとして、外的延長性としての空間に浸透してゆくこともできる。内的延長性が完全に外的延長性を「無化し」、これにとって代われば、それはファンタジーの世界であり、夢の世界となろう。「懐疑」は、外的延長性の次元に対して、反逆し、侵攻する内的延長性が放つ「異議申立て」に相当する。これは対象の事実存在に対してイメージの可能存在をつきつけることである。外的延長性の次元で「丸い」とみえる塔は、同じ感覚的データを内的延長性の次元で配列するとき、「四角い」塔となる可能性をはらんでいる。丸い塔の知覚は、疑いの目には四角い塔のイマージュと不可分に重なってあらわれてくる。このとき、知覚とイマージュとは同一のヒュレーから成り立っているからである。塔の頂きの影像が「小さい」と見るのは、外的延長性の次元であり、それが「大きい」のではないかと疑うのは内的延長性の次元である。後者の視点は自由に影像に近づいて、その時々のイマージュをくりひろげうるからである。

自己の身体のいわゆる内部感覚についての懐疑は「これは夢ではないか」という形で主張された。上衣をきて炉端に坐っている私は、空間の中に定立された外的延長性としての私である。もちろん、私が見ることができるのは、自分の手足の先とか、上衣のすその方とかにすぎず、その他の部分は触覚や筋肉感覚や空腹感や疲労感などを通していわば内部的に知覚されている。しかし、この内部感覚は、すでに半ば外的延長性の次元に吸収されていて、外的空間の中のどこかに位置づけられている。その限りで、いわゆる「内的感覚」も外的延長性の次元に属するのである。そして、これらの感覚のヒュレーだけを空間の枠からとり出して、内的延長性の次元に配列すれば、それは「夢」の中のイメージともなりうるのである。この場合の懐疑とは、内的延長性としての意志による、右の可能性の主張にほかならないのである。

では、数学的真理への懐疑はどうしておこるか？　内的延長性としての意志は、単に空間への視点であるにとどまらず、理性の光によって照らされ、この光を受容することによって、「認識への意志」となる。これは我というよりは、むしろ、いわゆる「我一般」であり、自他の区別を超えた立場である。つまり、空間に対するあらゆる視点を包括する意味了解の立場である。数学が成立するのはこの次元であり、２＋３＝５が普遍的に妥当するのは、そのためである。しかし、ここでも意志は理性の光に背いて、我一般から個我の立場に戻ることができる。この個我の我一般に対する反抗的異議申立てがすなわち懐疑なのである。想像をたくましうして２＋３＝５が間違っているかもしれぬと疑うのは、この個我の意志なのである。

　こうして、デカルトの歩んだ懐疑の道は、外的延長性と理性の光とに対する、内的延長性としての想像力的意志の自己主張であることがほぼ明らかとなったであろう。「疑う我」とはまさにこの意志にほかならないのである。近代理性主義の理性的自我という虚像の背後にひそむ、実像としての自我は、この意志だったのである。しかし、ここで、忘れてならぬことは、「疑い」が一般に外的延長性（記号をふくめて）の認識を前提としてはじめて成立するということである。このことは、すでに理性の光と知覚的身体に向かってのこの「我」の脱自的関与を証明しているということができるのである。

(1) Augustinus, In Johannis evangelium tractatus. XV, n. 19. Corpus Christianorum 36 (Turnhout 1954) 157
(2) Thomas, Summa Theologiae. Pars I, Qu. 79, art. 4 (Torino 1963) 385
(3) Oeuvres de Descartes publiées par Charles Adam & Paul Tannery IV (Paris 1973) 1［略号 A. & T. IV］
(4) Galilei, Il Saggiatore (Roma 1623) 25
(5) Pascal, Pensées, éd. par Lafuma (Paris 1951) 142
(6) Borkenau, Der Übergang vom feudalen zum bürgerlichen Weltbild (Darmstadt 1988) XII
(7) ibid.
(8) Bacon, Novum organum. Aphorismi III. The Works of F. B., vol. 1 (London 1858) 157
(8a)「科学」と「技術」の関係については、拙著 Monad and Thou (Athens, Ohio 2000) 144–159 を参照されたい。
(9) Hegel, Vorlesungen über die Geschichte der Philosophie. Theorie-Werkausgabe (Suhrkamp), Bd. 20 (Frankfurt a. M. 1971) 123
(10) A. & T. VI (1973) 6
(11) op. cit. 7f.
(12) A. & T. X (1974) 378
(13) op. cit. 361

(14) Oeuvres et lettres de Descartes (Gallimard) (Paris 1952) 566
(15) A. & T. VII–1 (1973) 78
(16) A. & T. VI 18f.
(17) A. & T. X 379
(18) Baillet, La vie de Monsieur Des-cartes (Paris 1691) (Rep. 1970), Premiere partie 81
(19) A. & T. VI 22
(20) ibid.
(21) op. cit. 28
(22) A. & T. VII (1973) 17f.
(23) A. & T. VI 31
(24) A. & T. VII 76
(25) op. cit. 18
(26) ibid.
(27) op. cit. 19
(28) ibid.
(29) op. cit. 20
(30) op. cit. 21
(31) op. cit. 22f.
(32) A. & T. X 514–521
(33) A. & T. VII 28
(34) A. & T. VIII–1 17
(35) A. & T. VIII 78
(36) A. & T. VI (1974) 364
(37) A. & T. VIII 27
(38) A. & T. VI 2

(39) A. & T. XI 364
(40) A. & T. VI 32
(41) A. & T. VIII–1 17
(42) A. & T. VII 25
(43) op. cit. 56
(44) op. cit. 57
(45) op. cit. 59
(46) op. cit. 60
(47) A. & T. VIII–1 16
(48) A. & T. VII 38f.
(49) op. cit. 15
(50) A. & T. X 498
(51) A. & T. IX (1972) 607
(52) A. & T. VIII–1 16
(53) A. & T. VII 35
(54) op. cit. 38
(55) op. cit. 51
(56) op. cit. 71
(57) op. cit. 52
(58) A. & T. III (1971) 691
(59) ibid.
(60) A. & T. VII 73
(61) ibid.
(62) ibid.
(63) op. cit. 31

(64) op. cit. 80
(65) Oeuvres et lettres de Descartes 643
(66) A. & T. VIII–1 78f.
(67) A. & T. VIII 169
(68) op. cit. 170
(69) A. & T. VI 56
(70) A. & T. VIII 81
(71) A. & T. VI 351
(72) ibid.
(73) A. & T. 661
(74) op. cit. 685
(75) A. & T. IV 2

＊デカルトからの引用文の訳は、野田又夫、井上庄七、森有正などの諸氏の訳業を参照させて頂いた。

第三部　身体と意識

第二部において、我々は、実存の基体としてのモナド的な「可能存在融合体」が、そのままでは、「理性の基体」となりえないことを知るとともに、歴史の検証により、デカルト的懐疑を通して発見された近代的自我が、通説に反して、理性ではなく、想像力的意志（ライプ）であることを見出したのである。しかし、この自我がいかにしてついに「理性の光」を受容するに至るのか、については、「恐らく身体を介して」（第二章4及び6）と述べられるにとどまっている。想像力的意志が、このような潜在的な「理性の基体」として開示されるためには、それが個別的な、知覚する「身体（ケルパー）」といかに関わるのか、が明らかにされるとともに、当然にもさらに、その身体がいわゆる超越論的意識（理性的定立の中心）といかに関わるのか、が明らかにされねばならない。そのために、我々は現象学的方法を採用するであろう。第三部第一章においては、予備的前提条件として、まず、超越論的意識を、事実上、権利上の独我論から、徹底的に解放することが試みられるであろう。第二章においては、超越論的意識による志向的な対象構成に先立って、「前定立的」に与えられている「世界地平」が、想像力的な可能存在の次元であることが明らかにされるであろう。第三章は、哲学的身体論の歴史を回顧しつつ、超越論的知覚意識が非反省的様態においては、身体の表面に密着し「体表面的主観」（いわゆる身体統覚）として機能していることを示すであろう。最後に、第四章においては、以上の帰結をふまえて、想像力的意志としてのライプと、体表面的主観としてのケルパーとの「複合体」としての身体的自我が世界内存在として開示されるとともに、身体的自我同士の間の、「双関」関係を超えたヨリ高次の関係が可能性として示唆されるであろう。

第一章　物の裏側を見ること

——超越論的意識の複数連合主観性——

「理性と身体」の相関という次元を取扱うために、まず、手がかりとして、フッサールの「超越論的意識」の働きの様態について考えてみよう。

フッサールの『デカルト的省察』（フッセリアーナ第一巻）の内容から知る限り、彼の「他者」理論構築への原動力は、主として、自己の「超越論的自我」の学説に対する「独我論」という批判を反駁することにあったといわれている[1]。彼はこの批判を「一見したところ、非常に重要な抗議[2]」とよんでいる。実際、ひとびとは、ここにこそ、フッサール現象学のアキレス腱の一つがあると思ったかもしれない。彼の理論によれば、世界と自然とは、総体として、超越論的意識の志向作用によって、ノエマ的意味として構成される。それらは、超越論的自我の意識にとって内在的超越である。しかも、この超越論的自我は結局人間としての「私」と同一であるとみなされているので、この場合、全世界は私の世界（モナド）であるといってもよいだろう。いいかえれば、現象学的還元と世界化的統覚を介して、全世界は、私に対するパースペクティヴ的視野としてのみ与えられる。そして、そのさい、自然的世界の無限性は、いわば、私の眼前に展開される視野のはらむ無限定な地平性としてのみ、のこされている。

さて、このような世界は、果して、私の自我以外の我を包含しうるであろうか？　いいかえれば、私の志向性は、私以外の自我の意識すら構成しうるのであろうか？　フッサールによれば、世界のなかのすべての事象は、私の志向性によってのみ構成されるのであり、私によって構成されないものは何一つないであろう。従って、もし、フッサールの世界構成理論が独我論でないとすれば、他の自我のもつ意識も、また、必然的に私の意識によって構成されなければならないことになる。これが、フッサールの当時真剣に直面していた問題なのである。

しかし、たとえ、フッサール自身はそう考えていなかったように思われるにせよ、我々は、それが結局「疑似問題」だったのではないか、と疑わざるをえない。この疑いは、その最も深い根拠を、フッサールにおける超越論性が、人間の自然的日常的態度に対して有する関係への、我々の解釈の中にもっている。フッサールは、果して実際に、自然的世界の超越論的モナド化に成功したのであろうか？　たとえ、現象学的還元が、客観世界全体の素朴な定立を排去し、さらに、原初的次元への還元が、客観世界の中の他者を排去するとしても、経験的諸対象のはらむ無限定な開かれた地平性は、なお、依然としてのこっているのではなかろうか？　我々の考えでは、このような開かれた地平性は、アプリオーリに、独我論と相いれないものである。なぜなら、それは、超越論的意識の潜在的な「複数連合主観性」を示唆しているからである。この点について、以下に論じてみよう。

1

トイニッセンによれば、「他者」の理論を展開せんとするフッサールの努力は、「客観」世界を構成的に確立せんとする目的によって、徹底して導かれているという。[3]　しかし、我々の見るところでは、フッサールにとって「客観」世界の確立は、元来、「他者」理論の目的と見なされるべきではなかった。むしろ、両者は同一の事柄と見なされるべきであった。何となれば、「客観」世界は、フッサールにとって、私と他者とをひとしく根源的に包含する「万人にとっての唯一世界」を意味するからである。「客観」世界の理論と「他者」の理論とは、互いに分離されるべきではない。両者は、生活世界に生きる人間の自然的態度への超越論的基礎づけがもつ、表裏二面だからである。(4) いいかえれば、「客観」世界と他者とは、フッサールが考えていたよりも、さらに深く内的に結合しているのである。

私の自然的態度において、私はつねに他者とともに、客観的で唯一の「万人にとっての」世界の中にいる。私は、世界＝空間のここ＝そこに散在する多くの自我の中の一つである。私は、絶対的で、孤独な自我ではなく、すでに他者によって媒介され、貫徹された、平均的自我である。

我々が、一度この観点に立つと、フッサールの自我論的な、世界構成理論は、新しい光の中で異なった様相を呈してくる。というのは、自然的態度における自我が、すでに他の自我の存在によって、内的に貫かれているとすれば、いかなる現象学的還元といえども（それが知覚による一般定立への反省にとどまる限り）、また、いかなる原初的次元への還元といえども（それが外なる他者の排去にとどまる限り）、この自我を単なる孤立せる超越論的自我に変えることはできないであろうから。このことは、現象学的還元や原初的還元が、客観的世界を（我々が第一部で論じたような）厳密な意味でモナド的に閉じた、パースペクティヴ的世界へと変えられないのと、まさに同様である。実際、これらの還元を経た世界のパースペクティヴ的視野は、その開かれた地平的背景として、匿名的で不特定な他のパースペクティヴをつねに浮動させ、現前させつつあるであろう。フッサールの原初的還元は、自我の外部にある特定の他者を排去することはできても、いわば自我の内部にも潜在的にひそむこの不特定な匿名的他者を排去することは、できないからである。従って、還元を経て出現する超越論的自我は、なお、厳密な意味でモナド的ではなく、むしろ、自らの内に、潜在的に他の不特定多数の超越論的自我を担うような自我であるであろう。

たしかに、フッサール自身は、世界を構成する超越論的自我が、アプリオーリに複数であるという事実に、十分気付いてはいなかった。それゆえ、彼は、他の超越論的自我に到達する手続きとして、他の身体への自己投入(感情移入)という「回り道」を選んだ。しかし、他の自我は、他の身体へと私を投入してはじめて見出されるのではない。超越論的自我のアプリオーリな複数性は、すべての還元のあみをくぐりぬけるのである。すでに私の自我の知覚する「原初的領域」の中で、匿名的な他の自我が、彼らの機能をいとなんでいる。そうして見ると、我々が予想したとおり、はじめから、独我論という問題、或は私の意識による他の意識の構成という問題は、存在しなかったわけではなかろうか？

我々の主張の裏付けとして、フッサールの「付加表象」(Appräsentation)の概念をとりあげてみよう。彼はいう、「付加表象は、外的経験においてすら生起する。なぜなら、物体の厳密に視覚された前面は、つねに、かつ、必然的に、裏側の面を付加的に表象しているからである。……」[5]。付加表象は、一種の共現前であり、一種の類比的統覚である。私の原初的領域においても、物体はつねに、私が自分のパースペクティヴの中で、ここから見ることのできぬ裏面を伴ってあらわれる。物体の表象は、つねに、かつ、必然的に、一種の共現前、即ち、物体の見えざる面の統覚を伴っている。すべて知覚は、単なる感覚的受容より以上の何かを含んでいる。フッサールは、この機能を、私の自我の超越論意識のノエシス的綜合に帰属せしめている。

しかし、物体の裏面を付加表象しているのは、真に私の志向性のみであろうか？　いうまでもなく、私は、この時間に、ここ以外のいかなる場所からも物体を見ることはできない。私は、いかにして、この裏面を付加表象しうるのか？　私は、自分の記憶に従って、それを想像するのであろうか？　そうとすれば、私は(かつて見た)裏面の像を眼前に物体の表(前)面の現在的表象の上に、まさに重ねて見るであろうが、しかし、それはこの瞬間における裏面の像として見るのではない。もし、この瞬間の像を求めようとすれば、それは何らの客観性をもたぬファンタジーとなるであろう。それゆえ、裏面は、決して、私のもつ「像」ではありえない。

さらに、裏面の付加表象を「像」ではなく、「過去把持」として、現前する表面の原印象との共現前としてとらえようとする考え方があるが、これも成立しない。なぜなら、注意深く観察すれば判るように、裏面は少しも流れ去ることなく、つねに原的なとどまる現在のうちに包含されているからであり、その意味で過去把持ではありえないからである（メロディーの例からも判るように、過去把持された表象は「引きとどめられつつも、絶えず流れ去りつつある」のを本質的特徴とする）。

フッサールは、また、裏面の付加表象を、いかなるヒュレーによっても充実されない「空虚な志向」ともよんでいる。この志向を充実するためには、物体を回転するか、或は、自分が物体の背後に回り込めば、よい、と考えられているのである。[6] しかし、このような「空虚な志向」によって、裏面の付加表象を定義することは、不可能である。なぜなら、「空虚な志向」は、元来、裏面にかんするものとは限らないから、この「空虚さ」を充実する方法が明確にされなければならないのであり、それが物体の回転や、背後への回り込みであったわけであるが、ここには、すでに一つの循環が含まれている。すなわち、一つの物体を回転したり、それの背後に回りこむためには、すでに、私は、予め、その物体の裏面の付加表象をもっていなければならないからである。こうして、私のもつ「空虚な志向」によって、裏面の付加表象を定義することは不可能であることが、明らかとなるのである。この点は、いかなる回転や回り込みによっても充実されえない、私の身体の背面（背中）の付加表象については、尚更である。もちろん、たしかに、物体の裏面、或は、自分の身体の背面への私の志向は、何らかの意味で空虚であるが、それは、もともと私の志向性のみによっては、充実されえないような「空虚さ」であるのではなかろうか？

以上述べたように、この今の瞬間については、物体の裏面の付加表象は、私のもつ「像」からも、「過去把持」からも、また、私のもつ「空虚な志向」からも、十分に、説明することができなかった。こうして、フッサールの立場からすれば、即ち、「私」の単独な超越論的意識の立場からすれば、付加表象は、いわば、定義不能な一つの謎にとどまるのである。

しかし、複数の超越論的意識の立場からすれば、それはいかなる謎でもない。この瞬間に、私とは異なる他の方向からその物体をめざしている匿名的な他の自我の志向が、裏面そのものを定義している。すなわち、裏面は、他の自我によって直面されている「前面」に外ならない。そして、私の超越論的意識が、アプリオーリに他の超越論的意識によって滲透され、貫かれているがゆえに、この他我の「志向」は、私にとって空虚なままに、私の「志向」でもある。すなわち、この「空虚さ」は、私自身によってではなく、他我(の情報)によってのみ、充実されうる。これが、「空虚な志向」としての、裏面の付加表象の定義である。同一物体の背後から、その物体を志向する他の匿名的意識との連合なくして、裏面の付加表象を説明することはできないのである。

さて、それでは、ここから発する私の志向性は、いかにして、物の背後のそこから発する他者の志向性と連関づけられるのであろうか？　それは、私の志向性が自然的態度におけるのと同様に、アプリオーリに、他者の志向性によって滲透され、媒介されていることによってである。いいかえれば、私は物体の前面をめざしながら、つねにかつ必然的に、他の自我の協同作用を予料している。他の協同作用は匿名的であるが、しかし、その作用は現実的である。フッサールによって、しばしば強調された、ある物体の表象と付加表象との統一は、この物体が私ひとりによって構成されたものではなく、私と他者とによって、同時にかつ諸共に構成されることを意味している。これは、私の原初的一次領域においても、そうである。そこでは、たとえ他人の「身体」をすべて排去することはできても、匿名の他の志向性までを排去することはできないのである。

私は、私自身の志向性の中における他の志向性の作用を、単に自らの一部分としてばかりでなく、同等に根源的な複数自我の連合作用としても、認識している。これこそ、「超越論的意識の複数連合主観性」という表題によって、我々が意味させようとした事柄である。もちろん、これは一種の相互主観性であるが、我々は、むしろ、これを「連合志向性」とよびたいと思う。それは、身体の媒介なき最も直接的な相互主観性であるからである。

ここでは、他の超越論的意識は、私の超越論的意識によって構成されてはいない。むしろ、両者は、構成された物体をめぐる同一の「唯一の地平」に対等に参与している。私は、物体の表象と付加表象との統一を承認することによって、私自身を、私のパースペクティヴを超えた唯一の普遍的地平の中に指定された、一つの超越論的自我として発見する、この地平には、他の超越論的自我のすべてのパースペクティヴもまた等しく参与していることを私は予め知っている。この共通地平こそ、超越論的に基礎づけられた「万人に対する客観的世界＝無限等質空間[6a]」である。それはまた、連合志向性に固有の「超越論的空間図式」ともよばれうるであろう。連合しつつ志向する自他の超越論的意識にとって、いわば共通の「ガイドライン」に相当するからである。いいかえれば、「空間の中にある」ということは、このガイドラインに基づいて、「四方八方から同時に眺められている」ということなのである。

2

これに対して、フッサールの相互主観性は、彼のいわゆる「モナド」（これは、我々のモナドとは異なる一種の混合概念である。第三部第四章参照）としての私自身を他の身体へと投入することによって、はじめて可能となるとされる。彼の理論によれば、「万人に対する客観的世界」は、このような仕方で構成された相互主観性によって、基礎づけられているというのである[7]。

しかし、我々の見るところでは、実は、彼の相互主観性は、逆に、「万人に対する客観的世界」をすでに予料している。以下、この観点から、彼の議論を検討してみよう。

彼はいう、「私の（モナドの中の）身体は、それ自身に振り返りつつ関係するものとして、中心的なここという様態で与えられる。それに対して、他のあらゆる物体は、従って、他我の身体も、そこという様態において与えられる。……さて、いまや、私の身体は、空間の中で運動する自然的物体として把握されるが、このことは、明らかに次のような可能性、即ち『私は運動感覚を自由に変えることによって、とくに歩きまわることによって、私の位置を変えつつ、あらゆるそこをここに変えることができる。つまり、私はあらゆる空間的場所に身体を置くことができる』という可能性と関連している[8]」と。

もし、フッサールが真に空間の中心的ここに立っていたならば、彼は状況をこのように記述しはしなかったであろう。なぜなら、その場合には、いかなるそこも私の中心的ここに変えられはしないからである。なぜなら、私のいる中心的ここは絶対的であり、それゆえ、何ものにも変更されえないからである[9]。ただ、すべてのそこが近づいて来て、中心的ここに吸収されるか、さもなければ、ここから分かれて、遠ざかってゆくだけであろう。中心的ここことしての私の身体は、歩きまわることはなく、むしろ、私の前にある物体が私に近づいて来るか、或は、遠ざかってゆくだけであろう。ひとびとは、フッサールの中心的ここが、そもそもどこを「歩きまわっている」のかを、よく考えてみるがよい。「歩きまわる」中心的ここは、もはや、歩きまわる場所のいかなる絶対的中心でもありえない。なぜなら、それは、或る不動の平面（空間中の）の上で、同じく不動な多くのそこに対して相対的に位置づけられ、たえず新しいそこと一致しながら、また、たちまち古いここへと変わらざるをえないからである。そうとすれば、このフッサールの身体が歩きまわっている平面、或は空間場所は、中心的ここ[ここ=emphasis]とすべてのそこ[emphasis]との間の差異が平均化された「客観的」世界、従って我と他我との間の差異を相対化する「万人に対する唯一世界」以外の何ものであろうか？

状況記述にかんするフッサールの誤りは重大である。彼はいう、「そこにある他我の身体は、ここにある私の身体と双関的な連合関係を形成するから、また、知覚に与えられて、付加表象の核、即ち、私と共なる自我の私による経験の核となるから、この自我は(あたかも私がそこにいるかのように)、そこという様態においていま共存する自我として必然的に付加表象されねばならない[10]」と。そこで、我々はこういってもよいだろう、彼の相互主観性理論の隠された本質は、自他を対《つい》化する双関的連合、或は、他我の付加表象的把握にあるのではなく、むしろ、いわゆる「モナド」の中心(ここ)をここからそこへと空間的に移動する可能性にこそある、と。双関は、実は、この移動の事実的動機づけに使われているにすぎない。それゆえ、彼はこうもいう、「あらゆる物体の構成には、私が現在のここから見る場合のその物体の現われの体系だけではなく、私がそこに身を移す位置の変更に対応するように完全に規定された、他の現われの体系もまた属している[11]」と。フッサールにおいては、このような脱パースペクティヴ化が、いわゆる「モナド共同体」の形成を経て、ついに唯一客観世界の構成へと向かうのであるが、そのさい、私の身体の空間的移動がきわめて重要な契機をなしていることは、すでに引用されたところからも、明らかであろう。

しかし、我々がさきに見たように、絶対的ここ自身は、決して空間中を移動しえないのである。なぜなら、絶対的ここは、つねにここであって、そこにはなりえないからである。もし、ここがそこへ移動するならば、それはもはや絶対的ではなく、相対的ここにすぎない。移動する相対的ここは、いまや、不動のそこの集合から成る不動の平面上を、移動する一個の相対的な座標原点(視点)となる。「あたかも私が、そこにいるかのように」という想像的移動も、また、すでにこの種の不動の「客観」平面、「絶対平面」を前提にしている。この平面は、真にモナド的な絶対的中心をもたず、むしろ、潜在的な座標原点(視点)とそこから発するパースペクティヴとをすべてのそこの上に平等にもっている点において、つまり、連合志向性の「場」である点において、いわゆる「万人に対する唯一世界」に外ならないのである。

　このようにして、フッサールの相互主観性理論が、予め、そこから発する複数のパースペクティヴが潜在的に、かつ、連合的に支配する、「客観的」世界空間を予料していることが、明らかにされた。このような世界空間こそ、アプリオーリに、その中で万物が単にここからばかりでなく、同時に、そこからも見られているような空間であり、従って、また、表象が付加表象を伴っているような空間に他ならないのである。いいかえれば、フッサールの相互主観理論は、それが自己及び他者の身体とその移動を主題化する以前に、すでに複数の他者の志向性、或は他の超越論的意識の存在を予料している。それゆえ、フッサールの理論的措置の実質的効果は、はじめから機能していた、不特定のそこから発する匿名的かつ潜在的な志向性を、特定のそこにある身体＝物体(ケルパー)の上に事実的に固定することにすぎなかった、といってもよいであろう[12]。そして、実は、この固定化がはじめて、自他の身体間の「双関」(或は、対化《つい》)をもたらすのであって、その逆ではない。すなわち、特定の身体に固定された志向性がすでに不特定多数の志向性を連合的にふくむことによって、実質的には、自他の身体が互いに同一の連合志向性の対象＝発出点となることが、「双関」の成立根拠である。この点は「双関」の相手が、物体であっても本質的には同じである。この意味において、匿名的に機能する連合志向性は、双関やフッサールのいわゆる相互主観性よりも、権利上、はるかに先行しているといわなければならない。

超越論的意識の連合志向性は、それが空間的地平という唯一の超越論的図式によって手引きされる限りにおいて可能であると、私はさきに述べた。この図式は、決して私の意識の内容ではない。むしろ、私の意識はこの空間図式への参与者であり、他の意識もまた、共に、それに参与している。近代哲学は、デカルトがこの図式を無限空間として発見するとともに始まったが、しかし、彼は、その本質を把握することに失敗した。なぜなら、意識は、私の主観的自我の側に固定され、空間は単なる延長的客観の側へと追いやられたからである。これに対して、カントは、逆に、空間を先験的直観形式とみなすことにより、それを主観化してしまった。フッサールの方法の中心としての、客観的世界の現象学的還元は、もし、正しく理解されるならば、空間を単なる客観性からも、主観性からも、解放したことを意味している。連合志向性の超越論的図式としてのいわゆる「客観」空間は、実は、単なる主観性でもなければ、単なる客観性でもない。それは、万人共通な世界時間と同様、主観性と客観性、パースペクティヴと物体的延長性とが出会う場所である。万物は、私のパースペクティヴの中に確固たる地平構造をもって現れるが、しかし、この事実そのものが、直ちに、私以外の匿名的志向性の存在と協力を指示しているのである[13]。

さらに付け加えれば、「空間的図式」と「連合志向性」との間のこの関係は、一種のアナロジーによって、超越論的な思惟の図式としての「理性的範疇」と、超越論（先験）的統覚（それはもはや自我ではないが）としての「共同＝志向性」（概念的思惟）との間の関係を、我々に暗示しているように思われる。しかし、空間を図式とする超越論的知覚意識は、理性の前段階であって、いまだ、理性そのものではないことは、いうまでもない。

いずれにせよ、我々にとっては、こうして、一切の対象を構成する超越論的意識を、単に事実上の独我論からばかりでなく、権利上のそれからも解放することが必要だったのである。

(1) Vgl. Cartesianische Meditationen und Pariser Vorträge, Husserliana I 121f. ［略号 CM］
(2) CM 121
(3) Vgl. Theunissen, Der Andere (Berlin 1965) 51f.
(4) op. cit. 94f.
但し、我々は自然的態度を構成する我が、vorweltlich であるという Theunissen の考えには賛成できない。これは、彼が我々と違って、超越論的意識の連合主観性を認めず、自他の相関をもっぱら自己投入に依存せしめることと関連している。
(5) CM 139
(6) ibid.
(6a) 無限等質空間といっても、単なる点（そこ）の集合ではなく、視点（そこ＝ここ）の集合である。どこにでも、視点をおきうるという意味で、等質的なのである。
(7) CM 149ff.
(8) CM 145f.
(9) 第一部第三章参照。
(10) CM 148
(11) CM 146
(12) Cf. Sartre, L'être et le néant 336ff.
(13) 本章では、時間の問題は省略されている。しかし、超越論的意識がアプリオーリに連合主観的であるとすれば、もはや、純粋な内的時間なるものは、成立しえないことになろう。

第二章　現象学と実存哲学の接点
――世界地平と想像力――

連合しつつ、一切を対象的に定立する超越論的意識とモナド的な想像力的意志との関係を、ここでは、超越論的現象学と実存哲学の接点という方向から考えてみよう。

「現象学」や「実存哲学」という名称につきまとう曖昧さをできるだけとりのぞくために、われわれは、われわれの主題が、フッサール自身の「現象学」とそこからいわば歴史的＝方法論的に「派生」してきた（前期の）ハイデガー、サルトルおよびメルロー・ポンティらの（広義における）「実存哲学」とのあいだの関係であることを明確にしておく必要があろう。しかも、これら両者のあいだの歴史的・事実的な関係については、他の機会にゆずって、ここでは、むしろ、両者の方法論的・内容的な関係に焦点をしぼりたいと思う。いいかえれば、『イデーエン』から『危機書』にいたるまで、一貫して形相的な「純粋本質学」であることを目ざしているフッサールの「現象学」から、なにゆえに、また、いかにして、形相的カテゴリー一般に代わって、質料的個別的な「実存カテゴリー」を採用する「実存の学」が派生してきたのか――、あるいはまた、現象学的還元によって世界存在の総定立を停止する「現象学」から、なにゆえに、また、いかにして、現象学的「存在論」が生まれたのか――、あるいはまた、晩年のフッサールの思索が到達したという「生活世界」は、実存の次元とどう異なるのか、これらがわれわれの主要な問題なのである。

これらの問題をとりあつかうことは、周知のように、フッサールの思想が年とともに経験したいちじるしい変化のために、一層困難となっている。しかし、われわれは、そこに単なる一つの思想の変遷史を見るよりは、むしろ、ある種の内的必然性によってみちびかれ、つき動かされた、終局目標への不断の接近運動を見たいと思う。もっとも、そのためにわれわれはある程度フッサール自身の発言の枠をこえて解釈するという冒険をおかさなければならないのであるが——。同様に、「実存哲学者」たちに対しても、われわれは彼らが自らの「世界内存在」についての見解を一層深化することを要求するであろう。そうすることによってのみ、われわれは「現象学」と「実存哲学」との真実の「接点」を見出しうると信ずるからである。そして、従来蔽われてきたこの接点を白日の下にさらすことによって、はじめて、われわれはこれまで(広義の)「現象学」一般につきまとってきた、あのいとわしい多義性を拭い去る手がかりをつかむことができると思うのである。

したがって、以下、われわれはフッサールの「現象学」をある一個の自明なものとして議論をはじめるのではなく、まず、それを導き、つき動かしてきた「内的必然性」とは何か、また、フッサール自身の意図をある意味では超えて、それが不断に接近していった終局目標とは何か、を論ずるために、若干のスペースをさかねばならない。

1　フッサール現象学の自己展開

(1)　フッサールのデカルト主義

フッサールは、最後の著書『危機』の中で、約二〇年前『イデーエンⅠ』で述べられた「超越論的還元」への道を「デカルト的道」とよび、それが大きな欠陥をもっており、それゆえ、新しい道へと変更されねばならないと述べている。また、フッサールの弟子ラントグレーベは、その論文「デカルト主義からのフッサールの訣別」(1963)の中で、いわゆる「厳密な学」としての「純粋意識の現象学」というイデーエン以来の路線が、一九二三―二四年の冬学期に行なわれた「第一哲学」の講義(のちにフッセリアーナ第八巻に収める)から大きく転換しはじめたことを伝えている。では、このフッサールのデカルト主義、あるいはデカルト的道とは何か、また、それはなにゆえ、どこへ向かって転換されねばならなかったのか、このいわば周知の問題について、われわれの主題に関連する限り、追求してみよう。

『イデーエンI』におけるフッサールの立場が、デカルトの強い影響力のもとにあることは明白である。たとえば、「自然的見方の総定立、つまり、定在する世界」への判断中止は、終始、デカルトの「懐疑の試み」と比較して考えられている。「潜在的で明白ではない定立についても、われわれは明白な判断定立と全く同様にとりあつかうことができる。このような、つねに可能なとりあつかいの一つは、たとえば、デカルトが全く別の目的で、つまり、絶対的に疑いえぬ存在領域を引き出そうとして遂行を企てたところの、普遍的な懐疑の試みである。われわれもそのあとを引き継ぐ。しかし、この普遍的な懐疑の試みは、それを通して明白にされうべき若干の点を取り出すための方法的補助手段としてのみ、用いられるべきことを、直ちに強調したい[1]」。「懐疑の試みにおいては、……『排去』は反定立変様の中で、また、それと共に、つまり非存在の『想定』と共に遂行される。この想定はしたがって懐疑の試みの土台の一つを形成する。デカルトにおいては、この想定は非常に優越的であるので、彼の普遍的な懐疑の試みは本来普遍的否定の試みであるとさえいいうる。このことに今はふれない。懐疑の試みの各々の分析的成素はわれわれの関心事ではないからである。……われわれは『カッコ入れ』または『排去』という現象のみをつかみ出す。これらの現象は懐疑の試みという現象からとくに容易に引き出すことができるとはいえ、明らかに、それと結びついているのではなく、むしろ、他の現象とからみあってでも、また同じく単独にでも出現しうるのである。われわれは、いかなる定立にかんしても、全き自由をもって、この独自のエポケーを行なうことができる」[2]。「かくて我々は、デカルトの普遍的な懐疑の試みの代わりに、新しき意味における普遍的エポケーを登場せしめうるであろう」[3]。これは、すべての時空的定在者の存在と存在様態に関する判断遂行を封じこめるところの現象学的エポケーである。

こうして、われわれは、フッサールの現象学的エポケーが懐疑と少なくも若干の成素を共有すること、但し、後者のもつ反定立的傾向を排除することを知りうるのである。しかしながら、懐疑というものを、フッサールがのちに『経験と判断』の中で語っているように、私が二つの信念傾向の間でいずれとも決断しえぬままに浮動している状態と考えるならば、定在する世界について存在か非存在かの判断を保留する現象学的エポケーも、広義における懐疑の一種と見なしえぬことはないであろう。デカルトの場合においてすら、懐疑が世界の非存在の想定をふくむことは、必ずしも本質的ではない。なぜなら、それは「悪意の霊」というものを外から導入することによってはじめて生じた事態なのであって、本来、デカルトにとっては、丸い塔と四角い塔、夢の世界と現実の世界の間を、決断しえずに浮動しているという事態にこそ、懐疑の核心があったからである。のちに徐々に明らかになるであろうように、この懐疑の中の「浮動」を通してなお世界に注目しつづけること、世界から目をそらさぬことが重要なのである。しかし、デカルトも、またデカルト的道を歩もうとするフッサールも、ここで目を世界から転じてしまう。いわゆる「主観への方向転換[4]」が生ずるのである。そしてデカルトは、「とにかく、私が考えている間だけは、私はたしかに存在する」と主張し、フッサールは、「(純粋我を伴う)純粋意識は」世界が存在しようと、しまいと、「『現象学的剰余』として、新しき意味の意識学、すなわち現象学の野となりうる・原理的に独自の存在領域として残留する[5]」と主張する。

だが、フッサールのデカルト主義は、デカルト自身のそれよりも一層ラディカルである。デカルトの「コギト」が「主観への方向転換」を通して文字通り物的世界との連関を喪失し、それを回復するためには「神」の介入を必要としたのに対し、フッサールの「純粋意識」は、一種の「絶対的存在」として、「すべての世界的超越をおのれのうちに蔵し、それをおのれの中において『構成する』[6]」。なぜなら、彼にとって、「意識(体験)と実在的存在とは決して同一の存在種類ではない[7]」からであり、「(意識)内在的存在は、原理的に現存のために何らの『物』をも必要としていないという意味で、疑いもなく絶対的存在である[8]」のに対し、「超越的『物』の世界は全く意識に依存している[9]」偶然的にして相対的な存在だからである。いいかえれば、「世界自身はその全存在を或る『意味』としてもっており、その意味は意味付与の野としての絶対的意識を前提としている[10]」からである。かかる「存在」の意味化によって、世界から何ものも控除されはしない。それは「ちょうど四角形という幾何学上の存在から、円くあるという事を否認しても、それによって何ものも控除されないのと同様である[11]」。さらに「時空間的世界は、……意識が定立する存在であり、調和的に動機づけられた経験多様性の中の同一者としてのみ原理的に直観し、規定しうるものである。それを超えれば世界は無である[12]」ともいわれている。

一方において、「意識と実在との間には、意味において真の深淵が口を開いている[13]」としつつ、他方において、優位に立つ意識の側に実在的世界を全面的に依存させようとするフッサールの試みの中に、われわれは徹底されたデカルト主義としての超越論的観念論の姿を見うるであろう。

では、何が後期のフッサールにおいて、右のようなデカルト主義からの転換をやむなからしめたのか？　先にもふれたように、『危機』の中で、彼は次のようにいっている、「私が『イデーエン』の中でのべた超越論的エポケーに至るはるかな近道、私が『デカルト的』となづけた道(すなわち、『省察』の中のデカルト的エポケーへの思慮深い沈潜とそれをデカルトの先入見や混乱から批判的に浄化することだけで獲得されると考えていた道)は、次のような大きな欠陥をもっている。たしかに、その道は一足とびに超越論的自我へとつれてゆくが、すべての先立つ解明に欠けているので、この自我を見かけ上の空虚な姿で明るみに出し、この空虚さの中で人々はさしあたり何が得られるのか、いかにしてそこから新しい・哲学にとって決定的な・全く新奇な基礎学がえられるのか、見当もつかなかったのである」[14]。この意識的自我の「見かけ上の空虚さ」とは何か? 『危機書』からの右の引用個所の少し前を見るとこうある。エポケーによる「解放とともに……与えられるのは、世界自身と世界意識との、それ自体として絶対的に完結せる、また、絶対的に独立な普遍的関連の発見である」[15]。ここでは、エポケーによって生じた意識はもはや純粋意識ではなく、世界意識とよばれ、意識の自己完結性の代わりに、意識と世界との「関連」の完結性が強調されている点が注目される。さらに遡ってみれば『第一哲学』においてフッサールは、はじめて、「デカルト的道」に代わる「現象学的還元の新しき第二の道」について言及しつつ、こういっている。「私の生を概観するとは、それと切りはなしえぬ相関において、世界を概観するということである」[16]。「私の全体的生への反省は、体験的に生のなかで意識された諸対象や、実在的・理念的諸世界ぬきの、単なる生を生み出すのではなく、むしろ、これらを相関者として、共に生み出すのである」[17]。

ラントグレーベも、右の個所に関連してこういっている、ここでは「我ありという『必当然的』明証への還元ののちには、空虚な点的な意識がのこるだけでなく、『我あり、しかも、この世界経験を体験しつつあり』という意識がのこると、まず主張されている」[18]と。それは、個々の対象の知覚体験の流れの中には、「生き生きとした現在」を通して、すでに地平的世界の経験がふくまれているということであり、この分析によってフッサールは、カントが

『純粋理性批判』序文の中で「およそ変易するものとの同時存在によって変化の概念を生みだすところの、時間内存続者をいかに考えるか、という問題と同様に、いかにして、ということは、ここではこれ以上説明できない[19]」といっている、かの世界意識の次元を、より深くえぐっているとも指摘されている。

これらの証言が一致して示唆していることは、意識に対して世界のもつ比重のいちじるしい増大であり、現象学的エポケーを経た意識の必然的相関者としての世界の発見である。意識はその現存のためにいかなる「物」をも必要としないとするデカルト主義が、いわば「見かけ上の空虚さ」として否定されているのである。

ところで、われわれは、このようなデカルト主義の克服が何らかの外的要因から生じたのではなく、むしろ、デカルト主義自身のもつ一種の内的破綻から生じたものであることを指摘したい。つまり、広義における懐疑としての「現象学的エポケー」のうちに、すでに意識の絶対的自己完結性を否定する要素がふくまれていることを指摘しなければならない。

まずフッサールのデカルト主義がどこで内部的に破綻したかを考えてみよう。フッサールによれば「意識は、……それ自身で完結した一つの連関、すなわち意識の流れの連関をなしている[20]」。「知覚そのものは、意識のたえざる流動のうちにあり、また、それ自身ひとつのたえざる流動である。すなわち、『知覚の今』は間断なく変じて『たった今過ぎ去ったもの』についての意識となり、同時にまた新しき『今』がひらめき出し、これをくりかえす[21]」。このような意識的体験流の純粋我による統一形式が現象学的時間である。フッサールによれば「反省的把握が私の体験に向かうとき、私は或る絶対的自己を把握している。この自己の現存は原理的に否定しえない。つまり、それが存在せぬという洞察は原理的に不可能である。このようにして与えられた体験が実は存在せぬということも可能であると見なすのは一つの背理であろう[22]」。これが彼におけるいわゆる必当然的な「我あり」の明証性なのであるが、彼はこの私の統一する体験流を「流れつつある生命」ともよんでいる。フッサールは、超越的な『物』のもつ空間性と意識的生命のもつ時間性とを、いわば形而上学的に対照させることによって、意識が「流れる」ことをあたかも自明のことのように考えている。しかし、実は、この点にカントの観念論々駁ともかかわる一つの問題がひそんでいる。すなわち、時間において「流れるもの」は、つねに「流れぬもの」、つまり時間内存続者との対比においてはじめて流れることができるのであって、後者なくしては、流れるということ自体が成立しないのである（例えば、河流は動かぬ河岸、或は河底に対してのみ、流れるであろう）。

ところが、意識流を反省しつつ、これに時間的形式を与える純粋我は、フッサールもみとめるように「体験流の中では決して出会われない」のであるから、時間内存続者でありえない。かくて、意識的体験流を一つの「流れ」たらしめている前提が曖昧なものにとどまる限りは、この意識流に絶対的自己完結性をみとめようとするデカルト主義が根底からゆすぶられていることは、誰の目にも明らかであろう。

だが、この破綻はさらに重大な困難につらなっている。純粋意識の体験流のなかには、単に実的体験のみでなく、志向的体験がふくまれている。すなわち、体験流に内在する実的要素は感覚的ヒュレーとしての材料層と志向的モルフェーとしてのノエシスの層に分けられるが、後者は前者の多様性に「生命をふきこみ」つつ、意味付与によって統一し、意識の非実的要素としての意味対象（ノエマ）を自らの志向的相関者として構成する。このノエシスによって構成されるノエマ的意味は、中心に「核」をもち、その周囲にその核を性格づける意味の諸層をもつ。ところで、これら全志向作用の主体である純粋我の「まなざし」は、ノエシスを貫通し、さらにノエマを貫通しつつ、「思念された対象X」に向かっている。「各々のノエマは、『内容』すなわち自分の『意味』をもっていて、それを通して『自分の』対象へと関係する」[23]。われわれの問題は、まさに、この対象Xにかかわっている。フッサールはいう、この対象Xは「諸述語の結合点、或は『所持者』であるが、しかし、……『諸述語の統一』では決してない。……諸述語はそれなくしては考えられず、しかもそれからは区別されうる[24]」と。また、「志向的客観(X)は意識の連続的・綜合定立的進行においてつねに意識されている[25]」と。それゆえ、このXは、純粋我がノエシスを通して、流動するヒュレー的材料をノエマ的意味へと志向的に構成するさいの目標、ないし「超越論的手引き[26]」と考えることができるであろう。諸述語、つまりノエマのもつ諸性格は、主語としてのXなしには考えられないのである。しかしながら同時に、「同一的な志向対象は、変化交代する諸述語から明白に区別される。それは、中心的なノエマ的契機として、『すべての述語を捨象した純粋なX』として区別される[27]」。そして「対象的意味(X)は、ノエマの全体における具体的本質ではなく、それに住まう抽象的形式の一種である[28]」。つまり、Xは可能的・現実的な一切の諸述語からの抽象によってはじめて我に獲得されるということになろう。いいかえれば、エポケーを経た純粋我にとっては、Xは、ヒュレー的多様(射映)の流れを通してノエマ構成へと向かう視線の手引きとして、構成の前に発見されることが必要なのであるが、そのXは、実は、これから構成されるべきノエマ的諸性格から抽象された中心点に外ならないというのである。それゆえ、われわれは、構成に先立って必要なXが、構成の終わったのちでなければ発見されないという根本的困難に直面するのである。これは、すべての対象をヒュレー的射映面からノエシス的能動性によって構成しようとするデカルト主義の破綻でなくして何であろうか？

この困難を克服するのは、対象Xが、構成に先立って、何らかの形で、ヒュレーを伴って、すでに世界地平の内に予め与えられていると考えるほかないのであるが、この問題についてはのちにふれるであろう。

(2)　デカルト主義の克服

われわれはフッサール中期のデカルト主義がなにゆえに破綻しなければならなかったか、をその二つの内的要因において見てきた。さきに述べたように、この時期の現象学的エポケーにおいては、「主観への方向転換」とともに、意識の絶対化がはじまったのであった。しかし、いまやこの絶対化が明瞭に破綻した以上、現象学的エポケーへの「新しい道」が見出されなければならない。それは、もはや「主観への方向転換」ではなく、世界の存在と非存在についての一切の判断を保留しつつ、なお、世界から目を転ずることなく、それを凝視しつづけることであろう。フッサールが『第一哲学』後半で示唆したのは、この道であったと思われる。すでにデカルトにおいても、『真理の探求』によれば、「私が疑っていることだけは、疑えない」とされた。懐疑の只中においてこそ、実は不可疑なものが示されるというのが、哲学的エポケーの真理ではなかったか。ただ、デカルトにおいては、その不可疑性は、ひるがえって自我にのみ帰せられた。しかし、疑いつつ、われわれが存在、非存在の判断の彼方に立って自然的世界を見るとき、不可疑なものは自我のみではない。その自我と相即不離なものとして、新しい「世界」がやはり不可疑なものとして、向こうから迫ってくるのである。この「世界」は、もはや自然的世界ではない。なぜなら、われわれはすでに「物」に対する一切の直線的措定(定立)を留保しているからである。とはいえ、また、それは自我によって志向的に構成されたノエマ的意味の次元でもない。なぜなら、この「世界」は自我の能動性によって構成、定立されたものではなく、むしろ、自我が全く受動的に受けとるものだからである。自我の、この「世界」に対する態度は、前定立的・受動的・原＝信憑とでもよぶべきであろう。ふつう、(フッサールにおいても)信憑には、つねに懐疑の可能性が伴っているとされる。しかし、懐疑を通してはじめて発見されたこの信憑(原＝信憑)は原理的に不可疑であり、必当然的である。なぜなら、それは存在と非存在とを媒介するものとして、懐疑そのものを成立させる根拠だからである。世界に関するすべての存在定立への懐疑を通して、われわれは前定立的な自我と同じく、前定立的な「世界」の不可疑的必当然性を発見するのである。定立された自然的世界をカッコに入れることは、ただちに内在的な意識流の次元にかえることではない。意識流が「流れる」ためには、その前提として或る流れぬ「時間内持続者」の直観が必要であり、それがこの非(前)定立的に受容された「世界」にほかならないのである。超越的な自然的世界と内在的・実的な意識流とは、この一つの「世界」の中から反省とともに、客観および主観として互いに分裂しつつ出現するのである。一切の定立的信憑はこれを疑うことができる。しかし、この「懐疑」自身は、ある不可疑的な「原信憑」の上に成立している。そして後者の中には、自我への原信憑と前定立的「世界」へのそれとが、全き相関のうちに含まれている。デカルト主義の誤りは、前者のみを認め、後者を全く見落とした点にあるのである。

ここでとくに注意すべきことは、この前定立的・受動的「世界」が、フッサールのいわゆるドクサ的次元、つまり、定立的信憑の対象ではないということである。それは、あくまで「前」定立的性格をもっており、普通の意味における(定立的な)「存在」、「非存在」の区別を超えている。ハイデガー的にいえば、それは「(定立された)存在者の総体」ではなく、むしろ、一種の「無」としての「存在」である。あるいは、歴史的にそもそも「実存」という存在範疇を成立せしめた新しい地平的「存在」つまり、「可能存在融合体」であるともいえよう。

われわれは右のような「世界」に対するフッサールの表現を『経験と判断』の中に見出すことができる。「すべての認識活動が始まるまえに、とうに対象はわれわれに対して存在し、端的な確信において予め与えられている[29]」。「その対象は、……認識行為の一貫した核となるのである[30]」。このような予め与えられつつわれわれを触発する対象(X)は、環境世界の中からわれわれに向かって立ち現れてくる。「環境は、予め与えられた、受動的に予め与えられた領域として、つまり、いかなる協力も、把握するまなざしの志向も、いかなる関心の喚起もなしに、すでにつねにそこにあるという仕方で、予め対象とともにそこにある。すべての認識活動、個々の対象へのすべての把握的視向は、この受動的に予め与えられた領域を前提としている[31]」。「我々はまたこういうことができる、すべての認識活動に先立って、そのつど、一つの世界が普遍的基盤として存在すると[32]」。「世界信憑のこの普遍的基盤は、生活上の実践と、認識上の理論的実践とを問わず、すべての実践が前提するものである。全体としての世界の存在は自明のことであり、決して疑われていない。……世界意識は信憑的確信という態度における意識であり、生活関連の中に固有に登場する、存在定立の行為、定在的把握の行為、あるいは述語的実在判断の行為によって獲得されたものではない。これらすべてがすでに信憑的確信としての世界意識を前提としている[33]」。

だが、果してフッサールは、この「世界」を十分にとらえているといえるであろうか？　たしかにこの「世界」の「前定立性」、「不可疑的信憑性」、「受動性」などについて、フッサールは一応正しい認識に到達している。しかし、彼はこの「前定立性」という性格のもつ意味と射程について、ついに本来の洞察に達しえなかったように思われる。その結果、彼はこの「世界」の必然的相関者である「前定立的自我」（実存）を主題的に発見するにいたらなかったのである。そして、再び「超越論的主観性」という観念的領域への後退がはじまるのである。

彼が「世界」の「前定立性」の本来の意味を認めえなかったことは、この「世界」を「生活世界」（生の世界）、つまり、相互主観的な日常的実践の「場」そのものと同一視していることにも示されている。しかし、元来、この「世界」は彼も認めていたように「あらゆる実践の前提、或は、普遍的基盤」であるはずであった。つまり、「前定立的世界」は「生活世界」の前提であり、基盤でなければならないのである。

もし、このように「前定立的世界」への還元を「生活世界」へのそれと混同するならば、自我は現象学的エポケーを通して必然的に再びキネステーゼ的諸定立の渦の中へまきこまれることになる。そこでフッサールは、（『第一哲学』においても、『危機』においても）エポケーの第二段階として、「超越論的主観性への還元」を主張し、あらためて自然的世界に関する全定立への関与を保留せざるをえないのである。しかし、その結果、「生活世界」は再び、この意識的主観性のみによって意味付与的に構成されるべき志向的対象となる。デカルト主義への後退はもはや否定することができないのである。

フッサールが、もし、現象的エポケーの本質である「自然的世界にかんする総定立の保留」の遂行に終始忠実であったなら、彼は「前定立世界」と「生活世界」との混同を免れたであろうし、また、「前定立的自我」（実存）の主題的発見によって、「超越論的主観性」の尚早な介入を無用のものとしえたであろう。けだし、「前定立自我」は、「世界」との必然的連関の中で身体内在的に機能しつつ、来たるべき超越論的主観性の定立作用を準備するからである。彼が最後に遭遇した「人間主観性のパラドックス」、つまり、「我は世界に対する主観であって、同時に世界における客観である」というパラドックス[34]は、「世界内存在」としての「前定立的自我」の立場からすれば、単なる「仮象のパラドックス」にすぎない。

（3）　前定立的世界と実存

われわれは、すでに、フッサールが「前定立的世界」に実際上到達していながら、その本質を十分に把握しえなかったこと、その結果、この「世界」の中心に「住まう」ところの「前定立的自我」を見出しえず、かつ、デカルト主義を完全に克服しえなかったことを見たのであった。この「前定立的自我」は、われわれがいわゆる「実存」の中核と見なすものであるから、フッサールの現象学と実存哲学一般との接点、あるいは分岐点は、「前定立的」次元にこそあるということがいえるのである。そこでこの次元について、もう少し詳しく考察してみよう。

フッサールの『経験と判断』の第一章「前述語的（受容的）経験」は、「前定立的世界」についても、すぐれた洞察をふくんでいる（もっとも、彼のいう前述語的領域の中には、前定立的次元だけでなく、種々の定立作用までがふくまれていることに注意する必要がある）。まず、「自我の働きがまだ何らかの意味付与的作業を及ぼす以前のあるがままの〈感覚〉野をとりだすと、それはまだ本来の意味での対象性の野ではない[35]」。「しかし、この野は、単なるカオス、単なる所与の混乱ではなく、一定の構造、濃淡および分節された区別をもつ野である[36]」。この感覚野を支配するのは、連想の法則である。「感覚野の統一は、連想的融合による統一であり、その秩序と分節、その中における集合や合同の形成はすべて連想作用によって生み出される[37]」。われわれの知覚的把握がさしむけられるところの、受動的に予め与えられた「知覚野」は、「感覚野」（視覚野、聴覚野など）の綜合と協同によって形成される一層複雑な構造をもっている。連想作用による受動的綜合は、実際、前定立的経験の全域を貫いて働いているのである。

このような「知覚野」からわれわれの自我は、いろいろな形で「触発」され、自我がそれに応ずると、自発的な「視向」がはじまり、おのずから視向対象への「関心」が生ずる。自我の関心はこの視向対象をさまざまな側面と距離から、さまざまな「現象の仕方」の中でとらえようとする。フッサールは、この「現象の仕方」を「像」とよんでいる。「外的知覚のあらゆる対象は『像』の中であたえられ、像から像への綜合的な移行のうちで構成される[38]」。そして対象の各々の像には一定の身体的運動感覚が対応し、その活動的主観的進行とともに、「像」がつぎつぎとあらわれてくるという。われわれがあくまで「前定立的次元」にとどまる限り、ただちに右のような形での対象の構成には関与しないが、フッサールが初期のヒュレー的「射映面」に相当するものに対して、ここで「像」という語を用いていることに注目したい。これは「もちろん写像という概念とは何の関係もない。そこで考えられるのは、まさに事象の見られ方、展示され方なのである[39]」。

さて、われわれはさきに、「前定立的世界」が、「存在」、「非存在」の定立の彼方にあることを主張した。もし、これらの定立に少しでも関わるならば、この「世界」はもはや不可疑的ではありえないであろう。

この「不可疑性」の性格に関連して、われわれは、『イデーエンⅠ』の中で提示された「中和性変様」の概念をとりあげてみたい。これは、ノエマ的対象のもつ存在定立的性格の諸様相（単にある、可能的にある、蓋然的にある、疑問的にある、ない、……）に対する普遍的な変様であって、これらの様相を「カッコ」に入れ、「中和化」する。中和化された定立は、その妥当性を失って、「あたかも……」という形をとる。このカッコ入れは現象学的エポケーのカッコ入れときわめて近いものとされている。ところで、想像作用（ファンタジーレン）は、「定立的」現前化の、つまり最広義における想起の「中和性変様」である。これに対し、正常な知覚の中和性変様は、たとえばわれわれがデューラーの銅版画「騎士と死と悪魔」を眺めつつ、これをある「模写された実在」（血肉をもった騎士など）の「像」として美的に鑑賞する場合に生ずる。このとき、「像」としての対象は、画帖の中の物質的紙片でもなく、白紙の上の黒い小図形でもなく、「あたかも存在するかのように」われわれの眼前にうかぶ中和化された知覚対象である。それは「存在としてでもなく、非存在としてでもなく、何らかの他の定立様相においてでもなく、われわれの前にある[40]」。

それゆえ、われわれは、『イデーエン』において、少なくも、二種類の「像」をもつのであって、一つは「想起」の中和化から生ずる再生的な「ファンタジー」であり、他は肖像画におけるような「中和化された知覚」である。後者はサルトルによって「アナロゴン」（知覚等価者）と呼ばれている[41]。

さて、ここにおいて、われわれは、①すべての定立的な「存在と非存在」の区別をこえて、その彼方に成立する

「像」の次元という点において、また、②それ自身の「非存在」の可能性を本質的に排除する必当然的次元という点において、前定立的受動世界の「前定立性」と想起や知覚の「中和化された定立性」とが基本的に一致することを見出すのである。いいかえれば、前定立的世界は、最も拡大された意味における「構想力」（想像力）的次元であるということになろう。こうして、従来は、まったく現象学的に別の次元と考えられていた世界地平と想像力という二つの次元が、実は、本質的に同じ一つの次元（像＝可能存在の次元）であることが、発見されたのである。[41a] もちろん、この「像」の中には、「ファンタジー」ばかりでなく、中和化された「知覚」もふくまれていることを忘れてはならない。そして、われわれは一般に、ファンタジーとしての「像」に対しても、（知覚物の）アナロゴンとしての「像」に対しても、その独自の「中和化的存在」そのものに対しては、いささかも「疑い」をいだきえぬことに気付くのである。実際、予め与えられた、不可疑的な前定立的世界の中から、われわれを視向へと「触発」するものは、いまだただちに「対象」ではない。むしろ、それは背景としての「世界」にはめこまれている（或る対象Xの）「前面」であり、Xのアナロゴンとしての「像」である。比喩的にいえば、それはすでに対象Xを指標的に指示しつつある「骨相」（具象的類型）である。この骨相は活発な連想作用をよびおこしつつ、すでに自我にある予備的な心構えを与えている。このXへの心構えが、それ以後の超越論的自我による構成作用（定立）を一貫して導いてゆく。この構成作用は、「像」に対して「内的地平」を開明してゆくとともに、他の「像」との間の「外的地平」を展開してゆくであろう。この作用はすでに純然たる「定立作用」であり、モナド的な「前定立的世界」の地平を超えている。それは、いわばなお独我論的な「前定立的自我」に対する一種の「反省」作用であるともいいうる。この定立的反省作用によって、すでに超越論的自我は、他の自我との相互主観的関係に入りつつあるのである（第三部第一章参照）。

さて、「像」が内的・外的地平を相互主観的（連合志向的）に付与されつつ、対象として定立されてゆくにさいして、その「骨相」的存在は「基体」としてつねにその対象の「核」にとどまりつづけるであろう。そして、基体のもつこの前定立的存在は超越論的自我による存在定立作業の指標として機能し、最終的には、定立的存在とともに、対象の存在を二重に（両義的に）構成するであろう。実際、前定立的・身体的自我のもつ前定立的存在と、対象のもつそれとの絶対的連関なくしては、自我のもつ持続的な把握作用（Noch-im-Griff-behalten）や対象のもつキネステーゼ的性格（道具的性格をふくむ）を説明することはできないのである。このようにして、デカルト主義のもたらした、対象Xに関する困難は、ようやく、乗り超えられつつあるといえるであろう。

2　実存哲学とよばれる現象学的存在論の再検討

ここでわれわれは本章の最初の意図に則って、右に到達した結論をふまえつつ、ふつう「実存哲学」とよばれている現象学的存在論の検討にうつりたいと思う。すでに述べたように、われわれは、フッサール現象学が不断に接近していった窮極地点を「前定立的世界」において見出すのであるが、この世界こそは同時に「フッサール現象学」と「実存哲学」との接点であり、また分岐点であるということができるであろう。実際、ハイデガー、サルトル、メルロー・ポンティに共通な基本概念である「世界内存在」は、右の「前定立的世界」およびその相関者「前定立的自我」をはなれては、決して根本的に理解されえないであろう。しかし、フッサールにおいて、これら二基体の中、「前定立的世界」のみが受動的所与として主題化され、「前定立的自我」は単に前面に現れないばかりでなく、ほとんど見落されているとさえいえるのに対して、これら実存哲学者たちは、むしろ、「前定立的自我」をこそ主題化し、「前定立的世界」はいちじるしく局限された姿を示しているにすぎないといえるのである。

(1)　ハイデガー

フッサールにおける思想の自己運動によって考察に困難を感じたわれわれは、ハイデガーにおいても再び、思想の変遷の著しさとその未完結性によって、苦しめられる。ここでは、いわゆる「転回」の問題にはふれえないし、対象を『存在と時間』(1927)から『カント書』(1929)にいたる間のハイデガーに限定するであろう。しかし、それでもなお、困難はつきない。たとえば、終始、彼の中心課題たる「存在」という概念については、どこにも明確な述定が見出されるはずはない。もし、定義しようとすれば、必然的に「…である」という「存在」を使わざるをえないからである。しかし、彼がくりかえし主張する「存在論的区別」、すなわち「存在」と「存在者」との区別は、われわれの考察に何らかの手がかりを与えないであろうか?

彼が「存在者」とよぶものは、明らかに「定立されたもの」(「定立されうるもの」をふくむ)である。しかし、この「定立されたもの」と存在的(志向的)にかかわることは、すでに予めの前存在論的な存在了解なしには成立しないといわれている。この「存在者の存在」を「それがそれ自身から自己を示すままに、それ自身から見えしめる[42]」ことがハイデガーにとっての「現象学」的方法なのである。もはや意識の能動性によって意味付与的に対象を構成するのではなく、ひたすら「受動的に」存在の現出を受けいれようとするハイデガーの態度は、われわれに、後期フッサールにおける「前定立的世界」の受容を思いおこさせるであろう。

しかし、ハイデガーにとって、「存在への問い」が最も具体的かつ尖鋭な形をとってあらわれるのは、周知のように、人間という存在者においてなのである。なぜなら、ハイデガーによって「現存在」とよばれるこの存在者においては、「その存在において存在自身へとかかわることが問題だ[43]」からである。つまり、現存在としての我は、つねに自己の固有な可能性としての存在にかかわっている。「現存在の本質はその実存の中にある[44]」。すなわち、実存とは、現存在がつねに「自己に先立って……」ある、その脱自的なあり方である。

いっぽう、この現存在は、本質的に「世界内存在」という存在体制をもっている。この「世界」は、単なる存在者（定立されたもの）の総和ではなく、むしろ、存在者全体の存在の「状態」（如何に）であり、また、現存在の「超越」の目標でもある。「『現存在が超越する』とは、それがその存在の本質上、世界建設（世界想像）的であり、しかも、次のように多義的にそうであることを意味する。すなわち、現存在は世界を生ぜしめ、世界とともに自らに一つの根源的な眺望（像）を与える。この眺望はそれ自身としては把握されぬが、しかもまさに先行＝像（Vor=bild）としてすべてのあらわな存在者に対して機能する」[45]。この眺望（先行像）は、プラトンの「善のイデア」にたとえられている。さらに、「時間性は、時熟の脱自―地平的統一として、超越の可能性の制約であり、従って、また、超越に基づけられた志向性の可能性の制約である」[46]ともいわれている。つまり、すべての定立作用の根源である志向性は、現存在の超越によってはじめて可能になるというのである。それゆえ、世界内存在としての現存在は、すべての定立作用に先立ちつつ、それを根拠づける存在として、まさに「前定立的自我」とよぶにふさわしいということができよう。

さらに、超越において、現存在によって超出されるものは、存在者であり、それらは単なる寄せあつめではなく、「たとえ個々にどのように規定され、分節されていようと、予め全体において超出されている」[47]。超出されることによって、存在者は全体として意味づけられ、「世界は世界する」[48]のである。「存在者のただなかにあり、かつ、それらによって取りまかれていても、現存在は実存するものとして、つねにすでに自然を超出している」[49]。すべての定立的存在者を全体として予め超出している現存在は、その意味においても、また、「前定立的自我」の名にふさわしいといえるであろう。

だが、このハイデガーの「前定立的自我」からは、「身体性」の規定がほとんど全く欠如している。「ここで論じるわけにはゆかぬある固有の問題性をそのうちに蔵している身体性[50]」という語などから見ると、彼は故意にこの問題を避けているように見える。しかし、いずれにせよ、「世界内存在の空間性」としてとり上げられている「距りの抹殺」と「方向づけ」という二性格は[51]、現存在の「身体性」と身体運動性をはなれては考えられないものである。それらは、「前定立的自我」と「前定立的世界」(或は対象の基体)との必然的相関性の中に基づけられているからである。

以上の諸点、及び、とくに「現存在でない存在者」がもつとされる合目的現象としての「手許存在性」(道具性)を考慮すれば、ハイデガーの現存在が「前定立的身体存在」(ライプ)としての「自我」に近いものであることは、ほぼ明らかであろう。ここでは、もはや意識は存在に対立するものではなく、現＝存在に帰属する一種の「開け」(明るみ)としてとらえられている。現存在は自らの光で自らを照らすのである。われわれは、そこに想像力を伴った「前定立的身体」(ライプ)のもつ、一種の半透明性を見出しうるであろう。

さて、「前定立的自我」の必然的相関者としての「前定立的世界」の立場から見るとき、「超越としての世界」は、何を意味しているであろうか?

ハイデガーは、現存在の「現」という「開け」が、「情態性」という構造をもつと述べている。「情態性において、現存在はとうにそれ自身に直面してしまっており、知覚的な発見としてではなく、気分的な情感として、自己をとうに見出してしまっている[52]」。そして同時に、「気分はそのつどすでに世界内存在を全体として開示してしまっている[53]」。別のいい方をすれば、「かくかくであるという気分によって、われわれはあまねく浸されつつ、存在者の全体のただなかに感情的にある[54]」。この現存在のあり方を「被投性」という。かつ、「情態性のうちには、実存論的に、世界へと開示しつつ差し向けることがひそんでいて、襲いかかるものは、この世界から出会われるのである[55]」。ちょっと見ると、この情態性(気分)の中に開示されている世界、あるいは存在者の(情態的)全体はただちに「前定立的世界」自身を指しているように思われるであろう。しかし、実はそうではない。「情態性は、世界、共同現存在、及び実存の等根源的開示の根本様式である[56]」といわれているように、さしあたりなお現存在は、他者との相互主観性の中で「定立された存在者」の地平に生きている。たしかに、気分の中で開示される世界、あるいは存在者の(情態的)全体は、おのおのの定立された存在者の「基体」を通じて或る間接的な仕方で私の「前定立的身体我」と結びついており、その限りでのみ、一つの目に見えぬ全体性を形成している。気分とは、いわば自他のモナド的な前定立的自我が、みずからを蔽いかくす客観的定立次元のうえに投じた「影」(付加表象)であり、それはキネステーゼ的相関を通じて相互に伝染するのである。

通俗的に気分とよばれるものの中には、たしかに、このような日常共同存在に固有な「相互移入的情態」がふくまれているであろう。しかし、我々の考える前定立的世界は、本来、唯一の前定立的自我(実存)のみを中心的原点としてもっている。自我と世界との間の相関性の必然的性格は、他我の介入を許さないからである。それゆえ、気分的開示性としての情態性は、いまだただちに、「前定立的世界」への開示性ではない。むしろ、ハイデガーにおいては、ただ「不安」という「際立った根本情態性」のみが、「前定立的世界」への通路となっているのである。「不安の対象はいかなる世界内部的な存在者でもない。……不安は、自分がそれに対して不安であるものが何であるかを知らない[57]」。そして、これらの「無」(ない)を通して、彼は「不安の対象は——無のなかへ沈み行く——世界そのものである[58]」と解釈する。我々がこの世界を我々の前定立的世界とむすびつける根拠の第一は、「不安は現存在を単独化し、『単独自己』として、開示する[59]」という彼の指摘であり、第二は、「不安は現存在を、何ものかへ向かっての自由に、つまり、はじめからその存在のもつ可能性であるところの、本来性に直面させる」[60]という指摘である。第二点は、現存在の「超越(投企)への自由」を意味している。

現存在の単独化とならんで、なにゆえ「超越への自由」が「前定立的世界」と結びつくのであろうか？　それは、さきに述べたこの世界のもつ「想像力」的性格と関連している。ハイデガーによれば、現存在の超越の目標としての世界は、二重の意味をもっている。その第一は、あらゆる投企的意味づけの源泉としての、現存在の本来的可能性(目的)であり、すべての存在者に対する「先行像」ともよばれている。第二は、この「源泉」によって意味的に規定される存在者全体の「状態」(いかに)である。われわれはこれら二つの意味を、トイニッセンにならって[61]、フッサールの志向的ノエマの核がもつ「対象」(X)と「内容」(規定の「いかに」における対象)になぞらえて、あるいは、われわれの立場における、定立された対象の「基体」と「内的地平」とになぞらえて理解することができるであろう。ちょうど、対象Xが述語的内容の総計ではなく、また、対象の「基体」がいかにしても内的地平として定立されえないように、先行像としての世界と外的地平としての世界とは、不可分に関連しつつ、しかも本質的に区別されているのである。

この、「先行像」としての世界を通してこそ、「超越への自由」は、「前定立的世界」と結びついている。われわれはすでに「前定立的世界」がすぐれて「像」の次元であり、その「像」の中には、中和化された想起としてのファンタジーと中和化された知覚としての(広義の)アナロゴンとがふくまれていることを見た。この中和化された知覚は、自我を視向と把握へと「触発」するのであった。だが、前定立的世界には、このような外からする触発とともに、本来、前定立的自我の内からする触発が属していると考えられるであろう。たとえば、前定立的自我と前定立的世界との必然的相関が、何らかの理由によって否定され、切断されるときには、自我は不安にかられて失われた世界を回復せんとして、世界の全体を一つの「像」（先行像）として把握しつつ、存在者総体をこえて、これに向かって超越するであろう。このさい、自我は何らかの「知覚像」によって触発されるのではなく、むしろ、必然的相関性から発する不安そのものによって、内から「先行像」へと触発される。それゆえ、前定立的世界には、本来、三種類の「像」が、つまり、（再想起的）ファンタジーとアナロゴンとに加えて、先行像としてのそれが属しているということになろう。そして、これら三つの像に、時間の三つの次元（過去・現在・未来）が対応していることは、すでに明らかであろう。

こうして、われわれはハイデガーの世界内存在が、深く「前定立的存在」の次元に根ざしつつ、しかも「前定立的世界」のもつ「想像的機能」の単なる一契機（先行像）をもっぱらとらえているにすぎぬことに気付くのである。

（2）　サルトル

サルトルにおいては、「前定立的存在」の領域は、無と存在とに分裂している。すなわち、「前定立的世界」は想像的意識の「無」となり、「前定立的自我」は超越的な物的身体（即自存在）となっている。その結果、人間は不可分に対応する固有の周囲世界をうしない、常に一種の「欠乏状態」におかれることになるのである。

彼は、あらかじめ現象学的還元を「意識を意識内在的自我から解放すること」[62]としてとらえている。「自我は意識の所有者ではなく、意識の対象である」[63]。こうして寄生する自我から解放された意識は、純粋な自発性の領域となり、一切を「無化する力」（否定の根源）となる。それは絶対的自由の根拠として、いかなる「触発」をも受けとることはできない。むしろ、意識は、その自由と自発性とを発揮すべき相手を必要とする。こうして生まれてきたのが、純粋な惰性的受動態（無化を蒙るもの）としての「即自存在」という形而上学的実在である。即自存在は、自らの内部に「無」としての意識を炸裂せしめ、虫くい穴のように、それを抱くのである。

人間は、この意識としての「無」であり、自我としての「身体」を自らの存在として定立的、あるいは非定立的にひきずっている。「意識とは、その存在が自分以外の存在にかかわる限りにおいて、自分の存在が自分の存在のなかで問題となるような存在である」(64)。このような意識的存在としての人間を、「対自存在」という。

だが、「人間存在は、一つの欠如であり、それが対自である限り、それ自身とのある種の一致を欠いている」(65)。すなわち、意識が即自存在全体の無化であり、それが自己の存在として志向する定立的対象が即自存在の一断片である限り、意識は、即自存在の欠如態であり、欠如分としての「可能性」につきまとわれざるをえないというのである。

しかし、問題は、果して即自存在全体の自己分解的な無化が、真に定立的対象を生み出しうるか、どうかである。たとえば、対自にとって、自己の定立的存在(対象的身体)は、過去の次元において出現する。それは、あるいは「飢」にさらされた、あるいは他人によってきびしくまなざされた自己の姿であるだろう。しかし、それらが、自分の想像力によってではなく、何らかの他者の力(自然法則や「まなざし」)によって定立された対象である以上、それらはさしあたって反省された三次元的な客観的無限空間の中にあり、決してただちに、無化された即自存在全体(想像力の場)の中にはないのである(サルトルは、これらを区別していない)。したがって、これらの定立的対象がただちに欠如性を生み出すわけではない。むしろ、これらが非定立的身体(前定立的自我)の中へ自己の被投性としてとり戻されたときに、自我を内側から触発するという形で、未来への超越の動機となりうるのである。サルトルがいうように、「飢え」が直ちに「飽満せる飢え」(66)というような形で「可能性」を生み出すのではないし、「まなざされた私」が直ちに失われた「自由」を回復しようとするのではない。むしろ、これらは、前定立的自我の超越への可能的・潜在的な動機づけの一つにすぎないのである。したがって、それらは動機とならないで消滅することもありうる。しかし、自我への内的な触発という動機づけを承認しえぬサルトルには、このような考え方ははじめから閉ざされている。

同じように、サルトルは「すべての、対象の定立的意識は、同時に、自己(の)非定立的意識である[67]」というが、この対象には、また「自己性の回路」を通して、「価値」としての不在なる自己がつきまとうとされるから、対象は単なる事物存在として定立されるのではなく、むしろ、もっぱら道具存在として定立されていると見るべきであろう。そうとすれば、これに関わっている非定立的身体としても自我は、この道具を操作するキネステーゼ的身体図式を身につけた自我でなければならず、したがって、一度、反省的学習を経て再び非定立化された自我でなければならないであろう。このような自我は、もはや全く隙間のない充実としての「即自」ではありえない。それは、むしろ、サルトルがのちに「有機体[68]」とよぶものに近いであろう。それゆえ、「前定立的自我」に相当するサルトルの「対自存在」が、つねに一枚岩的な即自存在全体の欠如態として、つまり、「あるところのものではないもの」として、絶えず、物欲しげに超越を迫られているというふうに考えなければならぬ必然性はないのである。むしろ、「前定立的自我」は、内的に触発されないかぎりは、「前定立的世界」との必然的連関の中にあり、ともどもに、存在と意識(想像力)とに分裂する以前の原始的領域を形成していると考えることができるであろう。しかし、そのためには、サルトルのように、想像力を即自存在の否定(無化)としてとらえる見方が、まず克服されねばならない。

サルトルによれば、想像力による「像もまた信憑作用、あるいは定立作用をふくんでいる。この作用は四つの形式のみをとりうる。すなわち、それは対象を、①非存在として、あるいは②不在として、あるいは③どこか他の場所に存在するものとして、定立する。それはまた、④自己の作用を『中和化する』こと、つまり、その対象を実在するものとして定立しないこともできる。これらの作用の中、二つは否定作用であり、第四の作用は、定立の中止、あるいは中和化にあたる。第三の作用は肯定的であるが、対象の自然的・現在的実在への暗黙の否定作用を予想している(69)」。つまり、知覚的意識がその対象を即自的に実在するものとして定立するのに対して、想像的意識はその対象を一種の「無」として定立するというのである。しかも、サルトルの「註」によれば、(第四の)「信憑」の中止もなお一種の定立作用であるという。

右のようなサルトルの説明には、一見不可解な点がある。定立作用の「中和化」、すなわち「対象を実在するものとして定立しないこと」が、なにゆえ、一種の定立作用なのであろうか? それは、果たして写像対象(アナロゴン)(例えば写真)を非存在(サルトルのいう「無」)として定立することであろうか? そうではないであろう。むしろ、中和化的変様とは、われわれがすでに見たように、対象を定立的な存在と非存在との彼方としての「前定立的存在」という新しい領域へ移すことにほかならないのである。サルトルもまた「像とは、……対象のアナロゴン的代理としての資格であらわれる物的、あるいは、心的内容を通して、不在、あるいは非存在としての対象を具象的に志向する一つの作用である(70)」といっている。それゆえ、彼のいったように、対象のアナロゴンを生ぜしめるのも一種の定立作用であるとすれば、それは、例えば、われわれがテレビを見るさいに、その映像自身を前定立的存在として眼前に浮動せしめつつ、それを通して、登場人物などを非存在、不在、あるいは他の場所にいる対象Xとして定立するからにほかならないのである。

そうすれば、彼があげた想像力の四つの定立作用のうち、第四のそれは、物的アナロゴンを介しての対象の定立作用であるということになる。のこる定立作用は、心的内容を介して、対象を「非存在」、「不在」、「他在」として定立することになるが、この三つの否定的存在形式は、いずれも、客観的な外的地平(世界時間をふくむ)と関連していることに注目しなければならない。すなわち、「他在」とは、我の「眼前」とは別の地点に存在することであり、「不在」とは、我にとっての現在とは別の時点に存在することであり、「非存在」とは、デカルトがセイレンについていったように[71]、過去の不特定多数の地点(時点)に部分毎に分散して存在することである。これらの存在形式をとる対象は、無として定立されているというよりも、むしろ、相互主観的に構成された外的地平の中に、明確に位置づけられ、構成されているのである。

さて、われわれはさきに、像とは、世界が我に対して前定立的に予め与えられる現前の仕方であり、その中に、物的な「アナロゴン」と「ファンタジー」と「先行像」とをふくむということを主張した。このうち、「先行像」は、何らかの対象がではなく、前定立的世界そのものが「不在」という形式で志向される場合であるから、一応、別としよう。のこる二種類の像は、すでに見たように、いずれも我を触発して、対象構成へと、つまり、内的地平の付与と外的地平の中への定立へと促すのである。このさい、我の眼前の地点に現在的に対象として構成し、定立されうる「像」のみが、「知覚」とよばれ、それ以外の地点及び時点に対象として構成し、定立されうる「像」は、「知覚」を不可分に伴う場合には「アナロゴン」、伴わない場合には「ファンタジー」とよばれるのである。「ファンタジー」の中には、特定の一時点(或は地点)にのみ想起的にかかわるものと、不特定多数の時点(地点)のモザイック的想起にかかわる(いわゆる疑似定立的な)「自由ファンタジー」とが区別されるであろう。これらの場合に、前定立的な「像」そのものは、それに内在する「前定立的存在」が、構成定立された対象の「基体」と時空間をこえて志向的につらなる限りにおいて、この対象の内的地平の一部(前面)として現前する。「像」そのものは、つねに現前的・現在的だからである(例えば、昨日見た海の「色」のファンタジーのように)。すべての定立された対象は、内的地平(裏面や側面)に解消されぬ基体をもつ限りにおいて、つねに像につきまとわれている。

こうして、サルトルのいう想像力の四つの定立作用のうち、第一から第三までの定立作用は、前定立的存在としての心的内容を通して眼前にない対象が定立される仕方、第四の「定立の中和化」は、前定立的な存在としての中和化された物的アナロゴンを介して同じく眼前にない対象が定立される仕方を示すものと解釈されるが、サルトルの想像力についての考え方は、それによって根本的に修正されることになる。すなわち、眼前にある対象の知覚の根底にも基体として、前定立的次元がみとめられるのであるから、知覚と像（物的アナロゴン、ファンタジー）との相違は、ただ両者の志向対象が外的地平の中に有する位置づけの相違に帰着することになり、一方を即自存在の定立、他方を無の定立と考える必要は全くなくなるであろう。その結果、知覚と像とは、サルトルの考えるように互いに排他的なものではなく、むしろ、同じ根源から発する双生児であり、つねに、同一の経験的地平の上に共存するものであることが明らかとなろう。このようにして、はじめて、我々は、サルトルの「世界」をその狭さから解き放って超越論的意識との真の相関へと導くことができるのである。

(3)　メルロー・ポンティ

メルロー・ポンティの哲学が「実存哲学」の一つであるか、どうか、については、簡単に断定することはできない。われわれは、さきに実存哲学を、「前定立的自我」に基礎をもつ哲学とみなしたのであるが、メルローの場合には、「前定立的」存在の次元は、つねに「定立的」存在の次元と不可分にからみあっているからである。

われわれはさきに、前定立的に触発する「像」が超越論的自我によって定立されて、「対象X」と内的地平とになることを見たのであるが、「前定立的自我」自身も、他人の「まなざし」によって対象化される限り、外的地平の中へ定立されて一個の「身体」とならざるをえない。そのさい、「対象X」に相応するものは、さしあたって、残留する「前定立的自我」であり、内的地平に相当するものは、身体表象、筋肉感覚、関節感覚等であろう。しかも、身体にかんしては、他の物体とは異なる或る特殊な状況が生まれる。すなわち、身体は「前定立的自我」によって住まわれている限り、行動する主体でもあり、単なる客体ではない。この行動の次元において、前定立的自我は内的地平を自己のうちに吸収し、包摂せざるをえないのである。つまり、それは自己の身体表象を身にまとい、種々の筋肉・関節感覚を統御しえなければならないのである。メルローがもっぱら論じているのは、このような身体的行動の次元における、「前定立的」次元と「定立的」次元との両義的な相互滲透、あるいは相互貫入の現象である。この現象は、ハイデガーやサルトルがもっぱら「前定立的」次元をとりあげることに追われて、とりのこした問題であった。しかし、メルローは、決して、ハイデガーやサルトルの哲学の補完者たるに甘んずるつもりはなく、むしろ、この前定立的＝定立的身体の立場に立って、新しい「実存哲学」、あるいは新しい「現象学的存在論」をつくろうとしたのである。

たとえば、彼は論文『ヘーゲルにおける実存主義』の中でこういっている、「ヘーゲルにとっては、人間は、一挙に自分の思惟を明晰に所有するような意識ではなく、むしろ、自らすすんで自己を理解せんとするところの、自己にゆだねられた『生』であるという意味において、ヘーゲルの実存主義というものが存在する[72]」と。さらに、「いわゆる実存主義というものは、おそらく、不安や人間的条件の矛盾を通してよりも、より完全には、一種の普遍性の理念――それを人間たちは、彼らが存在するという唯一の事実によって、たとえ彼らが互いに対立する瞬間においてすら、確証し、包含するのであるが――その普遍性の理念によって定義されるであろう[73]」と。これらの語は、メルローがどのような新しい「実存哲学」を目ざしていたか、を示している。すなわち、ハイデガーやサルトルが固執した「前定立的自我」が、結局、「単独者」にとどまり、「相互主体性」の次元を十分に実現しえなかった事実をふまえて、彼はあくまで、他人との共同存在を一つの重要な契機として包含するとともに、さらにすすんで人間的諸科学や言語や歴史の問題をも積極的にとり扱いうるような、新しい「実存哲学」を目ざしていたといってよいであろう。したがって、ここで、「実存」とよばれているものは、「心的なものと生理的なもの、対自と即自との間にある第三項[74]」であって、単なる「対自」でも、「先行的決意性」でもない。その点では、それは、むしろ、われわれが一種の混合概念として退けた、フッサールの「生活世界」における相互主体性の立場に近いといえるであろう。

実際、メルローには、ハイデガーにおけるような「世界への超越(乗り越え)」という語はほとんど見出されない。彼にとって「超越」とは、デカルト主義時代のフッサールにおけると同様に、なお「意識」に対する「物」の「超越」なのである。「私の生活は、いつもそのつど超越的な諸物の中へ没入し、すっかり外部へひきわたされている[75]」。彼にとって「超越の全問題」とは、「私の(対象的)身体であろうと、自然的世界であろうと、過去や誕生や死であろうと、一体いかにして私が、私を超えてはいるが、それにもかかわらず、私がそれをとりあげ直し、それを生きる限りにおいてのみ、存在しているような諸現象に対し、開かれてありうるのか[76]」という問題である。これに対する回答は、メルローの「(身体的)実存」の構造そのもののうちにある。すなわち、「実存とは事実的状況のひき受けだからである[77]」。そして「実存が事実的状況を自分なりにひき受け、変革するこうした運動を、われわれは『超越』と名づけるであろう。こうして、実存とは超越であればこそ、かえって決定的には何ものをも乗り越えはしないのである。なぜなら、そんなことをすれば実存を定義づけている緊張が消滅してしまうだろうから[78]」といわれている。もって、存在者の全体を乗り超えつつ、世界そのものを投企するとされた「前定立的自我」としての「実存」との相違は明らかであろう。

この相違は、別の面から見れば、「前定立的世界」に対する見方の相違から生じたものということもできる。メルローもまた、あらゆる意味的構成に先立つ、「前述定的世界」をみとめ、これに対する意識の関係を「信憑」、または「原的ドクサ」とよび、「世界とは、まさしく、……諸物の総和ではなく、そこから物を引き出せる無限の貯蔵庫である」[79]といっているが、しかし、この世界は、ハイデガーやサルトルにとってのように、単独者としての実存の相関者であるのではなく、むしろ、はじめから「万人にとっての、唯一の普遍的世界」なのである。この点から、「私が自分の実存を体験するちょうどその瞬間において、……私の中に一種の内的弱みが見出され、この弱みのために私は絶対的に個人であるわけにはゆかなくなって、人間たちの間の一人の人間として、……他人たちのまなざしにさらされるようになる」[80]という語の意味が理解されるであろう。つまり、メルローにとって、「世界内存在」とは、このような「普遍的世界」への内在なのであり、このような世界の中へ「身を挺する」[81]ことなのである。したがって、ここでは、文字通りの「世界への超越」（世界投企）は不可能であり、可能なのは、「引き受け」としての「物への超越」のみであることもまた理解されよう。実存による、物としての身体への超越は、「受肉」[82]とよばれている。

では、このようにして、はたして、メルローは、新しい「実存」を確立したのであろうか？　「対自」と「即自」、「前定立的なもの」と「定立的なもの」との対立を克服し、その間に第三の立場をきずこうとするメルローの意図が、もっとも見事に実現されたのは、「幻影肢」や「精神盲」の症状分析を手がかりとして取り出された「身体図式」の概念においてであるだろう。私の身体の諸部分は相互に独特な仕方で関係しあっており、互いに並列しているのではなく、互いに他を包みこんでいる。したがって、私は自分の身体を分割しえぬ「統一体」として保持しており、この統一体の「地」の上に、視覚的、触覚的、運動感覚的、関節感覚的諸内容が相互に連合しつつ「ゲシュタルト」として組立てられ、現在的、可能的なある任務に向かってとる姿勢を形づくっている。この動的ゲシュタルトを「身体図式」[83]とよぶのである。身体図式がその上に素描されている「地」としての統一的身体は、一種の空間性をもち、個的な「身体空間」として不変的な世界空間の上に投射され、相重なって一つの居住空間を形づくっているから、身体図式もまた、世界と他人とに対して開かれた実践的体系であり、新しい「世界内存在」の表現と見なすことができるであろう。それは、まさに「物」（世界内部存在）と受肉せる「実存」（世界内存在）にほかならないのである。

しかしながら、「実存の広さ」としての「身体空間」について、「この広さが全面的であることはけっしてない。私が住みこんでいる空間と時間は、他の視点を包む未決定の地平を、つねにあちらこちらに残しているから[84]」といわれているように、メルローの「身体図式」は、「新しい（一般化された）実存」として、自己を全体化し、貫徹することはできない。人間の全体性が問題となる状況においては、つねに、身体図式的実存は、古い個的実存の相関者、または補完者の地位へと後退する。「私の単独的な実存は、自らのまわりに、いわば肩書をもった実存を放散していなければならない[85]」。「一般化された実存と個的実存との間には交換があって、それぞれが受けとり、かつ、与える。『ひと』のうちに素描されていた、……移ろいやすい可能性としての意味が、個人によって取りあげ直される瞬間があるのである[86]」。「主観の一般性と個人性、種々の資格を与えられた主観性と純粋主観性、『ひと』の無記名性と（個的）意識の無記名性とは、哲学がそのいずれかを選ばなければならぬ二つの概念ではなく、具体的主観という唯一の構造の二契機なのである[87]」。ここで、「肩書をもった実存」、「種々の資格を与えられた主観性」、「一般化された実存」などとよばれているものが、「身体図式的実存」のことであることは、いうまでもないであろう。

さらに知覚の次元では次のようにいわれている、「私は空の青さを見るというが、これは私がある本を理解するとか、自分の生涯を数学に捧げようと決意するというのと同じ意味ではない。……もし、知覚的経験を正確に表現してみようとするなら、私は、ひとが私の中で知覚するのであって、私が知覚するのではない、とでもいわねばならないだろう[88]」と。克服された「対自」と「即自」との対立にかわる、「ひと」と「私」、「一般的実存」と「個的実存」

との対立(対極)は、言語の領域にも同じように出現する。「語られたコギト、言表と本質的真理とに転換されたコギトの彼方に、沈黙のコギト、私による私の体験というものがある[89]」。「沈黙のコギト、自己の自己への現前は、実存そのものであり、あらゆる哲学に先立っている[90]」。「もし、私の中で(ひとによって)語られたコギトが、ある沈黙のコギトに出会わなかったら、私はそれらの言葉にどんな意味も……見出さないであろう[91]」。メルローにとって、言語とは、まず第一に「身体による思惟」であり、「身体的図式による意味の投射」なのであるが、それゆえにこそ、厳密には、「私の私」による思惟ではなく、「あらゆる人間の私」、つまり「ひと」による思惟なのであり、つねにこれを暗黙の中に支える「実存的コギト」を別に必要とするというのである。

もし、メルローの「一般化された実存」がつねに「個的実存」の支えを必要とするものであり、「私」を「ひと」ではなく、「私」自身たらしめるのが、前者ではなく、後者であるとすれば、普遍性の理念によって新しく実存主義を定義しようとするメルローの意図は、結局、不成功に終わったといわねばならないであろう。

もっとも、彼の遺稿『見えるものと見えざるもの』(1964)において、メルローが「沈黙のコギト」を否定し、また、「受肉せる実存」を「肉」という新しい概念で定義しようとするのは、右の欠陥をのりこえようとする最終的な試みと見られるであろう。後者は、自らの「裂開」によってすべての「定立的存在」を生み出す前定立的な「拡大されたライプ」(モナド的ライプ)であるように見える。彼は、「伝統的哲学の内には、それをよぶ名前は存在しない[92]」といい、「肉は物質でもなく、精神でもなく、実体でもない[93]」とし、むしろ、「水、空気、大地、火」をあらわすような古い意味で、「元素」とよぶべきだとしている。「肉は、この意味で(大文字の)存在の『元素』である[94]」。しかしながら、それがあくまで、「見るもの」(見えないもの)と「見られるもの」、つまり、「前定立的なもの」と「定立的なもの」との「可逆性[95]」に基づいているとされる限り、われわれは、事態の根本的な解決について、なお、懐疑的であるといわざるをえない。ここで、真に必要なのは、両者、つまりは、「実存的なもの」と「超越論的なもの」、「ライプ」と「ケルパー」の可逆性ではなく、むしろ両者の区別における統一だからである。

(1) Husserl, Ideen zu einer reinen Phänomenologie und phänomenologischen Philosophie, erstes Buch, Huss. III (den Haag 1950) 64［略号 ID］
(2) ID 65f.
(3) ID 67
(4) dto., Cartesianische Meditationen und Pariser Vorträge, Huss. I (den Haag 1963) 45ff.
(5) ID 72
(6) ID 119
(7) ID 116
(8) ID 115
(9) ID 115f.
(10) ID 135
(11) ID 135
(12) ID 117
(13) ID 117
(14) dto., Die Krisis der europäischen Wissenschaften und die transzendentale Phänomenologie, Huss. VI (den Haag 1962) 157f.［略号 K］
(15) K 154
(16) dto., Erste Philosophie II, Huss. VIII (den Haag 1959) 157［略号 EPH］
(17) ibid.
(18) Landgrebe, Der Weg der Phänomenologie (Gütersloh 1963) 182
(19) Kant, Kritik der reinen Vernunft, Vorrede zur zweiten Auflage, XLI Anm.

(20) ID 87
(21) ID 92f.
(22) ID 106
(23) ID 316
(24) ID 320
(25) ID 320
(26) Vgl. ID 368f.
(27) ID 321
(28) ID 323
(29) Husserl, Erfahrung und Urteil（Hamburg 1972）23［略号 EU］
(30) EU 23
(31) EU 24
(32) EU 24
(33) EU 25
(34) K 182f.
(35) EU 75
(36) EU 75
(37) EU 79
(38) EU 88
(39) EU 88
(40) EPH 269f.
(41) Sartre, L'imaginaire（Paris 1940）40f.［略号 IM］
(41a) フッサールも「像」（Bild）という語を「射映面」として使っている限り、恐らく、こういう結論に近づいていたことは、否定できないであろう。
(42) Heidegger, Sein und Zeit（Tübingen 1953）34［略号 SZ］

(43) SZ 42
(44) ibid.
(45) Heidegger, Vom Wesen des Grundes (Frankfurt a. M. 1949) 36［略号 WG］
(46) dto. Grundprobleme der Phänomenologie (Frankfurt a. M. 1975) 452
(47) WG 19
(48) Vgl. WG 40
(49) WG 18
(50) SZ 108
(51) SZ 105
(52) SZ 135
(53) SZ 137
(54) Heidegger, Was ist Metaphysik? (Frankfurt a. M. 1951) 28
(55) SZ 137f.
(56) SZ 137f.
(57) SZ 186
(58) SZ 187
(59) SZ 188
(60) SZ 189
(61) Vgl. Theunissen, Intentionaler Gegenstand und ontologische Differenz, in: Phil. Jahrb. 70Jg. 1963. 354ff.
(62) Cf. Sartre, La transcendance de l'ego (Paris 1965) 83f.
(63) op. cit. 77
(64) Sartre, L'être et le néant (Paris 1953) 29
　我々の可能存在は、その最下層として力の根源である「内なる物質」を含んでいるが、それは抵抗する惰性的な「外なる物質」（事実存在の最下層）と対応するもので、可能存在自身は、それとは全く異なる「他者」（死にたいする生）である。両者を区別せず、一からげに「即自存在」とした点に、サルトルの根本的誤りがあろう。

(65) op. cit. 139
(66) op. cit. 145f.
(67) op. cit. 19
(68) Sartre, Critique de la raison dialectique (Paris 1960) 167
(69) IM 30
(70) IM 75
(71) Descartes, Meditationes de prima philosophia, Med I, A. & T. VII 19
(72) Merleau-Ponty, Sens et non-sens (Paris 1948) 113
(73) op. cit. 121
(74) Merleau-Ponty, Phénoménologie de la perception (Paris 1945) 142
(75) op. cit. 423
(76) op. cit. 417
(77) op. cit. 197
(78) op. cit. 197
(79) op. cit. 396
(80) op. cit. VII
(81) op. cit. V
(82) op. cit. 194
(83) op. cit. 114ff.
(84) op. cit. 164
(85) op. cit. 512
(86) op. cit. 249
(87) op. cit. 514
(88) op. cit. 249
(89) op. cit. 462

(90) op. cit. 462
(91) op. cit. 460ff.
(92) Merleau-Ponty, Le visible et l'invisible (Paris 1964) 183
(93) op. cit. 184
(94) op. cit. 184
(95) op. cit. 189

第三章　身体論の歩み

——体表面的主観（身体統覚）の形成——

たしかに、実存の基体と見られる想像力的生命意志（ライプ）が、世界の前定立的次元に属することは、あきらかとなった。しかし、一方、知覚する身体は、「ケルパー」として、超越論的意識による定立的次元に属している。この二つの次元に属するライプとケルパーは、いかにして「私の身体」として統一されるのであろうか?

1　はじめに

我々は、ようやく、身体について主題的に論じうる地点に到達した。しかし、その前に、哲学の立場からみて、身体について論ずることには、いったい、どのような意味があるかあらためて考えてみたい。あえて結論を先取りしていえば、それは自然科学の目ではとらええない生きた身体の姿、すなわち「身体的自我」としての身体を明らかにすることであるだろう。

その際、まず、われわれが気がつくことは、西洋の哲学においては、身体は、久しく相対的に低い地位のみを与えられ、決して、中心的な課題とはなりえなかったという事実である。古代ギリシアから中世ヨーロッパにかけては、身体は、「理性的動物」としての人間のもつ単なる動物的側面であり、人間的身体と動物的身体との間には、本質的区別は認められなかった[①]。人間の身体は、動物の形相である「感覚的魂」の住み家であり、その魂は身体の中心である心臓に宿っていると考えられたのである。人間を、より高い「理性」とより低い「動物的身体」との結合体とみなす、このアリストテレス＝トマス的観念[②]は、近代以後、つまり、一七世紀以後の西洋哲学にも、強い影響を及ぼしている。たとえば、デカルトは、たしかに、アリストテレス的な「形相＝質料」原理に代わって、実体的二元論を導入し、理性を身体から、より明確に、かつより決定的に区別することに全力を傾けたが、彼にとっても、身体は動物の身体と同じものであり、ただし、今度はともに一種の高級な自動機械とみなされたのであった[③]。先行する時代に比べて、身体が有機的存在から機械的存在に変わったとはいえ、理性に構造的に従属する、より低次の非人間的存在とみなされている点に変わりはない。身体をも、一個の自我とみる立場からは、はるかに遠いのである。

身体にも、独自の自我性と人間的主体性とを認めるためには、まず、理性＝自我という錯覚[④]から解放されねばならないであろうが、それには、西洋哲学を貫く観念論的伝統の力はあまりにも強すぎたのであった。実際、この根本的錯覚に正面から異議を唱える哲学者は、一九世紀のフォイエルバッハ以前には出現しないであろう。それゆえ、彼こそは、現代の「哲学的人間学」の創始者の名に真にふさわしいということができる。理性＝自我という幻想から解放された者のみが、「人間とは何か」という問いを、真にあらたに問いえたからであり、この問いの中には、身体の意味についての問いも、当然、含まれていたからである。

しかし、実をいえば、デカルトのかの有名な方法懐疑の中にすら、われわれは、すでに人間学的な問題提起の端緒を見いだしうるのである。すでに我々が見たように、彼は、①外界からくる感覚、②身体からくる感覚、③数によって代表される抽象的観念という三つの段階にわたって、その確実性を疑っていったのであるが、その結論は「自分が疑っているということ、そのことだけは疑えない」という発見であり、したがって、方法的懐疑から帰結する唯一の確実な命題は「我疑う、ゆえに、我あり」でなければならなかったのである。そして、デカルトによれば、「疑う」という働きは意志のそれであるから、彼の発見した自我は、実は意志であって、理性ではなかったはずである。あるいは、意志のもつ自己意識を想像力であると考えるなら、デカルトの発見した自我はむしろ想像力であったといえるであろう。実際、「疑う」という働きは、与えられた事実判断に対して、別の可能性を提起することであり、すぐれて想像力の働きだからである。[5] しかし、デカルトは「疑う」ことは「疑わしく思う」ことであり、したがって、「思う」ことの一様態であるから、「我疑う、ゆえに、我あり」の代わりに「我思う、ゆえに、我あり」こそが、方法的懐疑の真の帰結であると主張する。そして、この「思う」の中に「理解する」、「肯定し、否定する」などの働きをただちに包含させる。デカルトの発見した自我が理性とされるのは、実に、彼自身によるこの驚くべき、どうみても不当な拡大解釈によるのである。[6] この拡大解釈は、方法的懐疑自身のもつ意味をほとんど無効にしてしまうほどに乱暴なものであるが、さらに驚くべきことは、このような不当な拡大解釈の結果が、現在まで、西洋哲学史の中で、そのまま受け入れられてきたという事実である。われわれは、そこに、理性＝自我という観念論的伝統の根強さを感じないわけにはゆかないのである。

もし、デカルトが彼の懐疑の帰結を歪めることなく、想像力に中心的な自我の機能を認めていたとするならば、西洋哲学の歴史はかなり大きな変化をこうむっていたであろう。そして、後述するように、想像力は人間的身体の主要な機能の一つであると考えられるから、当然、「身体的自我」という観念がすでに成立していたであろう。そうすれば、西洋哲学の生みだした「科学と技術」の本当の主役が、理性的自我ではなく、実は身体的自我であることが、すでに洞察されていたかもしれない。だが、歴史の必然とはいえ、西洋近代は、自らの生みだした「科学と技術」の本質を見ぬきえず、それをいわば野放しにしてきたのである。理性的自我という虚構が、その盲点をつかれたといってもよいであろう。ようやく、一九世紀の半ばから、このような事態に対する本格的な反省が始まったのであり、その先頭をきったのが、前述のように、フォイエルバッハであった。彼の“Grundsätze der Philosophie der Zukunft”(1843)は、その意味で画期的な著作である。彼の立場は、「古い哲学がその出発点として〈私は一つの抽象的な・単に思惟する本質であって、身体《ライプ》は私の本質に属しない〉という命題をもっていたとするなら、これに対して、新しい哲学は〈私は一つの現実的・感性的な本質である。身体は私の本質に属する。いな、全体としての身体こそ、私の自我、私の本質そのものである〉という命題をもって始まる(7)」という文章によって端的に示されている。

彼は、この新しい哲学を「人間学」Anthropologieとよぶのであるが、彼を出発点とする一九世紀後半以後の西洋哲学の自己反省運動を、この広義の人間学的方向に沿ってみるとき、そこには三つの基本的な動きを見いだしうるであろう。第一は、マルクスに発する唯物論哲学であり、第二は、ショーペンハウアー、ニーチェから発して、ディルタイ、ベルクソン、シェーラーにつらなる生の哲学であり、第三は、キルケゴールから発し、二〇世紀に至って現象学的方法を取り入れつつ、ハイデガー、サルトル、メルロー・ポンティにつらなる実存哲学である。以下、身体的自我の問題に焦点をしぼって、この三つの方向への思想展開を批判的にたどってみよう。

2　唯物論哲学

フォイエルバッハ(Feuerbach)とマルクス(Marx)

いうまでもなく、フォイエルバッハの影響を最も直接的に、強く受けたのはマルクスであり、彼は自らをその後継者とみなしていた。両者は、ともに感性的・身体的個体としての人間に「類的本質」Gattungswesen がそなわっていることを認める。しかし、「類的本質とは何か」という点において、両者の間には、見のがすことのできぬ相違がある。なるほど、フォイエルバッハにとって、それは「自己の類や自己の本質性を対象としてもつこと」[8]であり、マルクスにとっても、それは「自己自身の類と他の類とを対象とすること」[9]であるが、しかし、前者にとっては、実は、この類は「理性・意志・愛」の三位一体[10]のことであるのに対し、後者にとっては、類（人類的本質）とは、結局、「社会的諸関係の総和」[11]にほかならないからである。

ふつう、この相違は、感性的・具体的人間の自己疎外を、宗教的次元でとらえるにとどまったフォイエルバッハに対して、さらに、同一の認識態度を社会的活動の次元にまで拡大したマルクスの思想的発展によるものと、みなされている。しかし、はたして、この相違は、単に認識の次元の拡張を意味するにとどまるのであろうか？　それとも、それは、両者の感性的・具体的人間、つまり、身体的自我のとらえ方の相違をも意味しているのであろうか？

まず、われわれは、類的本質と身体的自我（個体）との結合の仕方に、両者の考え方の相違を見いだすことができる。マルクスが、類と個との直接・無媒介的統一について何のためらいも示さないのに対して、フォイエルバッハには、「類的本質は、我と汝との統一である」[12]というモティーフがくり返して、あらわれる。たとえば、彼はいう、「人間が思惟するのであって、自我がではなく、理性がでもない」[13]と。この言葉は、理性＝自我の否定とともに、身体的自我が直接に独我的に思惟することをも否定している。したがって、類的に思惟する主体は、「我と汝」という共同主体でなければならないということになる。

これに対して、マルクスは、「人間は類的本質（類的存在）である」[14]という定義によって、個と類との直接的統一を表現する。彼にとっては、精神的活動も、実践的活動(労働)もともに「類的生活」である。身体的自我が、自己の「非有機的身体」としての自然との間で行なう不断の物質交流の一環としての労働も、類的生活の「対象化」である。それゆえに、人間は動物とは違って、生理的欲求にとらわれずに生産し、普遍的に全自然を再生産する。彼は「創造された世界の中で自己自身を直観する[15]」のである。さらに、他方では、「個人は社会的存在である」ともいわれている。なぜなら、「人間の個人的生活と類的生活とは、別個のものではなく」、「類的意識としての人間は、彼の実在的な社会生活を確認し、そして彼の現実的な生存を思惟の中で反覆するにすぎない[16]」からである。

こうして、われわれはマルクスにとって、全自然を自己の非有機的身体とみなす、労働の主体としての身体的自我が、同時に、社会的諸関係の総和を一身に引き受ける類的存在でもあることを知るのである。マルクスは「思惟と存在とは、たしかに区別されているが、しかし、同時に、相互の統一のうちにある[17]」ともいっている。このマルクスの結論的断定は、先に引用したフォイエルバッハの「自我が思惟するのではない」という言葉に対して、微妙な、しかし、決して見のがすことのできない相違を含んでいる。なぜなら、たしかに後述するように、自然の中心である身体的自我は、自らのうえにいわば上部構造として、社会的諸関係を担うことはできるであろうが、しかし、いかなる理性的思惟をも単独で遂行することはできないだろうからである。理性的思惟の主体は、フォイエルバッハのいうように、おそらく身体自我ではなく、「我—汝」という共同主体でなければならないのであり、この共同主体は、決して複数の身体的自我の社会的関係からは生まれてこないのである。

こうしてマルクスはフォイエルバッハから「類的本質」という概念を継承し、それに「自由で・普遍的な・全自然の再生産」と「社会的関係の総和」という意味をつけ加えたときに、実は、後者が本来この概念に与えていた、「理性と意志と愛との統一」という超越論的・絶対的意味を取り落としてしまったのであった。それとともに、両者の感性的・現実的人間という概念の間にも、ある目だたないが、決定的な断絶が生じた。フォイエルバッハが予感しつつ、その定式化に努力してきた「我—汝」という共同主体の次元を、マルクスが喪失してしまったからである。それは、決して、ふつうに考えられているような、感性的受動性から実践的能動性へという変化にとどまらないのである。

もちろん、マルクスが身体的自我の構造をより具体的にとらえるのに成功していることは、いうまでもない。彼の「くもは織物工の仕事に似た作業をし、蜜蜂はその蠟房の構造によって多くの人間の建築師を恥じいらしめる。しかし、最悪の建築師でも、もちろん、最良の蜜蜂にまさっている理由は、建築師が蜜房を蠟で築く前に、すでに頭の中にそれを築いているということである。労働過程の終わりには、そのはじめにすでに労働者の表象としてあり、したがって観念的には存在していた結果がでてくるのである。……彼は自然的なものの中に同時に彼の目的を実現するのである」[18]という『資本論』の中の有名な言葉は、彼が身体的自我における「想像力」の機能を的確にとらえていたことを示している。しかし、全自然を自由に再生産しつつ、自己自身を対象化する、このような想像力の働き(投企)が、同じく身体的自我の担う普遍的な社会的諸関係の類的意識といかに動的に関連づけられるかは、必ずしも明らかではない。身体的自我における、自由(想像力)と普遍性(連合するパースペクティヴ的意識)との関係、また、それらを媒介する共同主体の問題は、唯物論哲学では、未解決のままにとどまっている。

3　生の哲学

生の哲学においては、唯物論における物質的自然に代わって、宇宙的な生への意志、あるいは世界意志、さらに、それらの内在化された・持続的な生命意識の流れが、現われる。

a　ショーペンハウアー(Schopenhauer)

生の哲学の発端ともいうべき、ショーペンハウアーの『意志及び表象としての世界』は、フォイエルバッハの登場より早く、すでに一八一九年に出版されているが、その誕生はあまりにも早すぎたのであり、それが理解され、歓迎されるようになったのは、ようやく、一八五〇年を過ぎてからのことであった。

彼によれば、身体は、一方では「空間中の直接的な客観、客観中の客観、主観の認識の出発点となるべき表象[19]」であるとともに、同時に、他方では「客観化された宇宙的な生への意志、個別的表象となった盲目的な生への意志[20]」にほかならない。生への意志が働くと、それは必ず身体の運動となって現われる。この際、意志の働きと身体の行動とは、原因と結果という関係にはなく、むしろ、両者は同一物であり、ただ、一方は(意志にとって)直接的に、他方は悟性に対する直観として現われるにすぎない。身体のもつ根源的な「二面性」が、ここでは古典的な簡潔さで、記述されている。

ショーペンハウアーにおいて、特徴的なことは、まず、彼が自然的物体一般にも身体と同様の意志の存在を認めていることである。もっとも、この場合の意志は、「物理的力」、あるいは「物的実在性」を意味するにすぎないが、しかし、これによって少なくとも意志の次元では、身体と周囲の物体世界との間に、主観—客観という対立以前の、つまり、主客未分の関係が生じていることになる。このような全体的意志の完全に客観化されたものが、イデアであるという。

第二に特徴的なことは、身体のもつ意志的側面が「物自体」の次元として重視され、これに対し、身体の客観的(表象的)側面は「個別化原理」に基づいて生ずる単なる「現象」(仮象)として、より軽視されていることである。その結果、あらゆる個々の合目的的な身体的行動は、盲目的な生への意志の実現のための手段となり、いたずらに苦悩を増すのみで、それ自身に何ら積極的肯定的意味をもちえないことになる。そこで、個別化原理の虚構性を認識することこそ、苦悩にみちた意志の支配から脱却する第一歩となるのであるが、それはただちに悟性と個別的身体存在の否定を意味している。解説の道は、さらに、イデアの美的観照や自他合一の同情的倫理を経るが完結せず、ついには宗教的な「意志の断滅」へと導くことになる。身体のもつ客観的側面の軽視は、ショーペンハウアーのみでなく、生の哲学一般に見られる特徴である。

第三に特徴的なことは、意志の全面的な強調に対して、想像力にほとんど言及されていないことである。人間の行動の特徴は、動物のように生への意志によって、直接的に規定される代わりに、マルクスも指摘するように、想像力を媒介として、意志の働きを受ける点にあると考えられる。われわれの身体の個別的存在が、単に盲目的な生への意志の現象ではなく、むしろ、想像力の中心でもあり、この想像力が生への意志の促しに一種の「還元」をほどこし、これを「カッコに入れる」ことができるとすれば、われわれの身体的行動には「自由」が保証されることになろう。その意味で、想像力による意志作用の媒介を認めるか、否かは、身体論にとって、きわめて重要な意味をもっている。

b　ニーチェ (Nietzsche)

一八六五年に、二十一歳のニーチェがショーペンハウアーの『世界』を読んで、全存在を震憾されたことは、有名な話である。若きニーチェにとっても、問題はいかにして「個別化原理」を克服するか、であった。彼は、音楽をディオニソス的芸術とよび、これこそ「個別化原理の背後にひそむ全能なる意志を表現する芸術、いっさいの現象の彼岸に横たわり、いかなる破壊にも屈することのない、永遠の生命を表現する芸術[21]」であるといっている。彼にとって、音楽は、ショーペンハウアーにおけるような、苦悩からのカタルシスではなく、むしろ、「存在の永遠の喜びをわれわれに確信させずにはおかない[22]」ようなものである。音楽において、われわれは「世界意志のあふれんばかりの豊饒さ」に直面し、「存在に対するはかりしれない根源的喜悦と一体となる[23]」。それゆえ、ニーチェはショーペンハウアーとは違って、意志から逃れるために「個別化原理」を否定するのではなく、むしろ、意志と一体化するために、そうするのである。しかし、この世界意志は、後年の『ツァラトゥストラ』(1883)においては、再び個体としての身体と合一するようにみえる。彼はいう、「身体《ライプ》は一つの大きい理性である[24]」と。彼は身体を「自己自身」das Selbst ともよんでいるが、それは、「自我」を遂行するのである。この身体は価値の創造者であり、「おのれ自身を超えて創造する」ことを「最も欲する」。それは、「生への意志」ではなく、「力への意志」なのである。われわれは、この自己超克的な価値創造者としての身体、「力への意志」の個体化としての身体の中に、個体の想像力と結合した世界意志をみることができると思う。脱自的超越こそ、想像力の一つの機能だからである。それは、意志に促されつつ、つねより大きな価値をめざして、未来へと超越するのである。しかし、他方においてニーチェの身体は、決して、想像力による意志の epoché を認めないし、さらに、自己の客観的(相互主観的)・外部知覚的側面を、他の何者かによる被投性として受け入れはしないであろう。力への意志はついに一切を(過去をすら)創造せんと欲するに至るからである。したがって、それは、乗り越えるべき真の過去と歴史的決断とをもちえないであろう。「永劫回帰」とは、実は、この歴史性喪失の最高の表現ではなかっただろうか?

c　ベルクソン(Bergson)

二〇世紀に近づくと、ベルクソンが現われて、身体について、より、構造的な洞察が加えられる。彼の『物質と記憶』(1896)は、生の哲学の立場からする「心身論」の古典とみなされている。彼は、まず、物質と知覚表象とが区別される以前の、形像 image から出発する。「私は多くの形像のただ中に私を見いだす。……しかるにこれらの形像の中には、私が単に外部から知覚をもって知るばかりでなく、また内部から感情をもって知るという点で、他のすべての形像と特に区別される一つの形像がある。これが私の身体である[25]」。以上から、われわれは、ベルクソンのいう形像が、想像力の対象としての image ではなく、むしろ、デカルトの res extensa に近い、空間的延長体ともいうべきものであることを知ろう。ところで、注目すべきことには、ベルクソンはこの形像を対象とする知覚的意識を主観として定立する代わりに、むしろ、それを身体の有する一種の生理＝物理的反射作用に帰着せしめるのである。すなわち、身体の有する感情は、外部からくる刺激と身体の行なう反応との間にみられる「遅延」、あるいは「選択」、あるいは「中断」の現われであり、その意味で、身体としての形像は、宇宙における「非決定の中心[26]」である。さてこの中心は、他の無数の形像からくる外的作用を脳髄に与える求心神経と脳髄から発して刺激を末梢に伝え、形像の一部、または全部を動かす遠心神経とを有するが、脳髄はすべての外的作用をただちに末梢神経に伝えるのではなく、自己に利害関係を有する作用のみを選択し、しかも、これに対する反応をしばらく保留する。このとき、身体をとりまく諸形像は、身体の可能的反応の「反映」として、身体の利害に関係ある諸側面のみを浮かびあがらせるようになる。これが「知覚」の発生だというのである。それは「一種の鏡面反射である[27]」。それゆえ、脳髄の働きは「一種の中央電話交換局[28]」のそれにすぎず、知覚表象は脳髄の中にあるのではなく、外なる形像のもとにある。また、形像の総体としての物質と、知覚された表象との相違は、全体とそこから選択された部分との相違にすぎないという。

こうして、空間的な知覚意識は消滅し、知覚は形像としての脳髄と他の諸形像との間の生理＝物理的反射関係に還元されてしまったかのようにみえる。しかし、実は、これは生の哲学のドグマに忠実に、意識を時間性としてとらえ、いっさいの空間性を意識から排除せんとするベルクソンの脆弁にすぎないのである。なぜなら、彼自身も認めるように、脳髄における外的作用の選択には、すでにひそかに「記憶」が介入しているからであり、記憶をつくるパースペクティヴ的な意識的主観の働きがすでに知覚とともにあるはずだからである。実際、ベルクソンが一種の生理＝物理的作用とみなす（可能的反応の）「反射作用」は、厳密には、意識による「志向作用」とよばれるべきものであろう。外的刺激に対する身体の選択反応は、行動とよばれる物理的作用に先だって、まず、意識の自由な志向作用でなければならないのであり、意識的主観に対する空間的延長の現前こそが、知覚なのである。もちろん、知覚表象は、空間的パースペクティヴにおいて現前するのであって、脳髄の中にあるのではない。また、それは、ベルクソンの考えたように、物質の部分領域であるのではなく、身体形像と同様に現象学的な意味で epoché され、カッコに入れられた物質存在である。（この知覚意識の主観を、知覚表象としての身体のある部位（たとえば、脳髄）に固定することは、無意味であろう。なぜなら、それは、自由に移動しうるからであり、ある場合には、身体の外に定位され、ある場合には「まなざし」の原点に、また、ある場合には、身体の全表面に定位されうるからである。）

さて、われわれはベルクソンの記憶論に目を転じよう、それが、身体と切り離しえない意味をもつからである。彼は、二種類の記憶を根本的に区別する。

① 表象的記憶 mémoire imaginative: これは、「記憶心像の形式において、日常生活のすべての出来事を、その生起するに従って収録する。……それは一つ一つの事実、一つ一つの出来事にその場所と日付とを与える」[29]。

② 反覆的記憶 mémoire répétitive: これはテキストの暗誦におけるように、反覆的練習によって、「身についた」記憶である。「それはもはや表象ではなく、動作である」。それには、その起源を示し、過去に属すること

を現わす特徴はない。私の歩行や運筆と同じく、私の現在の一部となったものである。「これははじめの記憶とは根本的に違う記憶であって、つねに動作に傾き、現在に足を置き、ただ未来をのぞんでいる[30]」。

後者のようなキネステーゼ（運動感覚）的沈澱を記憶のうちに包含したことは、ベルクソンの卓見というべきであろう。しかし、問題は、両者を関連づける仕方にある。彼は「身体は、未来と過去との間のたえず進行しつつある限界であり、また、われわれの過去が未来へたえずおし進めてゆく尖端である[31]」といい、さらに、われわれの身体は「時間の流動の中に移し置いて考えると、つねに私の過去が動作に変ぜんとする、ちょうどその点に位置している[32]」という。したがって、身体的運動機構としての反覆的記憶は、全意識（それは、ベルクソンにおいては全記憶である）が、過去から空間的形像としての身体（とくに脳髄）に接触し、貫入する尖端を形成することになる。そして、身体を中心とする全形像の世界は、時間の流動の現在における一切断面にすぎないことになる[33]。しかし、現在にのみ生活し、外的刺激に対し直接的反応をもって応ずるのは、下等動物の特徴であり、人間の場合には衝動の人として、いわば「笑い」の対象となる。これに対し、意識的流動の過去の次元に属する定立的な表象的記憶の中から、キネステーゼ的反覆記憶の要求に応じて、適当な心像を選び、それを現在に非定立的・集約的に取り戻し、さらにこの心像を類似の空間的諸形像のうえに反射、投映することによって、はじめて、注意的知覚が生じ、現在の状況に対し、柔軟に対処しうる良識的態度が生まれるという[34]。したがって、「普通の生活においては」、これら二つの記憶は、「互いに融和し、それぞれの本来の純粋性をいくぶん失う[35]」と。

こうして、最初、根本的に区別された二つの記憶は、意識生命の過去から現在への流動の中で連続し、ついには渾然と交りあってしまう。

以上のベルクソンの所論において、われわれがまず気づくのは、表象的記憶の発生する余地がどこにもないことである。この記憶は、もちろん、形像としての身体の一種の「反射作用」から生まれるとされる知覚が、現在においてそれと接触する意識によって受動的に把握されるところに生ずるであろうが、ベルクソンには、現在の瞬間に、受動的に働く意識は、存在しないからである。現在に働く意識は、基本的に、ひたすら動作のために働く功利的意識であり、現在から未来を目指していると、いわれているのである。すでに述べたように、本来、知覚的意識を欠いていること、したがって、現在から、過去へ向かって流れる一般的な意識流を欠いていることが、この難点をもたらしたことは、明らかであろう。表象的記憶を、パースペクティヴ的な知覚主観の定立作用に帰し、反覆的記憶を(主として)現在沈澱的な想像力主観の非定立性に帰することによってのみ、この難点は取り除かれるであろう。それは、また、身体空間性を、流動する生命的時間の一切断面にしてしまうのでなく、むしろ、相互主観的な空間性によって、身体が、生命を歴史的に形態化しつつ双関的に(或は共現在的に)包み込むことをも、意味するであろう。

d　シェーラー(Scheler)

生の哲学を代表する最後の哲学者として、シェーラーをあげなければなるまい。彼は、たしかに、現象学的方法を用いてはいるが、しかし、それを「ニーチェ、ディルタイ、ベルクソンの与えた思想的衝撃を十分に利用する」[35a]ための単なる手続きとみなしているのである。

彼の重層的な思想体系の中で、身体が占める位置を明らかにするために、彼の“Der Formalismus in der Ethik”(1916)に基づいて、図を作ってみよう[p](図1)。

この図からわかるように、身体は、「我」によって統一される内部知覚的(心理的)領域と、外界とよばれる外部的知覚的(物理的)領域とにまたがる独自の中間領域を形成している。身体は、決して、心と物体との統一ではなく、むしろ、心理的・物理的には、「中立」であるとみなされている。
彼は、従来の身体論の誤りを、次のように要約する。[37]

① 内部的な「身体意識」を感覚の単なる集合体とみるのは、誤りである。

② いわゆる身体感 Leibsensation は、「器官感覚」と程度の差をもつにすぎず、後者は、また、程度と内容において、音、色、味、匂いなどという「感覚」と異なるにすぎないというのは、誤りである。

③ 物的身体 Körperleib は、他の物体とまったく同様に、根源的に見いだされる、というのは誤りである。

④ 身体感は「心理的現象」であるというのは、誤りである。

⑤ 内部的な身体意識は根源的に非分節的であり、二次的に関連づけられる物的身体部分を通して、はじめて、分節化されるというのは、誤りである。

⑥ 内部的身体意識の内容は、根源的に非延長的だというのは、誤りである。

すなわち、シェーラーにとって、身体に固有の感覚は、空間の中に相互並存的に、また、時間の中に相互継起的に、現出する相互外在的な「外部知覚」とも異なるが、一方、完全に相互内在的で、非延長的な「内部知覚」(たとえば、悲しみ)とも異なる。苦痛、飢え、疲労、痒みなどの身体的感覚は、相互外在的、延長的ではあるが(たとえば、痛みは背中にひろがっている)、しかし、非空間的、非時間的であり、決して、計量しうるものではない。そして、「身体のかの漠然とした全体」(身体感)は、つねにそれらの感覚の「背後根拠」

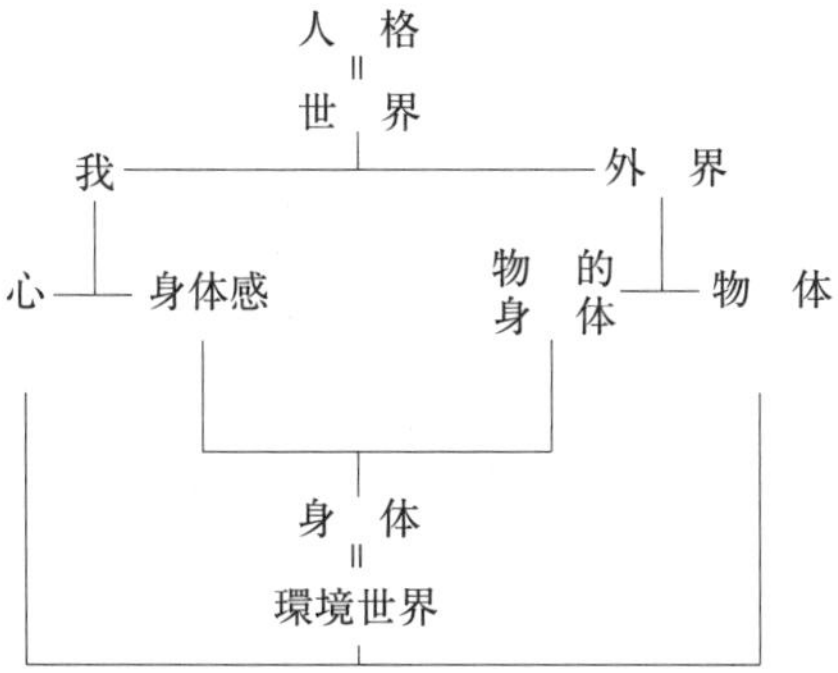

図 1

として、ともに与えられ、つねに志向されている[38]。

一方、かかる身体性は、それが所属する心理的自我とは独立に与えられうるが、この自我のほうも、把握されるため、何らかの身体的所与を通過することを必要としない、という。「私がたとえば〈悲しくある〉様式は、〈私が疲れたと感じたり、空腹と感ずる〉様式とは本質を異にするもの[39]」となる。さらに、心理的自我と身体感との関係は、「集中」と「弛緩」とのそれともみられている。「集中した自己内存在」、すなわち、深く自己のうちに生きるときには、われわれの心的な全生活は、過去をも含めて一つに総括され、一つとして活動しているかのようである。「それはまれな瞬間――たとえば、大きな決断や行為を前にした瞬間である[40]」。身体性は、この全体性の部分契機としてそれに含まれ、それに属する。これに対して、逆にわれわれが「身体の中に生きる」とき、たとえば、はなはだしい疲労、強い弛緩、むなしい気晴らしなどのときには、「かつての充実していた場所は、今や空虚となり」、われわれは身体の中に生きる程度に応じて、断片的な瞬間の中に生きる。いまや、身体こそ、確乎としてわれわれ自身であるように思われ、心理的なものは、「その傍を、はかなく流れ去ってゆく[41]」という。

だが、ベルクソンと同じように、身体が従属する自我を、単なる心理的領域の中心とみなし、物理的世界を自我の支配から完全に中立化するかぎり(図1参照)、おそらくシェーラーは、心理的領域と物理的領域との歴史的・文化的交流の次元としての身体をとらえることに、困難を感ぜざるをえなかったであろう。われわれは、そこに初期のシェーラーにおける生の哲学の「足かせ」をみることができよう。しかし、実際には、この生命的・心理的自我と身体、との関係は、彼にとって、徐々に変化していったように思われる。晩年の『宇宙における人間の地位』(1928)において、シェーラーは、「身体と心の問題に今日たずさわっている哲学者、医学者、自然研究者たちの意見は、ますますある一つの統一的な根本見解に収斂しつつある。それによれば、同一の生命が、その内的存在においては心的形態を、それの対他者的存在においては身体的形態を有するというのである」といい、さらに「われわれが、生理学的と心理学的とよぶところのものは、同一の生の経過に対する考察の二つの側面でしかない[42]」ともいっている。ここでは、生とその最終根拠としての「衝迫」Drang とを代表するものは、もはや、心理的自我ではなく、いわば心理＝物理的な身体我である。そして、この身体我は、人間のもう一つの超越的根拠たる「精神」の作用中枢としての、心理＝物理的に中立な「人格」と呼応し、協力して、人間存在を構成する。すなわち、精神が、生命的衝迫を抑圧し、その衝動的エネルギーを精神的エネルギーへと転換（昇華）することを可能にする。このプロセスには、さらに、精神と衝迫という二つの属性をもつ「隠れた神」が、人間と歴史とを通して自己を実現してゆく形而上学的意味が与えられる。

晩年のシェーラーには、こうして、生の哲学の「生命＝心理主義」のゆきすぎへの反省が、看取されるとはいえ、それは決して十分ではない。たとえ、最初は「心理的＝物理的に中立な」とよばれた身体が、のちに「心理的＝物理的な」とよばれるようになったとしても、何が身体と（とくに）物理的領域とを媒介しているのか、が明らかでないかぎり、なお、本質的な変化とはいえない。シェーラー自身の、前意識的な衝迫（衝動インパルス）の一種の protention（先取り）から、客観的な空間と時間を導出しようとする晩年の試み（空間＝「心理の空虚[43]」）は、一種の「お伽噺」としか聞こえないのである。われわれには、空間と時間とを含めて、外部知覚の領域を、複数連合主観的・パースペクティヴ的な意識主観（それは、つねに超越論的反省をふくみうる）の相関者とみなすよりほかに、道はないように思われる（第三部第一章を参照）。この主観の媒介により、非定立的・無定形な生命的・心理的領域（それは epoché されれば想像力となる）の一部が、外部的知覚および延長体（物体的身体）として客観化され、その延長体の運動に伴って、必然的に、生命的領域にキネステーゼ的内部知覚の沈澱を生ずるが、運動の継続の中で、自己を延長体として対象化せるこの知覚意識は、他の対象に目を転じて全力をあげてこれに対応せんとするとともに、自らの延長体の直観を先のキネステーゼ的知覚の沈澱のうえに、「被服」のごとくかぶせるのである。このとき延長体はもはや定立された客観的対象ではなく、生命的・キネステーゼ的領域を外部知覚領域から分かつ、限界的表面のすべてである。しかも、これに伴う意識主観も、もはや反省的視点として、この延長的表面から離れて立ちえないから、志向的距離はゼロとなり、身体表面上の全体に分散して、体表面的知覚意識（視面）となるであろう。心理的・生命的領域の「被覆」としての身体表面に分散する体表面的知覚的主観は、地平志向的には、身体の全表面をもって（背中やつま先をふくめて）世界を見る（観る）意識であり、対象志向的には、西田幾多郎のいう「物となって見る」（つまり、対象の全表面を自己の身体の全表面によって見る）意識である。いいかえれば、行動の只中における知覚意識は、非定立的な延長的身体を「着ながら」、この身体を通してのみ世界や対象を観ているのである。いっぽう、キネステーゼ的沈澱（の）意識によって内から充実された、非定立的な体表面的意識は、すべての身体運動的知覚（その表面的たると、深部たるとを問わずに）に、「延長的、相互外在的にして、しかも、空間・時間の中に（定立的に）ない」（シェーラー）という性格を付与しているものである。それは、我々が、かつて「身体統覚」とよんだものにほかならない。

　こうして、われわれが生の哲学の偏見から解放されると、複数連合主観的・パースペクティヴ的な体表面的知覚主観（ケルパー）と、キネステーゼ的沈澱を含み、かつ自己投企的な想像力主観（ライプ）という、二重主観性の統一から成る「身体的自我」の姿が、ようやく、われわれの前に浮かびあがってくるのである。

4　実存哲学

キルケゴールに発する実存哲学は、前述の身体のもつ二重主観的構造の認識への前段階として理解されうるだろう。

a　ハイデガー（Heidegger）

生命次元への偏向によって、身体を単に生命現象としてとらえる生の哲学とは異なって、実存哲学には、身体のもつ、還元しえぬ二重性についての予感的洞察がある。しかし、それは、この二重性を分割し、二つの異なった人間存在の様式のおのおのへと分配するのである。すでにキルケゴールの群衆と単独者という図式にその先駆を見いだしうるが、ハイデガーの本来性と非本来性、先行的決意性と das Man という区分に[44]、われわれはその典型を見いだしうるであろう。ここでは、一つの身体に帰属すべき二重の主観が、それぞれ別個の、両立しえぬ二つの領域の中心として、姿を現わす。もちろん、両領域に共通な構造として、「自己に先だちつつ、すでに世界の内にある」という意味をもった「関心」Sorge[45] があげられるが、これとても、日常性の次元では「待望しつつ、現在化する」という形となって、中心は未来から現在へと移り、共通性はあってなきごときものとなる。すなわち、本来性の領域では、自己の存在可能を目ざす「脱自的・地平的な」時間性が、これに対し、日常的・非本来性の領域では、「今」の継起としての通俗時間が支配している[46]。同様に、空間性についても、本来性の領域では、世界投企と道具的連関に基づく脱離性 Entfernung と布置性 Ausrichtung とが、これに対して、日常的・非本来性の領域では、忘却的待望に基づく、道具の非道具化と孤立とが生じている[47]。ハイデガーにならって後者を前者からの「頽落」とよぶことは、無意味であろう。むしろ、両者がそれぞれ固有の領域として、人間的身体の両面を同時に構成するものと考えるべきであろう。

これを説明するため、ハイデガーの das Man が、われわれの体表面的知覚主観といかに相関するかをみることにしよう。ハイデガーによれば、日常的共同存在における他者は、まず、「配慮的・配視的な現存在がその内に身を置いている世界の中から出会う[48]」のである。畑に沿って歩けば、それは誰かの畑として、よく手入れのゆきとどいた畑として現われ、目の前にある本はどこかの店で買った本として、また、誰かに贈られた本として現われ、岸につないであるボートは、それを乗り回す知人のものとして、見なれぬボートは、赤の他人のものとして現われる[49]。しかも、これらの現出は、ハイデガーの示唆に反して、私自身の世界投企から生ずるのでなく、むしろ、私の体表面的主観としての身体が直面する物体表面上に、私の想像力主観のもつキネステーゼ的沈澱（あるいは、投企的沈澱）の類比的投映として、読み取られるのである。これは、感情移入によるというよりも、むしろ、私の体表面的主観とすべての物体表面との間に成り立つ基本的な Paarung（双関、或は対化《つい》）によるものというべきである。私は、物体の表面に刻みつけられたキネステーゼ的沈澱の類比的了解によって、そこに他の体表面的主観の痕跡をみるのである。このような他者発見の成立する時間は、非本来的な予期的・忘却的な現在化（今）ではなく、面と面の出会いの「立ちどまる今」と他者によるキネステーゼ加工（関与）の「過ぎ去った今」とを一つにとり集めるような「幅をもった現在」でなければならない。身体我の想像力主観は、未来への超越に先だっては、つねにこのような現在にいきている（おそらく、ハイデガーのいう既在性 Gewesenheit は、このような現在ときわめて近いものであったろう）。こうして、日常的共同存在の次元において、すでに、身体我の二重主観、すなわち、体表面的知覚主観と想像力主観とが、共同して働きつつあることが、明らかとなったのである。

ハイデガーの指摘する、das Man 同士の間を支配する差別感、平均性、均等化などの性格も、私の体表面的主観と他者のそれとの間にある連合主観的な Paarung に基づくものと考えられるが、体表面的主観の次元は、このような否定的な面だけをもつものではなく、むしろ、社会的役割の分担および交換なども体表面的主観同士の基本的 Paarung に基づくのである。ペルソナとしての社会的役割は、具体的に規定された体表面的主観にほかならないからである。

同じように、本来的実存の次元においても、われわれは二重主観の（隠れた）共同の営みを見いだすことができる。ハイデガーは、現存在（想像力主観）の世界投企によって、道具的連関の適用性全体 Bewandtnisganzheit が開示され、この適用性全体の中で道具ははじめて道具として発見されると、説く。「そもそも、存在者が配慮に対して自らを示すかぎり、それははじめから環境世界的道具であり、さしあたって、ただ、物体的に存在する〈世界質料〉では決してない[50]」。だが、習慣的に反覆される投企の場合を除けば、ある一つの世界投企から一つの適用性全体が構成されるためには、体表面的主観（あるいは、その反省態としての点的主観）による客観的データの提供が不可欠である。それは、個々の物体の有する適性、不適性についての認識のみでなく、物理的諸現象に関する因果関係と社会的諸現象に関する役割関係とをめぐる数量的・質的認識を含まねばならない。たとえば、われわれがはじめて、海外旅行を企てるときは、単に旅行カバンの重さについてばかりでなく、旅券、航空券、飛行機のスケジュール、旅費等をめぐって、無数の客観的知識が必要になる。それゆえ、世界における諸存在者のもつ客観的性格は、道具的性格の単なる「欠如態」ではなく、むしろ、その成立に対する「必要条件」である。そもそも客観的条件を無視した投企は、適用性全体を完成しえぬことによって実現不可能であり、あらかじめ挫折へと運命づけられているといわなければならぬ。われわれは、ハイデガーが犯したように、現実の世界投企において、連合主観的・パースペクティヴ的な体表面的主観の果たしている、不可欠の役割を見落としてはならないのである。

次にサルトルとメルロー・ポンティについて、ごく簡単にふれておこう。

b　他の実存哲学

①　サルトル（Sartre）

サルトルの思想は、諸処にみられる現象学的分析の鋭さにもかかわらず、非現象学的な「即自存在[51]」という実体の導入によって、その身体観を歪められている。身体も一つの即自存在であるとされる以上、あらゆる意識に対して、超越的なものとならざるをえないからである。一方、想像力は、不在なる即自存在の意識とされるから、即自的身体の意識は知覚的意識、ただし、非定立的な知覚的意識ということになる[52]。「嘔吐」というのが、この身体的知覚を表わすサルトルの文学的な表現である[53]。しかし、純粋な物質的存在である即自的身体存在の「内的」知覚がそもそも可能であるか、どうか、については疑問がある。それは、いわば、自分の屍体の意識にほかならないからである。もし、かりにそれが可能であったにしても、もはや、そこから出発してサルトルのいう「対自存在[54]」には到達しえないであろう。なぜなら、対自存在は、自己の身体の非定立的意識があらゆる対象の定立的意識に伴いつつ、そこに自己の存在を再発見するところに成立するのであるが、実際には、即自的身体存在の（非定立的）意識と、即自的対象存在の意識との間にはいかなる同一性もないからである。それは、たとえば、机の存在の意識とラジオの存在の意識との間の関係と同じである（死せるものたちの存在は、互いにきびしく、へだてられている）。もし、サルトルのいうように、「対象の定立的意識は、同時に、自己の（身体の）非定立的意識である[55]」とするなら、これらの意識の中には、すでに、想像力が働いていなければならない。すなわち、私の身体の事実的存在が、単に知覚を通してのみでなく、同時に想像力を介しても与えられているのでなければならない。このとき、外的知覚意識としての体表面的主観と内部知覚像意識としての想像力主観との二重性を通して、私の身体我は非定立的に（生けるものとして）現出しているのである（身体の純粋な内部知覚は、広義における「像」と一致する。たとえば、キネステーゼ的沈澱も、一種の像である。「幻影肢」という現象は、そこから説明されよう（第三部第二章参照））。この私の身体のもつ可能存在としての想像力が体表面的主観と物的対象の表面との Paarung を介して、対象の中へと分散してゆくことにより、はじめて私の存在と対象の存在との同一性（の意識）が生まれてくる。それゆえ、サルトルは、身体を媒介とする対自存在を説くかぎり、公式的には想像力を「無」として、身体の隙間なき即自存在から排除しながら、ひそかに、それを裏口から導入していると疑われざるをえないのである。対自存在の媒体としての身体は、元来、非定立的に知覚された物体ではなく、むしろ、非定立的な体表面的知覚意識と表裏一体に結合した想像力（の中心）でなければならないからである（体表面的知覚意識と想像力との関係は、いわば、外殻と内実とのそれである。しかし、当然、それらを統一する者としての「身体的自我」が考えられなければならない）。

②　メルロー・ポンティ（Merleau-Ponty）

メルロー・ポンティを実存哲学者の中に数え入れることには、前章と同じく、問題があろう。なぜなら、ハイデガーやサルトルにみられる、知覚と想像力（実存）との分離を克服することこそ、彼の最大の課題だったからである。彼がこの課題の解決を、新しい身体像の発見に求めたことは、われわれの立場との親近性を示すものである。彼にとって、身体とは「世界へと受肉せる実存」[56]である。この場合の世界は、フッサールの自然的世界と同じく、あらゆる理念化に先立つ、一種の原始信憑の対象であり、すでに相互主観的に規定された、匿名的な「ひと」[57]の世界である。この世界に投錨し、住み込み、「見るもの」であるとともに交錯的に「見られるもの」となるとき、実存は身体となる。このとき、身体は外的空間の中にあるばかりでなく、固有の空間性をもつ。すなわち、身体は見えざる「志向弓」によって諸対象と結びついている。かかる空間の二重性（両義性）に、身体の側で対応するのが、「身体図式[58]」である。身体図式は、ベルクソンの「反覆的記憶」のように、身体に沈澱した運動のパターン、動的ゲシュタルトであって、個々の身体に固有であるとともに、相互に模倣し、学習することができる。われわれは身体図式のうちに、身体表面的知覚と想像力、「ひと」と実存との一種の統一を見ることができる。メルローは、「一般化された実存[59]」ともよんでいる。

われわれは、彼の身体観の中に、われわれの立場に最も近いものを見いだすのであるが、しかし、両者は決して同一ではない。まず、われわれが疑問とするのは、彼の世界に対する見方である。彼が、「前述定的世界」ともよぶ相互主観的世界は、「ひと」とよばれる匿名的主観をのぞいては、明確な主観をもたない。「ひと」、あるいは das Man というような主観は、実存が世界へ受肉するに際して、特定の身体と結びつくことはできないであろう。なぜなら、身体と結びつく主観は、すべてパースペクティヴ的でなければならず、したがって、匿名の一般者ではありえず、「私の」主観でなければならないからである。明確な統一された知的主観を欠くことによって、メルローの身体は、世界を客観化する方法をもちえず、したがって、身体図式の新しい獲得のプロセスを示すことができない。人間の身体における歴史的・文化的沈澱は、つねに世界と自己との客観化を通してのみ、可能となるからである。われわれの職業技術的な習得のプロセスを考えれば、それは明らかであろう。われわれの身体は、前述定的・前理念的な世界にのみ、受肉するのではない。むしろ、それは、現代の科学技術的世界にも受肉しなければならない。もちろん、嬰児にとっては、科学技術的世界も一種の前述定的世界にすぎないであろうが、彼は自己と世界とを客観化することにより、次第に、この世界を自己の中に沈澱せしめてゆくのである。そのためには、「ひと」ではなく、「私の」体表面的主観が必要である。体表面的主観が自己を客観化し、さらに再び主観化し、これに想像力的実存が受肉することが必要なのである。体表面的主観の特徴は、それが本質的に「二重感覚的」であること、すなわち、「見るものと見られるもの」、「触れるものと触れられるもの」が互いに交代するのではなく、完全に一致している点にある。従来考えられてきたように、触覚のみが二重感覚的であるのでなく、視覚もまた、体表面的主観においては二重感覚的となる。それゆえに、それは、自らを客観化することによって、よりいっそう、主観的となりうるのである。メルローは、二重感覚を本質的に否定することによって[16]、少なくとも『知覚の現象学』の段階では、体表面的主観への道をふさいでしまったようにみえる。

(1) Aristoteles, De anima (Oxford 1979) 29
(2) Thomas Aquinas, Summa Theologiae, Pars Prima et Prima Secundae (Torino 1963) 350
(3) Descartes, Discours de la méthode, A. & T. VI 56
(4) 第二部第二章参照。
(5) 同右
(6) 同右
(7) Feuerbach, Grundsätze der Philosophie der Zukunft (Frankfurt a. M. 1967) 91［略号 GPhZ］
(8) dto., Das Wesen des Christentums, Suhrkamp Werke Bd. 5 (Frankfurt a. M. 1976) 17
(9) Marx, Ökonomisch-philosophische Manuskripte aus dem Jahre 1844, Teil I, Marx Engels Werke Ergänzungsband (Berlin 1968) 515［略号 OPhM］
(10) Feuerbach, GPhZ 19
(11) Marx, Thesen über Feuerbach, Werke Bd. 3 (Berlin 1962) 5
(12) Feuerbach, GPhZ 110
(13) op. cit. 105
(14) Marx, OPhM 515
(15) op. cit. 517
(16) op. cit. 538–539

(17) op. cit. 539
(18) Marx, Das Kapital, Werke Bd. 23 (Berlin 1968) 193
(19) Schopenhauer, Die Welt als Wille und Vorstellung, Hanser Werke Bd. I (München/Wien 1977) 149–153
(20) ibid.
(21) Nietzsche, Die Geburt der Tragödie aus dem Geist der Musik, Sämt. Werke Bd. 1 (Berlin 1980) 108
(22) op. cit. 109
(23) ibid.
(24) dto., Also sprach Zarathustra, Sämt. Werke Bd. 4 (Berlin 1980) 39
(25) Bergson, Matiére et mémoire (Paris 1953) 11
(26) op. cit. 33
(27) op. cit. 35
(28) op. cit. 26
(29) op. cit. 86
(30) ibid.
(31) op. cit. 82
(32) op. cit. 82–83
(33) op. cit. 169
(34) op. cit. 112
(35) op. cit. 173
(35a) Scheler, Vom Umsturz der Werte (Bern/München 1972) 339
(36) Scheler, M., Der Formalismus in der Ethik und die materielle Wertethik (Bern 1966) 158
(37) op. cit. 400
(38) op. cit. 410
(39) op. cit. 409
(40) op. cit. 417

(41) op. cit. 417–418
(42) Scheler, Die Stellung des Menschen im Kosmos (München 1949) 72
(43) dto., "Idealismus-Realismus" in: Späte Schriften (Bern/München 1976) 219f.
(44) Heidegger, Sein und Zeit (Tübingen 1953) 126
(45) op. cit. 192
(46) op. cit. 337
(47) op. cit. 105
(48) op. cit. 119
(49) op. cit. 117
(50) op. cit. 85
(51) Sartre, L'être et le néant (Paris 1948) 30
(52) op. cit. 368
(53) op. cit. 404
嘔吐は元来、「内側から見られた存在」が根底から外化されたさいのライプの意識であって、サルトルのいうように、身体そのものの意識であるか、どうかは、疑問であろう。
(54) op. cit. 224
(55) op. cit. 19
(56) Merleau-Ponty, Phénoménologie de la perception (Paris 1945) 194
(57) op. cit. 395
(58) op. cit. 115
(59) op. cit. 513
(60) op. cit. 109

第四章　モナドと他者
――ライプとケルパーの相即――

本章ではまず、フッサールのモナド概念を批判することにより、モナドが前定立的可能存在としてのライプにのみ帰属することが示され、次に、この先所与的ライプから出発して、他我の構成が、身体的自我を介する、体表面的主観としてのケルパーとライプとの種々の相即の問題に帰着することが、示されるであろう。

1　現象学的還元とモナド

フッサールの後期の思索において、現象学的還元は、つねに、一貫してモナドへの還元に外ならなかった。この点に対して、従来、一般に必ずしも充分な関心が払われてこなかったように思われる。

例えば、一九二三～二四年の講義である。『第一哲学』(Erste Philosophie) 第二部においては、周知のように、『イデーエン』から始まる――経験的世界の非存在が可能であるという証明に基づく――「現象学的還元へのデカルト的道」に代わって、あらたに――世界経験への反省に基づく――「心理学者の道」が示されるのであるが、この還元への第二の道は、個々の対象との相関関係を超えて、超越論的(transzendental)経験の全領野へと適用を拡張されることによって、「普遍的(universal)エポケー」とよばれるに至る。それはまさに「超越論的主観の宇宙(Universum)」を可能にするのである。[1] そして、この(相互に共同態をもなしうる)「宇宙」が、差し当たって、モナドを意味することは、この講義の末尾をしめくくる、「かくて、現象学はライプニッツの天才的洞察によって予想された、モナドロギーへと導かれる[2]」という一文によっても、明らかであると思われる。

さらに、一九二九年に書かれた『デカルト的省察』においては、フッサールは、形式的には、「デカルトに従って」、客観的世界の存在に対するエポケーから出発するが、しかし、内容的には、『第一哲学』における「普遍的エポケー」と同じものが、つまり、「関心なき傍観者」としての超越論的自我による「無限の意識的生命の領野」への反省が語られる。しかし、ここでは、「自己固有還元」(或は「原初的還元」)の導入によって、モナドはより一層明確に定義され、単なる「超越論的主観の宇宙」から区別される。即ち、右の還元によってこの宇宙は、構成された自己の身体《ライプ》及び心理《ゼーレ》に帰属する「自己固有領域」とそれ以外の「他者領域」とに区別されるのであるが、そのさい、これらを構成する超越論的自我は、「世界化的自己統覚」によって、前者、即ち「自己固有領域」と合一するのである。[3] 超越論的自我が自らの構成した「心理＝物理(身体)的人間」としての自我と一体化するとき、はじめて「全き具体性において把えられた自我」つまりモナドが成立するのである、それゆえ、モナドは、いわば、超越論的自我の「受肉」であり、そこからこそ、「身体」が「絶対的ここ」としてモナドの機能的中心を占める理由を知りうるのである。モナドは、単なる構成体ではなく、むしろ反省的かつ前反省的、受動的かつ能動的に機能する超越論的志向性そのものである。フッサールは、『デカルト的省察』を、「哲学的認識への必然的道は、差し当たってはモナド的な、次には相互モナド的な、普遍的自己認識の道である[4]」という文章で、しめくくっている。

一九三五〜三六年に書かれた、フッサール最後の著書『ヨーロッパ的学問の危機と超越論的現象学』においても、還元という点に関する限り、『デカルト的省察』における議論の筋道はほぼそのまま継承されている。たしかに、ここでは、まず「客観的学問からのエポケー」に出発点がおかれているが、しかし、それをめざして還元という操作が行なわれる「生活世界」(Lebenswelt)とは、自然的態度を全面的に変更した(反省的)主観の意識生命に現象しつつある日常的経験の総体及びその地平であり、前に述べた「超越論的主観の宇宙」と同じものを意味すると考えて差支えない。実際、ここでは、(「超越論的エポケー」とならんで)「普遍的エポケー」という語、(還元の目標としての)「純粋に主観的なものの宇宙」という語も使われている。そして、ここでも、また、「一切を構成する超越論的自我」と、それによって生活世界の中に構成された「人間」的自我との間に生ずる「人間的主観性のアポリア」の提起を通して、前者の後者への「自己客観化」(或は流入)が語られ、「自己固有還元」に相当する「最終的に機能する、絶対的に唯一の自我への還元」が要請されて[5]、終わっている。フッサールはいう、「いかなることがあろうとも、単に方法的理由からのみでなく、(ここではこれ以上立ち入ることができない)最も深い哲学的諸理由によって、自我の絶対唯一性と、一切の構成に対するその中心的地位とに充分な考慮が払われねばならない[6]」と。これが、超越論的自我の受肉と、モナド的自我への還元を意味していることは、おそらく、疑いえないところであろう[7]。もちろん、なぜ、この『危機書』においては、モナドという語が全く使われていないのか、という点について、問題は残っているけれども――。

以上に述べたように、フッサールの最晩年の十余年間に、即ち、現象学的還元が「新しい道」を辿りはじめ、それに伴って、還元の目標が「純粋意識」から「生活世界」へと転換されていった期間に、現象学的還元は、つねにモナドへの還元、いいかえれば、「私自身に固有本質的なものの領域」、「私が、私自身の内部で全き具体性においてあるところのものの領域」への還元であった。このようないわば「独我論的」で必当然的な領域への還元を一度経ることが、相互主観的な生活世界の現象学的構成の必要条件であると見なされているのである。そして、一方では、モナドとしての私の具体的存在は、「純粋に私自身の内部で、私自身に対して、完結した自己固有性[8]」をもっているとされているのに対し、他方では、「唯一のモナド共同体、すべての共存するモナドの共同体のみが現実に存在しうる」とされるのである。[9]我々は、そこに、いわば、フッサールがライプニッツから受けついだ存在者の「個体性」とそれらの間の「予定調和」とへの強い関心を見出すのである、そのさい、避けがたく我々の側から提起される第一の問題点は、ライプニッツの古典的なモナド概念がはたして「実存論的な」個体性にまで深められているか、いなか、にあるといわねばならない。そして、また、第二の問題点は、いかにして、もはや神の媒介によることなしに、かかるモナドと他のモナドとの交通を確保しうるかに、あるといわなければならない。これらの問題点については、次節で検討することにしよう。

2　フッサールにおけるモナドの構造

前節に述べたような重要な地位を与えられながら、フッサールのモナド概念には、なお、少なからず曖昧な点があり、それが、ひいては今日に至るまで生活世界の概念自身の不明確さを生み出しているように思われる。その意味では、我々は、「実存哲学」をフッサール以後における一つの新しいモナド論の試みと見ることもできよう。例えば、ハイデガーの「現存在」、サルトルの「対自存在」、ヤスパースの「包括者」などは、いずれも、モナドの一種（変種）と見なすことができる。即ち、それらに共通な、「存在の開け」としての世界内存在という様態、個体性（或は各自性）への傾向、及び「主観―客観」図式への反感などは、疑いもなく、モナド的な性格である。同時に、「世界投企」という概念の中にその最高の表現を見出すような形で、「想像力」がこれらのモナド的概念にかんして果たしている役割の大きさは、我々にとって印象的である。実際、モナドと想像力との必然的関係については、世界の先所与性との関連においてのちに触れられるであろう。しかし、実存哲学のモナド論的傾向が、中途半端なものにとどまっていることは、モナドという単語が、彼ら実存哲学者たちによって、一度も真剣に採用されなかったという点からも、明らかである。サルトルはいう、「具体的経験の水準においては、モナド論的記述は、不十分である」、なぜなら、モナドはいかなる入口も、窓ももたないから、であると[10]。しかし、モナドが無条件に、いかなる入口も窓ももたないか、どうかは、簡単には答えられない問題である。とくにモナド全体とその核（純粋な身体《ライプ》）とが区別されるならば、モナド間の交通という問題は多分新しい様相を示すことであろう[11]。

もう一度、フッサールによるモナドの定義に戻ろう。フッサールはすでに『厳密な学としての哲学』(1911)の中で、モナドという語を使用している。「心理的なものは、（形而上学的な意味でなく、比喩としての）モナドへと分配されている。それらのモナドは、窓をもたず、ただ自己投入(Einfühlung)によって交流している[12]」。そこには、「意識のモナド的統一、……現象の二方向への無限の流れ」という言辞も見出される。ここでは、前述の後期の思索におけるとは若干異なって、モナドは単なる純粋意識の内的統一態（の比喩的表現）と見なされているようである。

そこで後期のモナド論を代表するものとして、『デカルト的省察』のそれを少し詳しく検討してみよう。すでに三三節に、「同一極としての、また、習慣性の基体としての自我から、我々は、全き具体性において把えられた自我（それを我々はモナドというライプニッツの語でよびたいと思う）を区別する。それは、それなしでは自我が決して具体的ではありえないものを、加算することによっておこなわれる。即ち、自我が具体的でありうるのは、その志向的生命の流れる多様性の中と、その中で思念され、時には、存在するものとして自我に対して構成されつつある、諸対象の中においてのみである[13]」とある。かかるモナドの定義において、直ちに問題となるのは、モナドといわゆる

「自己固有還元」との関係であろう。即ち、「全き具体性における自我」としてのモナドは、「自己固有領域」への還元に先立つ自我の(一般的)様式であり、モナドにこの還元を適用してのちにはじめて「原初的領域」がその中に生ずるのか、それとも、この還元は、モナドが成立するための必要条件であり、本来、モナドはつねに「原初的領域」なのか、という問題である。一見したところ、叙述の順序から見ても、前の主張がフッサールに忠実であるかのように見える。しかし、「(モナド的)自我としての私は、永続的に私に対して存在する周囲世界をもつ」のであり、「絶対的ここ」としての唯一の機能中心であるとされるから、あらためて、自己固有還元によって「我ら」という可能的意味連関や「万人に対する周囲世界性」を排除する必要があるとは考えられない。むしろ、四五節に述べられているように、超越論的自我によって、「体験の宇宙」が自己固有の原初的領域と他の領域とに区別されることこそが、自己固有還元であり[14]、それによってはじめて、第一の領域の中で精神物理的な人間としての私が明らかにされつつ、超越論的自我のモナド中心としてのそこへの受肉(自己統覚)が可能になると考えるべきであろう。つまり、モナドは、最初から、つねに自己固有の原初的領域なのである。

さて、この原初的領域としてのモナドは、いかなる自己完結性をもっているであろうか?『危機書』の五五節は、「絶対的に唯一な・最終的に機能する自我への還元による、我々の最初のエポケーの試みの原理的修正」と題されているが、そこにはこうある、「たえず存在確信と自己証明とを通して予め与えられ、疑いの余地なき世界が、前もって存在する。私がそれを地盤として『前提』しないときにすらも、世界はコギトする私に対して、恒常的な自己証明を通して妥当している。……もし、レアリスムスという語が『私は、この世界の中に生きている一人の人間であることを確信する。そして、この点についていささかも疑っていない』ということ以上の何事をも意味しないとすれば、これは最強のレアリスムスであろう。だが、この『自明性』を理解することは、正に大問題である[15]」と。ここでは、第三部第二章で論ぜられたような「不可疑的な」受動的先所与としての世界がとりあげられている。しかし、残念ながら、このような「先所与的」世界と、モナドとの肝心な関係をフッサールはついに明確にしないままに終わっているのである。とはいえ、モナド自身が、自己固有の原初的領域として、一つの「先所与的」世界の上に基礎づけられていることは、疑うべくもないであろう。[16]それは、我々の見るところでは、超越論的自我が受肉する筈の身体《ライプ》が、構成された物体身体《ケルパー》とは異なって、すでに一つの先所与的(前定立的)世界の中核であることによって、必然的となるのである。身体《ライプ》の有する自己還帰性は、一般に考えられているように、単にキネステーゼ的次元においてのみ見られるのではない。純粋な身体《ライプ》(肉身)は、存在論的に前定立的な周囲世界と連関し、周囲の諸表象と主客未分的に同一の可能存在を頒ちあっている。[17]このような存在論的構造によって基礎づけられる限り、モナドは、自己完結的な存在の只中における「開け」(Da)という性格をもつ。つまり、モナドは、純粋な・先所与的な身体《ライプ》を中心とする限り周囲世界においてたえず自己に還帰しつつ、他者に対して、閉じているのである。我々は、すでにそのことを「モナド的可能存在」や「前定立的世界」の形成において見てきたのである。

フッサールは、先所与的世界の次元を発見しながら、それと身体との内的連関を十全に理解しなかったために、モナドと純粋な身体《ライプ》と先所与的世界との三者のいわば実存論的関係を明らかにしえなかったように思われる。しかし、その反面において、もし、純粋な身体《ライプ》が、(右に見たように)超越論的自我による定立に先立つところの周囲世界の生み出した非構成体であると理解されたとすれば、フッサールの反省的な超越論的自我は、一切を構成する絶対的に唯一の主観性たる資格を失うことになったのではなかろうか？　その意味でも、フッサールにとって、世界存在の「自明性を理解することは、正に大問題」であったにちがいないのである。

さて、我々は、肉身、つまり純粋な身体《ライプ》が先所与的なものであり、かつ、フッサールのいうようにモナドの「絶対的に唯一の」中心であるとすれば、モナドは必然的に、存在論的な閉鎖性をもたねばならぬことを指摘したのであるが、この自己完結的な閉鎖性のもつ意味は、他者との関係を考えるときに、一層、重要となるのである。

『デカルト的省察』によると、フッサールのモナドは、「すべての志向性と同じく、他者（das Fremde）に向けられた志向性をも包含している。ただし、さしあたって、方法的な理由から、後者の綜合的な働き（私に対する他者の現実性）は主題的に排除されたままにしておこう。この特別な志向性において、私のモナド的自我をその自己固有性にかんしてふみ越える新しい存在意味が構成され、私自身としての自我ではなく、私自身の自我に、即ち私のモナドに反映するものとして一つの自我が構成される[18]」とされ、さらに、「（この）他人は、私自身の反映であるが、しかし、本来の反映ではない。私自身のアナロゴンであるが、しかし、ここでも、普通の意味のアナロゴンではない[19]」ともいわれている。いいかえれば、私の反映やアナロゴンからは、他の自我のもつ自我性は構成しえても、その他者性そのものを構成することはできないということであろう。フッサールは、この他我の他者性を、モナドへ志向的に内在する「新しい存在意味」としてとらえているように見える。

モナドが、自らを「ふみ越える」意味構成として、他者性を志向的に包含していることを承認し、この立場から、フッサールのモナド論の両義性を批判したのは、イゾ・ケルン（Iso Kern）である。彼は、フッセリアーナ第一五巻の解説の中で、『デカルト的省察』の第五省察について次のようにのべている、「この両義性は、この省察の中で展開された『自己固有性』、或いは『原初性』の理念の『他者性』への関係において、最もよく示される。第五省察は①一方では、必当然的な自己知覚の中で与えられる原本的体験と潜在的体験、並びにこれらの中で原本的にかつそれらと不可分に構成される諸統一と、決して原本的には与えられず、ただ準現前化において与えられる他のモナドとの関係を問うている。この問いは、必当然的、哲学的な認識の基礎付けというデカルト的理念の導きのもとに、また、自己のモナドと他のモナドとの哲学的区別という問題地平の中で、立てられている。これらの問いからすれば、もちろん、他者経験自身の体験は、それが外ならぬ自己の体験である限り、基本領域（原初的領域）に共に属している。一方、これらの体験の存在的相関者、即ち他者は、そこから排除されている。実際、フッサールは、この省察の幾つかの個所で、明確に、他者経験（体験）が自己固有領域、或いは原初的領域に属すると述べている。②しかし、他方では、第五省察においては、自己（或いは原初的なもの）と他者との関係は、また、他者経験の動機づけという問題の手引きの下にも立っている。しかも、哲学的動機づけではなく、『他者の自然的経験（自己投入）はいかに動機づけられているか？』という自然的自己投入自身の『動機づけ諸系統』という手引きの下に立っている。動機づけるもの、或いは『動機づけの基礎』は、その場合、原初的なもの、或いは自己であり、動機づけられるものは、他者である。このような観点からすれば、自我の（体験としての）他者経験――その動機づけこそが、理解されねばならないのであるから――そのものを動機づけの基礎や原初的なものに数え入れることは、背理である。事実、フッサールは、何箇所かで、この体験を、抽象によって獲得される基本領域から排除されたものとみなそうとしている。しかし、このことによって、『原初的なもの』、或いは原初的抽象によって導かれる基本領域の二義性、即ち一方では、それは哲学的反省によって必当然的かつ原本的に経験されうる・自己モナドの領域（哲学的反省の根拠づけの順序における第一位）であり、他方では、自然的他者経験の動機づけの基礎（自然的自己投入の動機づけの順序における第一位）であるという二義性が示されただけではない。むしろ、これによって、第五省察の全思考過程が両義的であることが示されたのである。即ち、超越論的他者の反省的・哲学的基礎づけ（根拠づけ）と自己モナド及び他者モナドの超越論的関係が問題なのか、それとも「自然的」・「世界的」自己投入の基礎づけ（動機づけ）の構成的分析が問題なのか？　原初性への還元にさいして、超越論的に固有の能作する生命（それには固有の自己投入も属する）の限定づけが問題なのか、それとも超越論的（むしろ、世界的？＝引用者児島）自我が他我を含むことなしに能作しうるものへと世界を構成的に解体すること、つまり、高次の相互主観的な構成層の解体（撤去）と低次の構成段階への制限とが、問題なのか？　かの限定とこの解体とは、全く異なった観点の下に立っている。第一の場合には、それは、超越論的他者の規定に照らして、自己のモナドを規定するための超越論的―還元的方法であり、第二の場合には、世界的他者の自然的経験の構成的分析の方法である。第五省察は、これら二つの思考の糸を混同している。省察の当初には、超越論的他者の哲学的根拠づけの理念が前面に出ているが、やがて、他者の自然的・存在的所与性を手がかりとして、自己投入が構成的分析にかけられ、最後では『私が超越論的還元のもとで超越論的自我として遂行したこの解釈によって、私が必然的に超越論的他者としての他者に到達することも、同時に、明らかである……』と表明されている。フッサールが、ただ自然的な他者経験の超越論的―構成的分析によってのみ、また、それによってこそ、すでに方法的に、超越論的他者を獲得し了ったと信ずるのは、かの混同にもとづいてのみ可能になったのである[20]」。

さて、すでにモナドが超越論的自我の受肉の領域であり、前者の「自然的」世界への流入の結果であることを知っている我々から見れば、ケルンの批判は、全く的外れであるといわざるをえない。フッサールが第五省察で意図したのは、「自然的」他者経験の動機付けを、自己モナドを「ふみ越えた」超越論的な存在意味としての「他者」の中に見出すことであった。いいかえれば、超越論的な志向的意味としての「他者」を、具体的・感性的な内容によって、いかにして充実するか、というのが問題であった。それゆえ、「自然的」他者経験の「動機づけの基礎」としてのモナドの中に、志向的意味としての「超越論的他者」が含まれていることは、ケルンの主張に反して、何ら背理ではない。むしろ、このさい、前者は後者の手引きを必要としているのである。すでに述べたように、原初的根本領域としてのフッサールのモナドは、本来、本質的に、超越論的であって、かつ、自然的であるという二義的な性格の統一体なのであって、二義的であること自身は、何ら欠陥を意味するものではないのである。

第五省察の思考過程全体に対する、ケルンの批判についても同じ反論が成り立つ。超越論的自我の能作の自己固有性への限定と、相互主観的世界層の解体とは、彼のいうように、「全く異なった観点の下に立つ」どころか、むしろ、フッサールにとっては、同一事象のもつ両面に外ならない。フッサールは、これら「二つの思考の糸」を「混同」したのではなく、むしろ、それらを「世界化」的統覚によって、意図的に「結合」しようとしているからである。

しかしながら問題は、単にケルンの誤解を暴露するだけでは終わらないのである。なぜなら、フッサールの意図のいかんに拘らず、彼が実際に、（自己投入というよりは）「付加表象」（Appräsentation）[21]という概念によって、自然的な他者認識と超越論的他者意味とを結合することに成功したかどうかは、また、別問題だからである。それは、もはや、彼が自己モナドに固有の二義性を混同していたかどうか、という問題でなく、むしろ自我についてばかりではなく、他我にかんしても、この自覚された二義性を真に方法的に統一しえたかどうかという問題である。

他者認識の問題を主題的に扱っている、第五省察の五〇節から、五四節までを精査するとき、残念ながら、我々はこの点について、否定的な結論に達せざるをえないのである。フッサールは、ここで「付加表象」という概念を主要な武器とし駆使するのであるが、この概念は、それ自身、「双関」（Paarung）という概念によって基礎づけられている。「双関とは、我々が同一化という受動的綜合に対比して、連合とよぶところの、受動的綜合の原形式である[22]」。彼は、まず、私の原初的領域中に現出する、私の身体と似た物体と、私の原本的身体との間に、現象的双関関係が成り立つことを主張するのであるが、本来ならば、彼は、ここで両者の経験的・類型的な双関関係にとどまらず、私の超越論的自我と他者とのそれとの間の、超越論的な双関関係(連合志向性)をも、主張すべきであったろう。いいかえれば、「双関」という原理に、何らかの形で、超越論的他者の志向的存在意味を結びつけるべきであったろう。しかし、彼がそれをなしえず、双関をただ経験的な受動的綜合の原理と見なしたことによって、それに基礎づけられた「付加表象」も、超越論的他我そのものに到達したのではなく、超越論的自我の「ここ」から「そこ」への移行を可能にしただけであった。「双関」と「付加表象」とを武器とするフッサールの他者認識には、彼の意図と主張に反して、超越論的他者という意味が欠落している。従って、フッサールのモナドの中に現出する他者は、超越論的自我に単にモナド内の空間的位置の差異が付加された限りでの他者であり、いまだ真の意味で超越論的他者性をもたないといわなければならない。

それゆえ、自他のモナド概念の規定内容から見て、フッサールが、単なる自然的な自己投入の志向分析を試みる筈がないにも拘らず、結果的にはそれに近いこと、つまり、超越論的自我のみによる自己投入の基礎づけが行なわれているのである。しかし、これは単なる方法上の混同というべきではなく、むしろ、超越論的他者という意味の把握の不備から来た、方法上の欠陥というべきであろう。というのは、超越論的他者のもつ意味の把握を深めることにより、フッサールの方法を補完し、発展させる可能性がのこっているからである。

3　超越論的他者の存在意味と現出

前節で述べたように、フッサールのモナドは、「実的には、絶対的に完結した統一である[23]」にも拘らず、志向的には、超越論的他者を意味として包含するところに、その特徴が見られるのであるが、しかし、肝心の他者認識の場では、その意味は全く生かされえなかったように見える。[23a] その理由は、一体どこにあるのだろうか？

まず第一に他者を超越論的自我の志向的対象として、従って、また、そのノエマ的意味として把えるその把え方に問題はないであろうか？　フッサールは、一方では、他者の身体を自己の身体との類比的双関によって、把えているのに対して、なぜ、超越論的他者の志向性をも自己の志向性との双関において把えようとはしないのであろうか？　他我も超越論的主観である限り、自我と同様に、能動的な志向性とその統一極に外ならない筈だからである。超越論的他我を自我によって一方的に志向される受動的・静的対象及びその意味と考えるところに、すでに誤りはなかったであろうか？

　もちろん、自然的世界においては、他者の志向性は、多くの場合、匿名化されており、還元を経た自己モナドの内部においても、他者の物的身体のように純粋な内在として現出しはしないであろう。しかし、実は他我の志向性をその独自の様相で現出させるためにこそ、自己の原初的根本領域（モナド）への還元が必要だったのである。モナドは、（肉身《ライブ》＝物体身体《ケルバー》ではなく）肉身《ライブ》を中心とする先所与的世界である限り、しかもその限りにおいてのみ、他者の志向性に対して、完全に閉じられている。この閉じたモナドに対して、他者の志向性は、単なる内在＝超越的意味としてではなく、むしろ、このモナドの閉鎖性を突き破るものとして、超越から内在への貫入として現出する。これが、即ち、「まなざし」という現象である。「まなざし」は他者の志向性そのものの現出であり、それはモナドへの貫入において最も明証的に認識されるのである。

　我々はモナドへの原初的還元を、相互主観的生活世界の現象学的分析に至るための不可欠の通路と見なしたフッサールの本来の意図を、超越論的他我の志向性の現出（まなざし）を導入することによって彼自身が果たしたよりもよりよく実現しうると考える。なぜなら、彼自身が、他者認識の分析にさいして、実際、意識せずに、他我の「まなざし」の能作の結果を使用しているからである。

フッサールは、双関を構成する「連想」の過程について、こういう、「私の原初的周囲世界に属する物体（のちの他者の物体身体《ケルパー》）は私にとって、そこという様態における物体である。……その現出の仕方は、……再生的に私の身体の構成的体系に、空間中の物（体身）体として属する、類似した現出を呼びおこす。それは、そこに私がいると想定したときの、私の物体身体の外見を想起せしめる[24]」と。しかしながら、（我々は反問する）「あたかも、ここから私をそこに」対象化する他我の志向性（まなざし）の協力なしに、いかにして、私は自分のそこにいる外見を原本的に手に入れることができたのか？　なぜなら、私は、自己を他者のパースペクティヴの中へ投入する限りにおいてのみ、自己自身を外から見るだろうからである。それゆえ、「あたかも、私がそこにいるかのように」という様態における私の身体的自我の表象は、「あたかも、彼（超越論的他我）がここにいるかのように」という様態における私の超越論的自我（と他者の超越論的自我）の現出を前提とする。つまり、連合志向性に基づいて、私の志向性が、他我の志向性（まなざし）を受け入れることによって、反省的に自らを他者化するときに、はじめて自己の対象化が生ずるのである。このようにして、私の原初性を通しての他我の構成と、他我の「まなざし」を通しての自我の構成とは、相互に不可分に結合している。いいかえれば、「あたかも、私がそこにいるかのように」という私の身体的様態と「あたかも彼（超越論的他我）がここにいるかのように」という私の意識的様態とは、一対をなしており、他者構成の可能性としての「付加表象」を根源的に規定している、ということができる。即ち、ここにおいて、「あたかも、私がそこにいるかのような」疎外された私の物体身体と、「あたかも彼がここにいるかのような」私の（他者化された）超越論的自我とがあらためて互いに受肉して体表面的主観となるとき、それに対応して、そこにおいて「あたかも私がそこにいるかのような」他者の（類似の）物体身体と、「あたかも彼が、ここにいるかのような」（他のまなざしとしての）超越論的他我とが直ちに受肉し、体表面的な自我と他我との間に付加表象的「双関」が成立するのである[25]。このように「まなざし」を導入することによって、はじめて、経験的「双関」原理と自他の超越論的次元とを内的に結合しうるのである。これはフッサールが意図しつつ、ついに果たしえなかったことである。しかしその反面、このようなフッサールの思索の内在的克服の歩みは、当然にも一つの重大な修正を彼の基本方針の上に加えざるをえないこととなろう。即ち、「私の超越論的自我のみによる他我の構成」という、フッサールの根本的構想は、挫折するのである。自他の具体的双関の構成には、すでに最初から、等根源的・連合志向的な他の超越論的自我の「まなざし」という形での現出と協力とが必要だからである。

　ここで述べたような、双関の超越論的基礎づけに対して、直ちに次のような反論が予想される。即ち、「自己の物体身体《ケルパー》の定立に対して、必ずしも、他我のまなざしの現出を前提とする必要はない。すでに、超越論的自我のみの反省と自己客体化とによって、『体験の宇宙』の中で、それは可能だからである」と。フッサールの超越論的自我のもつ独我論的構造そのものの批判によって、これを反駁することは、すでに第三部第一章で或る程度なされている。従って、ここでは、次の点を指摘するにとどめたい。即ち、もし、自己の物体身体の定立及び他の物体身体の定立が、共に超越論的自我のみの働きによって可能であるとすれば、超越論的他我の存在は、結局、偶然的であり、（フッサールが到達したように）一種の経験的な類比的統覚の対象たるにとどまるであろう。この場合には、自我と他我とが、超越論的な次元において、等根源性をもつことは、決してありえないのであり、従って原理的には、独我論的状況が限りなくつづくのである。

4　超越論的意識と深められたモナド

私の超越論的意識はまなざしとして現出する他の超越論的意識と直接に連合主観的連携の中にあり、これらに志向的に対立する内在＝超越的相関者として、自他の物体身体とそれらを取り囲む開かれた唯一客観世界（そこの集合）が成立すると我々が考えるとき、超越論的意識とモナドとの関係もまた、以前に比べて変化し、深化されざるをえない。即ち、超越論的意識は、それが本質的に相互主観的（或は連合主観的）であり、目覚めている限り、ライプニッツやフッサールが考えたように、これを窓のないモナドの中に閉じこめることはできないのである。いいかえれば、「超越論的主観の宇宙」は、アプリオーリに等根源的な他者の志向性によってすみずみまで貫かれている。例えば、この主観は、自己を世界化（受肉）して、中心的ここに定位し、パースペクティヴ的な自然的知覚的意識と合一するときにも、自己の志向対象としての物体のもつ「裏側」の付加表象という形で、すでに潜在的に他のパースペクティヴ的な超越論的意識を包含している[26]。それゆえ「自己固有還元」を遂行し、閉じたモナドを実現するためには、超越としての他我のみでなく、他我からの志向性をも完全に排除し、「裏側のない世界」を構成しなければならないのであり、そのためには、超越論的意識自身を停止し、二次元的な、或は、レリーフ（浮彫り）的な知覚（知覚像）意識を実現しなければならない[27]。このような前反省的「像」意識だけが、前定立的な肉身《ライプ》を中心とする閉じた先所与的周囲世界の「開け」としての、モナドを内側から照明することができる。この事実は、「自己固有還元」を遂行し、原初的領域としてのモナドを構成する主体が、もはや、超越論的意識ではなく、先所与的な肉身《ライプ》そのものであることを意味している。いいかえれば、反省的な超越論的意識は物体身体《ケルパー》を構成しうるが、肉身《ライプ》を構成する能力はもっていない。したがって、それが受肉しうるのは、物体身体《ケルパー》か、せいぜい肉身《ライプ》＝物体身体《ケルパー》であって、肉身《ライプ》そのものではない。肉身《ライプ》は、先所与的世界、したがってモナドの核として、むしろ下から構成されるのである。そして、この先所与的周囲世界が（広義の）現象学的還元によって中和化された「想像力」の次元に当ることは、すでに我々が別の機会に論じたところである[28]。こうして、いまや自己完結的なモナドは、本来、純粋な想像力的生命の次元であり、ひとびとが考えたような、パースペクティヴ的な知覚意識の次元ではないことが明らかになったのである。なぜなら、すべての知覚的パースペクティヴは連合主観的な超越論的意識の自己世界化である限り、潜在的に他のパースペクティヴを包含しており、従って、つねに（非完結的な）「開かれた地平」だからである。(29) それればかりでなく、物体身体を構成する超越論的意識とモナドを構成する想像力的生命とが互いに相手を内側から構成しえない限り、両者が肉身《ライプ》＝物体身体《ケルパー》という形で現実的かつキネステーゼ的に統一されるためには、第三の主体である「身体的自我」（身体我）によって、外から統一されねばならないと考えられるのである。

さて、私の原初的領域として深められたモナド、つまり、前定立的な先所与的周囲世界に対して、超越論的他者は「まなざし」として、モナドの完結性を外から突き破るものとして現出する。これに対応して、私のモナドの中に眠っていた身体的自我を介して、超越論的意識は直ちにモナドの壁を内から突き破りつつ、侵入してきた超越論的他者と連携し、自他の物体身体をそこに定立しつつ、共通の唯一客観世界を構成する。(30) このとき、一切は開かれた地平の中に客体化され、モナドは匿名化して姿を消すのである。(31)

しかし、このように一度は上空飛翔した超越論的意識が、非反省的に再び自己の構成した物体身体の表面へと下降し、それと受肉するとき、超越論的双関原理によって、超越論的他者もまた、その固有の物体身体の表面へと受肉する。それとともに、（匿名化された）私のモナドの中核としての肉身《ライプ》はこれらの受肉した物体身体（体表面的主観）を内から充実するものとして、自己を複数のそこへ拡散しつつ、事実性として現出する。(32) これがふつう「自己投入」とよばれる現象である。こうして、自他の「肉身＝物体身体」を接点として、上からと下からの二つの構成原理、即ち、超越論的意識の相互主観性とモナド的想像力の自己拡散性とが、出会い、身体的自我によって暫定的に統一され、かくてキネステーゼ的・実践的な生活世界の中心層が形成される。我々は、そこに生活世界に固有の本質的な二元的一元性を見ることができよう。それゆえ、フッサールが『省察』において窮極的に目指していた、相互主観的な、唯一客観世界は、フッサールのいわゆる「モナドの共同化」、実は、「自他のパースペクティヴの共同化」の結果として、生ずるのではなく、むしろ逆に、これらは、すでにこの唯一客観世界を暗黙の前提として使って行なわれているのである。なぜなら、フッサールがじっさいに到達した「世界」は、前述の唯一客観世界内における「客体化」と「双関」と「自己投入」というプロセスを経て成立した、自他の「肉身=物体身体」のキネステーゼ的・実践的共同態に外ならないからである。この点はすでに第一章でも論じられたところである。従って、この共同態を「生活世界」とよべば、フッサールが到達した「生活世界」は、当然にも単なる静的な客観的唯一世界ではなく、超越論的連合主観性とモナド的個体性との暫定的な「相互貫入」の次元であり、また、知覚しつつ、想像しつつ、行動する「肉身《ライブ》=物体身体《ケルパー》」的我の動的共同態の世界である[33]。

しかし、このことによって、すでに「身体我」によって媒介された、完全なモナド共同体が実現されたと考えるならば、それは大きな誤解である。なぜなら、共同体の実現はまだキネステーゼ的次元にとどまるのであって、ライプに固有の「投企」の次元では、依然としてモナド的個体性の排他的支配がつづいているからである。すなわち、身体我は自己の可能存在を未来にむかって投げ企てるにさきだって、すべての「そこ」に在る他我の可能存在を「ここ」にある自己の可能存在の分散として、再び吸収集約し、自己中心のモナドを回復しなければならない。つまり、投企する限り、身体我はなお独我論的なモナドに戻らざるをえないのである。従って、超越論的相互主観性(及びその唯一客観世界)とモナド的個体性とが、すべて肉身=物体身体としての我の中に吸収されてしまうのではない。それらは、客観的認識の次元として、また、主体的実存(投企)の次元として、身体的我を上と下から内在=超越的に包んでいる。従って、生活世界は、フッサールが考えたように、単なる超越論的理性の受肉と歴史的自己実現の場ではない。いかなる理性の光も、モナド的個体性の根底まで照らすことはできない。生活世界を下から支える暗い基盤は、いかなる合理化をも許さない。生活世界とそこに住む身体的我は、理性と反理性、合理と不条理との「接点」であり、両者の葛藤の場に外ならない。我々は、このような状況の一端を、現代の科学と技術との関係に見ることができよう。科学はまさに、超越論的連合主観性と合理性の産物であり、生活世界の合理化を目指している。それは、生活世界を唯一客観世界へと平板化することに外ならない。しかし、このような科学による合理的認識は、一方において、直ちに相対立する国家権力や産業資本の手によって、自己の本質的に不条理な戦争的・競争的投企のための手段として吸収され、科学技術となる。かくて、生活世界の合理的平板化が、生活世界の非合理的深淵化及び不安と手をたずさえ、相互に補完しあいつつ、相互に促進しあっている。しかも、この不安きわまる拡大均衡が、生活世界そのものの全面的崩壊をもたらす危機は、ますます増大してゆくようにさえ思われる。

さて、いわゆる「自然的態度」とは、このいわば「矛盾的自己同一」としての生活世界及び身体我の次元を、「単純なる現実性」として信憑的にとらえる態度である。このとき、「肉身＝物体身体」は、超越論的相互主観性及びモナド的個体性への関わりを失って、「物象化」(Verdinglichung)される(「物象化」は「物体《ケルパー》(物体身体)化」とは異なり、むしろ、「肉身＝物体身体」の内在化であり、「まなざし」と「気分」をうばわれた現実態とすることである)。「物体身体」という語自身が、すでに物象化されている。人間の物体身体は、全身で知覚する物体身体であり、三次元的な曲面上に分散された知覚主観でなければならないのに、それを十分に表現する語がない。また人間の肉身は、想像力的生命の中心であるのに、単なる有機物質的「肉」のように考えられている。

現象学的還元が、そのプロセスは別として、とにかく自然的態度による「物象化」を停止して、「無関心な傍観者」の立場で、自己と生活世界とを現象として妥当せしめること、であるとすれば、それは、当然、自他の物体身体の全表面から現出するパースペクティヴ的「まなざし」とこれら身体に先所与的に分散されて、それらを内から充実するモナド中心としての「想像力的生命」(可能存在)とを、共に白日の下にもたらされなければならない。つまり、「生と受肉せる志向性」をあらわにせねばならない。このいわば、そことここの「矛盾的自己同一」としての世界現象は、時間的にみれば「生ける現在」のもつ、本質的両義性として、現象するであろう。即ち、一方において、潜在的に連合主観的な「まなざし」のパースペクティヴの中で、私の物体身体と双関的に対応する延長的物体の「延長性」は、たえず「立ちどまる現在」を貫いて過去へと流れ去る。他方において、モナド中心として私の身体に対応する感覚与件は、流れ去ることなく、広義の「像」(Bild)として、たえず現在の中へと沈澱する。例えば、裏側をもった透明な延長体としての机は、(射映せぬヒュレーとしてではなく)延長体として射映しつつ、私の超越論的な知覚意識の中でたえず現在からタテ、ヨコ二つの方向に流れ去ってゆく。これに対し、机の表側の印象即ち、机の感覚与件の射映(知覚像)は、流れ去ることなく、私の想像力のモナド的現在の中へ沈澱してゆく。[33a] 一度沈澱した印象は、くりかえし再生可能であり、とくに価値的沈澱の投企(Projekt)とキネステーゼ的沈澱のProtentionとによって、過去の延長とは異なる、真の「未来」の次元が開けてくる。

いっぽう、知覚する物体身体(体表面的主観)としての私は、すべての延長的物体(及び物体身体)との間に「双関」関係を有するがゆえに、延長性にかかわる自他の内的な時間的流れは、連合主観性という共通の河床に加えて、物との出会いの「今」のうちに共通の原＝瞬間を有し、さらに空間中の同一の物的変化(例えば、太陽の位置)に定位することにより、唯一共同の世界時間を生ずる。

唯一客観世界が現在から過去へ流れるものとして、現在＝過去的であるのに対し、モナドは、現在＝未来的である。それは、未来から現在へと受動的に流れる時間ではなく(そもそもそのような時間流は存在しない)、むしろ、現在から未来へと能動的に飛躍する時間である。人間が唯一客観世界の志向的相関者たる連合主観的な超越論的意識であるとともに、被投的な物体身体であり、また同時に、モナドの投企中心的たる肉身たることによって、即ち、「肉身＝物体身体」という矛盾的自己同一態たることによって現在から過去へ流れる時間と現在から未来へ飛躍する時間とは、相互に貫入しあい、ここに歴史が可能となる。歴史とは、いわば過去が、自己客観（類型）化と沈澱とを介して、未来に生き返ることである。

キネステーゼとは、モナドの核としての身体に沈澱した運動感覚像であり、それは、特定の物体的延長性に対して類型的に定位された物体身体の身体統覚と共軛的に連合して、身体図式を形成する。従って、身体図式にもとづく行為の実現は、タテの方向に流れる点的現在と流れぬ（幅のある）現在との、二つの現在の出会いにおいて現在が現在を限定する形で生ずる。

5　むすび

我々が、この章で主として明らかにしようとしたのは、フッサールのモナドがケルンの指摘したよりもはるかに深刻な意味において、一種の混合概念であり、その中には、超越論的な知覚意識のもつ開かれたパースペクティヴ性と実存論的な想像力的生命のもつ自己完結的なモナド性とが、互いに区別されることなしに、共存しているということであった。例えば、モナドの内部を中心的「ここ」と周辺的「そこ」とに分け、その間に方位とパースペクティヴ[34]を認め、また、時間空間形式がそこに介入し、「物」や「精神物理的自我」が互いに「外部並列的に[35]」あることを認め、さらに、多数モナドの開かれた共在を認めているのは、前者からの帰結であり、これに対し、私の身体を「絶対的ここにおける零点[36]」とよび、「すべてのモナドは、実的には、絶対的に完結した統一であり」、「他者のモナドは、実的に私のモナドから分離している[37]というとき、それは後者からの帰結である。フッサールが主張する自他の身体間の付加表象的「双関」は、自他の物体身体が「外部並列的に」とらえられている前者の次元、つまり、超越論的知覚意識のパースペクティヴの下でのみ、可能であり、しかもそのさい、すでに他者のパースペクティヴが「まなざし」として、そこへ実的に介入していることは、本論において述べた通りである。像と像の間に、いかなる「外部並列性」をも許さない後者の次元、即ち、窓のない想像力的モナドの内部においては、かかる双関はおこりえない。従って、フッサールの「物体身体《ケルパー》による双関」は、ついに深められたモナド間を全的に媒介する原理とはなりえないのである。いいかえれば「双関」は、「すでにそれ化せられたここ」（ライプ＝ケルパー）同士の媒介ではあっても、「絶対的ここ」（モナド）同士の媒介とはなりえないのである。

こうして、我々はフッサールのモナド概念の中で混在していた二つの領域、即ち、アプリオーリに連合主観的な超越論的知覚意識の領域と、実存論的に先所与的な想像力的生命の領域（それを我々は深められたモナドとよぶ）とを明確に区別し、分離した。それゆえ、他者構成の問題は、単純な自我と単純な他我との相関という形ではなく、身体的自我の内部における右の二つの原本的領域の統合と、それの他我における統合との相関という形をとるに至ったのである。我々は、自我の内部における第一次統合として「肉身《ライプ》＝物体身体《ケルパー》」というキネステーゼ的自己同一とそれのもつ「相関」の動的性格についてすでに簡単に素描しておいた。しかし、自我の内部においては、言語及び意味との関連において、二つの原本領域のより高次の第二次的統合が考えられねばならないのであり、そこにおいてはじめて、自我と他我との全人格的モナド的相関が成立し、また、すべての像的・延長的物体に、中核的な意味が付与されるであろう。これらの点については、章をあらためて、述べることにしたい。

(1) Vgl. Erste Philosophie II, Husserliana VIII (den Haag 1959) 157–163

(2) op. cit. 190

(3) Vgl. Cartesianische Meditationen, Huss. I (den Haag 1950) 124–131 [略号 CM]

(4) CM 182

(5) Vgl. Die Krisis der europäischen Wissenschaften und die transzendentale Phänomenologie, Huss. VI (den Haag 1962) 185–190; 212–214 [略号 K]

(6) K 190

(7) 第三部Aの最後の節(§55)には、「自我は、エポケーの行使中に、必証的に与えられてはいるが、しかし、『沈黙せる具体性』として与えられている。この具体性は、解釈され、発言されねばならない。しかも、組織的な・世界現象から発して問い返す・志向的「分析」によって――。この組織的な処置の中で、我々は、まず第一に、世界と、人間性の中へ客観化された超越論的主観性との相関関係を獲得する」(一九一頁)(傍点引用者)とある。また、第三部Bの終わり近く(§71)には、「かくて、徹底的にして、完全な還元は、それによって差当り絶対的に自らを孤独化する、純粋な〔超越論的な〕心理学者の、絶対的に唯一の自我へと導いてゆく」(二六〇頁)(傍点原著者)とある。

(8) CM 125

(9) CM 167

(10) Cf. Sartre, L'être et néant (Paris 1943) 592

(11) 実存哲学をフッサール「以後」のモナド論とよぶことは、実は正確ではない。例えば、一九二七年の「ブリタニカ項目」にかんするハイデガーとの共同作業の中で、フッサールは、「世界の内における超越論的主観のあり方」について前者から種々の刺戟を受けたにちがいないのであり(例えばフッセリアーナ第九巻二九二頁参照)、それが、『省察』のモナド論へと発展したことは、ほぼ間違いないからである。

(12) Philosophie als strenge Wissenschaft (Frankfurt a. M. 1965) 35

(13) CM 102

(14) Vgl. CM 131

(15) K 190–191

(16) 『現象学的心理学』フッセリアーナ第九巻二一六頁、「発生にさいして、モナドの内部で、モナド的自我は、その個人的統一を獲得し、かつ、一部分は受動的に先所与的な、一部分は彼によって能動的に形成された周囲世界の主観となる」。
(17) Vgl. H. Schmitz, System der Philosophie, Bd. Ⅲ/1 (Der Leibliche Raum), Bonn 1967 193ff.
受肉せる自己と世界との「癒着」については、G・マルセルも、『形而上学日記』、『存在と所有』その他の著書の中で、しばしば述べている。しかし、モナドの中心としての「純粋なライプ」(肉身)という観念は、新しいものである。
(18) CM 125
(19) ibid.
(20) Zur Phänomenologie der Intersubjektivität Ⅲ, Huss. XV (den Haag 1973) XVⅢ–XX
(21) Vgl. CM 138–141
(22) CM 142
(23) CM 157
(23a) その不十分さは、五二節で述べられている、私の現在意識内での「過去構成」とモナド内での「他者構成」との全く不完全な類比からも知られる。ここには、「共現在性」への視点が欠けている。
(24) CM 147
(25) 超越論的意識の物体身体への「受肉」の結果生ずる体表面的主観の具体的様態については、ここでは触れられない。ただ我々は、ロムバッハによって提唱された「構造」という次元は、この主客貫入の次元に当るであろうと考えている。
(26) 第三部第一章参照。
(27) 第一部第二章参照。
(28) 第三部第二章参照。
(29) もし、モナドと知覚的パースペクティヴとを同一視すれば、モナドは、「唯一の客観世界」に属するアスペクトの一つとなり、その個体性は失われてしまう。ライプニッツにおいても、人間精神としてのモナドは、常に「全宇宙の生きた鏡」であるというよりは、むしろ、「神そのものの像」なのである(『モナドロジー』八三節参照)。
(30) サルトルにおけるように、自他のまなざしの間に、葛藤が生じないのは、我々が自己モナドの中に、「眠れる」(潜在的な)超越論的意識の存在を認めるからである。
(31) このことは、物体身体の「双関」を手がかりとする他者認識の次元が本来、モナド的地平とは別であることを、意味している。そして、匿名化されたモナドは、種々の「気分」の根源となる。

(32) 第三部第三章参照。

(33) 生活世界が、こうして「上から構成するもの」と「下から構成するもの」との矛盾的自己同一であるとすれば、クレスゲスによって指摘された「フッサール生活世界概念の両義性」も、新しい観点から見直される必要がある。Vgl. Claesges, "Zweideutigkeiten in Husserls Lebenswelt-Begriff", in: Phänomenologica Bd. 49 (1972)

(33a) Cf. Kojima, "The Vertical Intentionality of Time-Consciousness and Sense-Giving", in: dto. Monad and Thou (Athens, Ohio 2000) 21–36

(34) CM 145–146

(35) CM 129

(36) CM 152

(37) CM 157

第四部　我と汝

第三部第四章において、現象学的方法を駆使した探究の帰結として、我と他者との関係は、身体的自我の双関（身体我的双関）を介する「自己投入」として説明されたのであった。しかしながら、相手が、「役割的他者」或は、生物である場合には一応これで済むとしても、いかなる「自己投入」も、その性質として、真の「他者」を現出させることはできない。自己と相手との間の直接的連続性を絶つことは、できないからである。ブーバーの用語でいえば、それは「我―それ（彼、彼女）」という関係にとどまるのである。

そこで、第一部とは異なる、「身体我的双関」という新しい構図の下で、あらためて、「他者としての他者」の現出が問われなければならないのである。それが、第四部第一章の課題である。ここでは、「我でありつつ、他者となること」という、ライプ（可能存在）の内なる「他者化」が「人格の秘密」として論ぜられる。内面における「我」と「他者」という、「差異」と「同一性」とのパラドックスの彼方に、はじめて、外界における「他者としての他者」は現前する。しかも、この時、思いもかけず、「我」にも「他者」にもあらざる第三者が、生起しつつ、両者を襲うのである。第二章は、この「汝の到来」を論じている。この生起する「汝」こそ、われわれが本書を通じて追究してきた、「場所的人格」であり、また、「理性の基体」なのである。

第一章　「我―汝」関係の問題点

――我でありつつ、他者となること――

言語や意味を媒介とする人間の全人格的相関と前章までに述べた身体我的双関との関係について、ブーバーの思想を手がかりとして、考えてみよう。

1　問題提起（その一）

ブーバーの『我と汝』(Ich und Du) という書物は対話論哲学の古典として、有名であり、きわめて豊かな内容をもっているが、しかし、その反面、難解でもある。幾度か読みかえしてみて、ある程度、理解できたと思う部分についても、私なりに、いくつかの疑問をいだいているのであるが、それらの疑点の主なるものを左に列記してみよう。

(1)　ブーバーにおいて、全人格的相関を意味する「我―汝」関係と身体我的双関に相当する「我―それ」関係とは、互いに全く独立な、あいいれないものと見なされている。しかし、現実に我々の生活の中にあらわれる「我―

汝」関係は、そのように純粋で自立的なものでありうるだろうか？

＊

右の二つの関係が、互いに独立な、あいいれないものと見なされていることは、「世界は人間のとる二つの態度によって二つとなる」[1]とか、「我―汝という根源語は、全存在をもってのみ語られる。我―それという根源語は、決して全存在をもって語られえない」[2]というような引用からも明らかであろう。また、知覚や意識や表象や意志や感情や思惟などは、それらの対象とともに、すべて「それ」の世界を基礎づけるが、「しかし、汝の国は他の根拠をもっている」[3]ともいわれる。これに反して、これら二つの領域が、相互にからみあい、浸透しあう可能性を示唆するような言葉は、ただ一つしかない。即ち、「それはさなぎであり、汝は蝶である。ただし、それらが互いに純粋に分離している状態ばかりがあるのではない。むしろ、しばしば深く二重にもつれあった現象が見られる」[4]といわれている。しかし「汝」と「それ」との「もつれあい」については、それ以外には全くふれられていない。むしろ、「個々の汝は関係の終わりとともに、一個のそれにならねばならぬ。個々のそれは関係の中へ歩み入るとともに、一人の汝になりうる」[5]といわれているように、「汝」と「それ」との間の交替現象が強調されているように見える。例えば、一本の樹木は、それを分析し、観察する者にとっては「それ」であるが、それを全体として愛惜する者にとっては、「汝」となるのである。そこには、「それ」と「汝」との中間段階はみとめられていない。しかしながら、ひるがえって我々の日常生活を考えるときは、我々はつねに、「全存在をもって」相手に「汝」とよびかけているであろうか？例えば、詐欺師もまた、相手に「汝」とよびかけるではないか？　もちろん、ブーバーも、「言葉の形は何の証明にもならない。どんなに多く語られた『汝』でも、習慣と鈍感さからのみ語られるなら、結局、『それ』にすぎぬ」[6]とは言っている。だが、それでは、このような日常的「汝」は、果たしてブーバーのいうように、「それ」になりきってしまっているのだろうか？　いかに、相手を利用し、欺くことにのみ専心している詐欺師といえども、話しかけている当の相手と、いわゆる第三者としての客体化された人間とを区別せぬことはありえないであろう。我々がいかに相手の顔色をうかがいつつ、話をしているにせよ、相手が完全な「彼」になってしまうことはありえない。それゆえ、いわゆる日常的な「汝」、つまり「全存在をもって」語られぬ「汝」を、ブーバーのように、直ちに「彼」や「それ」としてしまうのは行きすぎであろう。それは、あくまで「疎外された汝」「それ化された汝」であって、「それ」そのものではないのではあるまいか？　そして、もし、このような観点がみとめられるとすれば、「汝」の「疎外」、或いは「それ化」はいかにして生ずるのであろうか？

(2)　ブーバーにおいて、「我─汝」関係の中の「我」と、「我─それ」関係の中の「我」とは全く異質なものとされている。これら二つの「我」は一個の人間の中で互いにどのように関連しているのであろうか？

＊

ブーバーは「根源語『我─汝』の我は、根源語『我─それ』の我とは異なった我である。根源語『我─それ』の我は個体(Eigenwesen)としてあらわれ、「経験と利用」の主体(Subjekt)として自らを意識する。根源語『我─汝』の我は人格(Person)としてあらわれ、(『……の』という二格なしに)主体性(Subjektivität)として自らを意識する」[7]という。また、「個体は、他の個体に対し自らを対照させることによって現われる。人格は、他の人格との関係に入ることによって現われる」[8]とも、「人格は自己を直視し、個体は自己の所有物、つまり、わが特質、わが民族、わが天才などを問題とする」[9]ともいう。さらに、これら二つの我の間の関係については、「二種類の人間があるのではない。人間性の二つの極があるのである。いかなる人間も純粋な人格ではなく、また、純粋な個体でもない。……各人が二様の我の中に生きている。だが、非常に人格的傾向が強いために人格とよばれ、また、非常に個体的傾向が強いため個体とよばれうる人間がいるのである。前者と後者との間において真の歴史は決定される[10]」といわれている。これらの引用によると、「我―汝」の我と「我―それ」の我とは一個の人間の中で緊張的な両極関係を形成しているように思われる。そして、人により、また時に応じて、どちらかの極に向かっての偏向が生ずるというのであろう。我々は、これを人格と身体我との関係にあてはめることもできよう。だが、このように互いに異質的な我と我とを「両極」という形式で結びつけることは、少しも問題を解決しないであろう。なぜなら、「では、この二つの極を互いに結びつけているもの、その第三者は一体何か」という問いがそこから当然生じてくるからである。そして、我と汝とそれという三つの基本的カテゴリーしか認めないブーバーにとっては、この第三者は到底説明しえぬものとなるのではあるまいか？

確かに、この「二重の我」、或いはいわゆる「不純な人格」というブーバーの説明は、その相手方として、(1)で私が述べたような、それ化された「不純な汝」の存在を暗黙の中に認めていることを予想させるものとして注目すべきである。しかし、右のような一種の「中間段階」(疎外状態)がいかにして生じうるのか、という点の説明は依然としてどこにも与えられていないのではないだろうか？

(3)　ブーバーにおける「神」は、「それ」となることなき「永遠の汝」と見なされているが、「神」は果して、人間に対向する「汝」という語によってとらえられるのであろうか？

＊

ブーバーによれば、すべての人間的「汝」は時の流れの中で「それ」に変わらざるをえない。それが、人間の「運命」である。しかし、ただ一人、決して「それ」となることのない「汝」がある。それが「神」であるという。しかし、もし、神が人間に「汝」として対向する者であるならば、果たして、神は絶対者たりうるであろうか？　むしろ、そのような神は一人の相対者に堕してしまうのではないだろうか？

　ブーバーによれば、「汝は私と向かいあって(gegenüber)いる[11]」、しかし、「神の中にこの世界を見る人は、神の現臨(Gegenward)の中に立っている[12]」とも、また、「祈りと犠牲とは、『神の顔前』に立つ[13]」、しかし、「完全な(我―汝)関係においては、私の汝は、私の自己となることなしに、私の自己をつつんでいる[14]」ともいわれている。さらに明瞭には「神は森羅万象をつつむ。しかし、神は森羅万象ではない。また、神は私の自己をつつむ。しかし、神は私の自己ではない[15]」といわれている。これらによって見れば、神である「汝」は決して、単に私に対向する者であるにとどまらず、むしろ、同時に、私を何らかの形でつつむものであることが知られるであろう。さらに別の箇所には「我々がその前で生き、その中で生き、そこから出、そこへ入るところの(汝という)神秘、それはいつまでも変わることがない[16]」と述べられている。

　それゆえ、純粋な「汝」というものが、決して我に「対向する」だけでないこと、むしろ、我をつつみ、「抱擁する」ものであることに注目しなければならない。このように考えてはじめて、神の絶対性は救われるであろう。しかしながら、問題は、いかにして、対向するものと抱擁するものとが、一致するかである。いいかえれば、私の前に立つものが、いかにして、同時に、私をつつむことができるのであろうか？　もちろん、空間の中においては、かかる現象は到底不可能である。しかし、元来、「空間と時間とに関連をもたぬ」という「汝」の次元においては、かかる現象が生じうるのであろうか？

(4)　デカルト以後の哲学は一貫して「意識」と「存在」という対立概念によって支配されているが、この対立概念を使って考えた場合、「我—汝」関係はどのようにとらえられるであろうか?

＊

私見によれば、古代哲学における「形相《エイドス》」と「質料《ヒュレー》」、中世哲学における「本質《エッセンチア》」と「実存《エクシステンチア》」という基本的な対立概念と並ぶべき、近代哲学の対立概念は、「意識」と「存在」というそれであるように思われる。近代の観念論や唯物論のみでなく、比較的新しい現象学やいわゆる実存的存在論といえども、この対立的図式から少しも脱却していないように思われるのである。従って、もし、私見が誤りでなければ、近代哲学における、支配的な思考様式としての、「意識」及び「存在」という対立概念を使用して、「我—汝」関係を考えてみることは、その歴史的意味(特に心身問題との関係)を明らかにするためにも、決して無意味ではあるまいと思われる。

そればかりではなく、この最後の(4)の問いに正しく答えることによって、はじめて、先行する(1)(2)(3)という問いに対しても、或る程度明確な回答を与えることができるのではないかと思われる。それゆえ、差しあたって、この最後の問題の解明にとりかかりたいと思う。

2　問題提起(その二)

さて、「意識」と「存在」という対立概念を使って、「我—汝」関係を論ずるにあたって、私は、ここに、「意識」と「存在」との相互関係について、一つの大胆な提言を試みたいと思う。即ち、きわめて広い意味における「存在」に直面しつつある私の身体我の「意識」にとって、「存在」は二つの全く異なった現われ方をしているということである。その一つは、「外側から見られた存在」(いわゆる延長的存在)であり、他の一つは、「内側から見られた存在」

（いわゆる可能存在）である。前者は、延長的空間及び計測可能な時間の中に現われる一切の存在を指しており、私自身の身体も、外側から見られる限りにおいて、「ケルパー」として、この存在領域に属している。この存在は単に知覚とか、表象というごときものではなく、意識に対して超越的に実在しているものと考えられる。そして、記憶の中にあらわれる存在も、それが空間の中に志向される限り、「外側から見られた存在」に属している点に注意しなければならぬ。私の身体の「内部」に志向される生理的現象、例えば、腹痛とか、頭痛とか、疲労感の如きものも、意識が、これを空間の中へ投影し、外側から見られた「身体像」の中の一部位にこれを割り当てるならば、その限りで、これらは「外側から見られた存在」に属する。しかし、もちろん、これらの生理現象が完全に「空間化」されてしまうことはありえず、必ず何らかの残余がのこるのである。

しかるに意識にとって、私の身体は、「内側からも」見られている。即ち、私の身体は、これを空間の中において外側から見ることができるとともに、同時に、これを全く空間（及び計測可能な時間）とは別の次元において、「純粋なライプ」として「内側から」も見ることができる。さきにのべたように、私の身体に関する生理現象は、これを空間化する前にすでに何かが現われ、空間化したのちにも、何かが残っている。自分のレントゲン写真を見るとき、私は、心臓の映像を見つつ、これを「自分のもの」と判断することによって、何か、空間化されえぬもの、内側から見られたものとこの映像を結びつけているのである。

或いは、何らかの強烈な心理現象（例えばショック）もそれが、日付のある記憶の中に探られる限りでは、「外側から見られて」いるが、しかし、私が「それを思う毎に、今もなお胸の痛むのをおぼえる」とすれば、すでに（少なくも一面において）「内側から見られて」いるのである。

さらに、私が毎夜眠りにつくとき、意識の活動を停止しつつ、帰っていく先は、この「内側から見られた存在」に外ならないと考えられる。それゆえ、睡眠にとっては、存在を「外側から見る」ようなすべての意識活動は邪魔なのである。強い感覚的刺激はもとより、強烈な記憶やそれに基づく感動も、眠りへの進入をさまたげる。睡眠と両立しうる意識活動は、もっとも「内側から見られた存在」に近い機能である「想像力」と「夢」だけなのである。この「内側から見られた存在」が、本書の第一部から第三部までに論じられた「モナド的可能存在」の別名であることは、読者の容易に理解するところであろう。さて、意識に対して存在が二つの全く異なった現われ方をするという考え方は、すでに、ショーペンハウアー、シュヴァイツァー、ベルクソンらに見られるところである。

ショーペンハウアーはその著『意志及び表象としての世界』(1819)において、「ここで既に我々の知りうることは、事物の本質が決して外側からはつきとめられず、どんなに外側から探究をつづけても、ただ模像や名称をうるのみで、あたかも人がいくら宮殿の外を回り歩いても、入り口を見付けることができず、仕方なしに、建物の正面を写生してすますのと同じことだということである[17]」と述べ、我々の身体が外側から見れば単なる「表象」としての世界に属するが、これを内側から見れば「意志」としての世界、つまり、いわゆる「物自体」の次元に属することを主張している。彼は、こうして、表象の世界全般の背後に、「物自体」としての「意志」の存在をみとめ、「石ころ」の背後にさえ、一種の意志をみとめている。たしかに、自己の身体における「内側から見られた存在」は周囲の「外側から見られた存在」全般にむかって限りなく拡張しようとする傾向をもっている。しかしながら、ショーペンハウアーの主張と私の提言との異なる点は、①前者は、表象の世界をそれ自体ではいかなる実存性ももたぬ仮幻の世界と見なしているのに対し、私は「外側から見られた存在」に独自の自立性をみとめること。②前者が、内なる意志を「盲目的な生への意志」とよぶのに対し、私は「内側から見られた存在」を単なる「生命的意志」と同一視せず、むしろ、これを統覚的な「われ」ともみなすこと、等である。

シュヴァイツァーは、その著『キリスト教と世界宗教』（1925）の中で、「自然に基づく神の認識はつねに不完全であり、不適当である。なぜなら、我々は世界の事物をただ外からのみ見るからである。私は樹が成長し、葉が緑になり、花がひらくのを見る。しかし、これを生ぜしめる力は私には不可解である。その力の形成能力は私にとって謎のままである。しかし、私の中では、私は事物を内から認識する。すべての存在を生ぜしめ、維持する創造力は、私の中では他の場合には認識されえないような形で、倫理的意志として、私の中で創造をいとなもうとするものとしてあらわれる。……私の生は、私の中に体験された唯一の神秘、即ち、神は倫理的意志として私の中に啓示され、私の生を所有しようとしているという神秘によって、完全に確実に規定されている[18]」と述べ、さらに「一つの比喩を使わせていただきたい。大洋がある。冷たい海水は動かない。しかし、大洋の中にはメキシコ湾流、即ち赤道から極へと流れる海水がある。大洋の海水の間を、二つの岸の間のように熱い海水の河が流れ、動かない海水の中を動き、冷たい海水の中で熱い。……そのように愛の神は、世界力の神の中で、それと一つであるが、しかも全くそれとは異なっている[19]」と述べている。彼の主張は、直接には、神認識にかかわっており、事物の外側から見られた非倫理的創造神と、人間の内側から見られた倫理的な愛の神との区別にかかわっている。しかし、彼が別のところで、「人間の意識の最も直接的な事実は『私は、生きようとする生命にとりかこまれた、生きようとする生命だ』ということである[20]」と述べ、さらに、これに対して、眼前に見られる世界は、「無意味な創造と破壊、生産と殺戮《りく》の反覆にすぎない[21]」というとき、右の神認識の区別は直ちに、人間の意識における存在認識の区別と連結してくるであろう。

このようなシュヴァイツァーの主張と、私の提言との主な相異は、①前者にとって、意識への内的な直接的所与は、「生きようとする意志」であるが、私にとっては、それは「われ」という独自の人格的存在でもあること。②前者にとっては、自己をとりかこんでいる他の生命意志は、直接的所与であるかのように述べられているが、私にとっては、他の「われ」は決して直接的（直線的）には意識に与えられないこと。③前者にとっては、すべての所与の生命を調和させ、統一しようとする意志が「愛の神」であるが、私にとっては、決して所与となりえぬ「他のわれ」と「われ」との関係をはなれて「神」を考えられないこと、等である。

ベルクソンは、その著『意識の直接的所与にかんする論文』（1888）の中で、「意識生活は、これを直接にとらえるか、或いは空間を通して屈折してとらえるか、にしたがって二重の相の下にあらわれる。……深い意識状態は、それだけをとって考えると、量とは無関係な、純粋な質である。……（この意識状態の）諸瞬間を互いに侵食しあっているといって特徴づけることすら、なお、それらを（非持続的に）区別していることになるであろう。……しかし、社会生活の諸条件がより完全に実現されるに従って、私たちの意識状態を内から外へと運び出す流れの方も、一層つよめられるのである。……（そして）第一の自我を覆う第二の自我が、即ち、その存在は個別的な瞬間をもち、その状態は互いに切り離され、容易に言葉で表現されるような自我が形成される[22]」と述べ、さらに「それゆえ、結局、相異なる二つの自我があるわけであって、その一つはもう一つの自我のいわば外的投影であり、その空間的ないわば社会的表現である。第一義的な自我に達するのは深い反省によるのであって、この深い反省は、内的状態を絶えず形成途上にある生きものとしてとらえさせ、互いに滲透しあい、かつ、その持続的継起が等質的空間における並列とは何の共通点ももたぬ、測定に従わぬ状態としてとらえさせる。けれども、自己自身をこのようにとらえる瞬間はまれであって、自由であることのまれなのはそのためである。大抵の時、我々は自分自身の外側で生き、自己についての色あせた幽霊、純粋持続が等質空間に投じた影しかみとめない。つまり、我々の生活は時間の中よりも、むしろ空間のうちに展開される[23]」と述べている。ここにベルクソンのいう時間とは、計測可能な空間化された時間のことではなく、純粋持続の次元そのものであることはいうまでもないであろう。

それゆえ、ここでもまた我々は、空間化された、いわば外側から見られた自己と、それとは全く異なった、意識に直接に与えられる、いわば内側から見られた自己という区別に出会うのである。しかし、ベルクソンの立場と私の提言との間には、①前者が、本来的自己の領域を純粋持続に基づく新しい次元としてとらえるのに対し、私は、純粋持続といえども内側から見られた「われ」の表面的皮層にすぎず、むしろ、「われ」そのものはすべての既知の形式の時間及び空間を超越した存在であると考えること、②前者が、のちに純粋持続を生命一般の領域にまで拡大するのに対し、私は「われ」と生命とを区別すること、③前者が「言語」を本質的に空間的なものと考えるのに対し、私は「言語」の根源が或る時空間を超越した領域にあると考えること、等の相異がある。

3　回答の試み（その一）

さて、三人の哲学者との対決の中ですでに述べられたように、私は、「内側から見られた存在」を、生命的、並びに人格的な「われ」の領域とよび、これに対して、「外側から見られた存在」を「それ」の領域の中核とよびたいと思う。これらの名称は、ブーバーの二種類の「われ」及び「それ」の次元とそれぞれ対応するものと考えられている。

この際、一つ注意すべきことは、「われ」の次元には、いわゆる「内側からみられた存在」ばかりでなく、存在を「見ている身体的自我の意識」もまたあわせて含まれていることである。なぜなら、この意識は、内と外の二つの側から見られた存在を媒介するところの「無」であり、従って超越論的意識と想像力との統合態であるにもかかわらず、はじめから「われ」の意識であって決して非人称的意識ではないからである。これに対して、「外側から見られた存在」の次元自身には、いかなる意識も直接には含まれていない。このような意識に対する存在の内的、或いは外的な関係もまた、意識が存在を「内側から見る」、或いは「外側から見る」という語のニュアンスに含められていると理解していただきたい。それゆえ、前者の領域においては、意識と存在とは或る内的な結合をもって、一つの統一体を形成しているが、これに対して、後者の領域では（見ている「われ」の）統合的意識と（見られている）物的存在とは、単に外的に関係しているにすぎず、体表面的主観をふくめて、そこには、分離と志向的接触（密着をふくむ）とが生ずるのみである。

さて、ブーバーは、「それ」と「彼」（或いは「彼女」）とを本質的に区別していないが、実際に、いわゆる無生物としての「それ」と、生物としての「彼」との間の区別はいかにして生ずるのであろうか？　私は、眼前に猫が戯れるのを見るとき、デカルトのように、単にこれを高級な機械としてばかりでなく、何かそれとは異なったものとして見るであろう。つまり、単に外側から「それ」として見るばかりでなく、何か一種の「生命的共感」ともいうべきものを覚えるであろう。この「感情移入或は自己投入」ともよばれる現象は何を意味するであろうか？　それは、生命的「われ」が「それ」としての猫の身体像の中へ、自己の「内側から見られた存在」を投影することではないだろうか？　いわば、猫を「それ」として外側からみるとともに、同時に、「われ」の延長として、「内側からも」見ること（自己の内側でも感ずること）ではないだろうか？

しかしながら、よく考えてみると、無生物としての「それ」についても、我々は必ずしもそれを外側からのみ見ているわけではない。例えば、使用中のボールペンや杖は、私の手の延長として感じられているし、運転中の自動車は、私の「内側から見られた存在」によって充実されている。したがって、単に「内側からも見られている」ということによって、生物と無生物とを区別することはできないのである。

実際、私の「内側から見られた存在」は、相手が生物たると無生物たるとを問わず、つねに周囲の「外側から見られた存在」にむかって拡散し、滲透する傾向をもっているのであり、ここには、まだ「他のわれ」（彼、彼女）は出現していないのである。ただ、私の「われ」が「それ」の形や動きを手がかりとして、自己自身を見ているにすぎないのであろう。いいかえれば、「外側」を介して、屈折して、自己の「内側」を見ているにすぎないであろう。従って、シュヴァイツァーなどの主張する「他の生命の直接的認識」もそのままでは、まだ、ただちに、「他のわれの認識」ではないということになるであろう。この事実は、他の生物についてばかりでなく、他の「人間的身体」についてもいえることである。他の「人間的身体」の動きの中に、自己の「内側から見られた存在」を感じたとしても、それで直ちに、他の「われ」（彼、彼女）を見出したことにはならないのである。

厳密にいえば、「生命的共感（自己投入）」には二種類ある。一つは、ここに述べたように、身体我が、自己の「内側から見られた存在の一部」をそのまま相手の中へ投入する場合であり、我々がいろいろな「生物」や「無生物」を現実の身近な存在として感ずるのは、この方法によるのである。もう一つは、空間中の相手の身体を「あたかも〈自分の外側から見られた身体〉が〈移動して〉そこにいるかのように」感ずる場合であり、この場合には、私自身の身体は、それに対応して、「あたかも、〈彼の外側からみられた身体〉がここにいるかのように」私には感じられている。つまり、擬似的な身体同士の立地交換が生じている。一般に、社会的役割関係には、こういう交換が前提条件である。このさいに、同時に投入される私の「内側から見られた存在」は、即自的ではなく、すでに「外側から見られた存在」によって媒介され、浸透されている。我々が、他の「生物」の「われ」（つまり、彼、彼女）を発見するのは、ふつう、この方法によるのである（フッサールも『デカルト的省察』のなかで、そのように考えている）。しかし、この「われ」は、あくまで、互いに交換可能なかぎりでの「われ」であり、いまだ全的な個たる「他のわれ」ではない。

さて、外側から「われ」にあらわれるもう一つの現象に「まなざし」がある。すでに、サルトルが『存在と無』のなかで分析しているように、他者の「まなざし」は私を「即自化する」。我々の言い方でいえば、それは「我」の超越論的意識をよびさまし、生命的な「われ」に「外側から見られた存在」を着せかける。実は、右に述べた身体の立地交換のさいには、すでにこの「まなざし」による自他の客体化がはたらいているのである。「自分の外側から見られた身体」を見ているのは、自他の「まなざし」にほかならない。「まなざし」は、確かに、「我」以外にも、「外側」から世界を見ている(非人称的)意識があることを、教えてくれる。そして、それが「立地交換」と「自己投入」のひきがねとなるのである。こうして、「それ」の中に出現する身体交換現象と、「それ」の一点から出現する「まなざし」とは、同時に働いて、キネステーゼ的な(つまり、全的でない他者関係としての)身体的相関を形成しているが、しかし、「われ」にたいして、全的な独立自存の「他のわれ」の存在を証明していると、いうことはできないのである。

いいかえれば、「われ」の意識の外にも、「同時に、内側と外側から、存在を見つつある、(われと)交換不能な意識」が存在することは、時空間の内部での経験によっては証明されえず、せいぜい仮定されうるのみである。つまり、このような「他のわれ」を措定することは、いわば一つの「賭け」であるということになる。

しかし、この賭けは、「火星にも生物がいる」という仮説に対する賭けとは異なっている。なぜなら、たとえ、経験的に証明されないという点では或る程度同一であるにしても、「他のわれ」を仮定することは、すでに「われ」とこの「他のわれ」との間に一つの存在論的関係を設定することだからである。なぜなら、「われ」の意識は単なる傍観者として「他のわれ」を全的に措定することはできないのであって、むしろ、自己の「内側から見られた存在」を他者として受けいれ、他者として賭けるという形でしか、「他のわれ」を措定することはできないからである。これは決して自己の存在を否定し、いわば「無我」の境地となることではない。「自己の存在を他者として受け入れる」とは、あくまで生命的な自己としての自己でありつつ、同時にこの自己を他者として見、また感ずることである。ここに人格の秘密がある。このような「われ」の意識によってのみ、独立自存の「他のわれ」がモナドとして措定されうるのである。このとき、「他のわれ」は、もはや、生命的な「われ」の部分的延長(自己投入)ではない[24]。私は、このような意味における「他のわれ」をブーバーのいう「汝」の次元であると考えたい[25]。

それでは、「われ」と「汝」との関係は、単なる「空虚な賭け」に終わるのであろうか？　そうではない。この関係の時空間中で経験されうる現象形態が、「言語」であると考えられる。「言語」は「それ」の世界の中に変装してしのびこんでくる「われ―汝」の次元であるともいえるであろう。

実際、「言語」は決して、「それ」の次元で経験的に証明された基礎の上に立ってはいない。むしろ、それは或る証明されえぬ前提の上に立ち、「それ」の次元にかんする限りの一致を支えとして、或る程度普遍的に通用しているにすぎない。これに反して、たとえば、「われ」の次元にかんする言語化は、いちじるしく疎通を欠くのがつねである。

それでは、「われ」と「他のわれ」(汝)との関係、即ち、「それ」の次元では経験されえぬこの関係は、それ自身どのようなものであろうか？　くりかえしていえば、「われ」と「他のわれ」との間には、空間・時間とは異なる次元において、或る関係が生じているのでなければならない。つまり、「我―汝」関係は、まず空間・時間の外側において成り立ち、しかるのち、「言語」という形で、「それ」の世界を通じて成り立つと考えられるのである。しかるに、「我―汝」関係は、「それ」に対向する知覚的、超越論的意識に対しても、また、「それ」としての無意識的な物的存在に対しても存在せず、ただ「われ」という統合的意識と生命的可能存在との内的結合（存在の他者化）に対してのみ存在するのであるから、「われ」の内における意識＝存在の媒介者と無関係であるとは考えられない。つまり、「われ」の内における右の媒介者と「汝」の内におけるその媒介者とが同一であって、はじめて、「我―汝」関係が成立するのであろう。いいかえれば、「我―汝」関係を支えている中間の領域は、われ（及び汝）の内なる統一を維持しているものの領域でもあるだろう。

これは決していわゆる証明ではない。しかし、「われ」の内なる統一が破れるとき、「我―汝」の関係も破れ、また、その逆に、信頼する「汝」に裏切られるときには、「われ」の内なる統一も破れるという人間的事実は、右の推測を裏付けるものであろう。

右のような意味の「間」の領域（これもブーバーの用語である）、或いは、「我」と「汝」とを結ぶ第三者の次元こそ、真に「人格的な」領域であろう。なぜなら、これは、「我」に対して他の「我」を成立せしめる超越論的根拠であり、また、かかる第三者なくしては、最も身近な「我」自身の内的統一すらも考えられないからである。しかし、この次元についてさらに語ることは、「意識」と「存在」というキーワードの限界をこえている。

4　回答の試み（その二）

以上、きわめて簡単にではあるが、私は、「意識」及び「存在」という対立概念を使用してブーバーの「我―汝」関係を解釈してみた。次に、この立場から、小論のはじめに提出した三つの疑問点についてできる限りの回答を試みたいと思う。

(1)　「汝」の疎外、或いは「それ化」について――

「我―汝」関係と「我―それ」関係は、私の解釈から見ても、全く別個の次元である。しかし、この事実は、それらが互いに関連しあうことを否定するものではない。例えば、言語は「我―汝」関係を前提とするが、その内容は、ほとんど「それ」にかんする記述である。また、「我」の「汝」に対する行動はつねに「それ」を手段として行なわれる。そればかりでなく、このさい、「我」の「それ」に対する関係は、「我」が自己を「外側から見る」ことによってはじめて可能となる。つまり、サルトルのいわゆる「我」の「惰性化」が条件となっている。そして、「我」は、この「それ」（延長体）となった自己をすすんで引きうけることによって、はじめて他の「それ」に双関的に働きかけることができる。したがって、「それ」に働きかける限り、人格的な「我」は「それ」を内に包含せざるをえないが、この「我」が、自己を他者化する限り、「外側から見られた存在」を同化吸収し、それを完全に浄化しえなければならない。しかし、人格が包含する「それ」が増大するにつれて、他者化は困難となり、ここに、純粋に「内側から見られた存在」としての「我」からの疎外が生ずる。そして、「汝」に対するときにすら、「それ」に対する態度からもはや完全には脱却しえないという事態が生ずる。これが、日常的にしばしば見られる「我―汝」関係の「それ化」、「疎外」に外ならないであろう。元来、「我―汝」関係は、純粋な「目的」の次元であり、「我―それ」関係は右の目的を実現する「手段」の次元である。しかるに、右に述べたような疎外が生ずると、「目的」としての「汝」が何らかの形で「手段化」され、逆に、「手段」としての「それ」が「目的化」されるという事態が生ずるであろう。これから脱却する道は、「それ」があくまで目的ではなく、「汝」に対する「手段」であることを自覚し、「内側から見られた存在」としての「我」を「それ化」から浄化し、内面的に深まる外はないであろう。「我」は、「内に他者を見る方向に深まる」ことによって、却って他なる「汝」に近づきうるのである。

(2)「我―汝」関係の「我」と「我―それ」関係の「我」との相互連関について――

これら二つの「我」の相互関係は、すでに、(1)への回答の中でほぼ述べつくされている。「我―汝」の「我」(人格)は、その本来の姿においては、「外側から見られた存在」から浄化され、他者化された、純粋に「内側から見られた存在」(モナド)であり、「我―それ」の「我」(身体我)は、「内側から見られた存在」(ライプ)と「外側から見られた存在」(ケルパー)、つまり、生命的な「我」と延長的な「それ」との多様な複合体である。人格的「我」はすぐれて目的にかかわり、身体的「我」は、手段にのみかかわる。そして、後の「我」が自己自身を徹底的に他者化することによってはじめて、前の「我」は実現されるのである。そのさい、これら二つの「我」を結びつけているのは、あくまで生命的な「我」(ライプ)自身であって、この「我」以外の何者でもないのである。しかし、生命的な「我」に自己否定の力を与えるもの、それは、媒介者たる第三者(「間の領域」)であるということもできよう。

(3)　「永遠なる汝」としての「神」について――

この問題はきわめて難問であるので、ただ、若干の示唆を記すにとどめたい。

「永遠なる汝」は、なにゆえに、我に対向しつつ、同時に我を抱擁しうるのか?

半ば「それ化」しつつ、時間と空間に束縛されつつある我にとって、「それ」となることなき純粋なる「汝」と媒介者「間の領域」とは、一種の超越者として、いわば、「混沌の上をおおいつつある神の霊」(ブーバー)として示されるであろう。それらは、「それ」の次元の彼方に、遠く仰がれつつ、我に対向している。しかし、たとえば、「我」が、この対向する者に「祈り」を捧げるとき、その「祈り」の言葉は、すでに、「我」の内的統一の中核を通して、「祈り」を捧げつつあるその当の相手方より与えられてくるのである。このように「我」にとって、媒介者「間の領域」と「永遠なる汝」とを区別することは困難である。前者は、つねに私の存在の奥深き中核を抱擁しつつあり、後者は、つねに私から超越している。しかし、私が心をこめて「内なる領域」に帰るとき、実は、両者はおなじものの二つの面として示されることであろう。

(1) Ich und Du, Martin Buber Werke I (München/Heidelberg 1962) 79
(2) ibid.
我々はこの「全存在」(das ganze Wesen)を「モナド」と解釈する。
(3) op. cit. 80
(4) op. cit. 89
(5) op. cit. 101
(6) op. cit. 120
(7) ibid.
(8) ibid.
(9) op. cit. 121
(10) op. cit. 121
(11) op. cit. 129
(12) op. cit. 130
(13) op. cit. 134
(14) op. cit. 145
(15) op. cit. 142
(16) op. cit. 153
(17) Schopenhauer, Die Welt als Wille und Vorstellung, Werke in zwei Bänden (Hanser) (München/Wien 1977) Bd. I, 149
(18) Schweitzer, Das Christentum und die Weltreligionen (München 1950) 51
(19) op. cit. 51f.
(20) dto., Aus meinem Leben und Denken (Hamburg 1955) 133
(21) dto., Kultur und Ethik (München, 7. Aufl. 1948) 242f.

(22) Bergson, Essai sur les données immédiates de la conscience (Paris 1948) 102f.

(23) op. cit. 173f.

(24) この人格の成立過程は、第一部第一章において、「自己存在包括者のアンチノミー」の解決という形で示されたものと内容上全く同一である。

(25) この「汝」は、次章でいうところの「可能的汝」である。つまり、「モナド」としての他者である。「モナド」は、本来、互いに排他的であり、共存しえないのであるが、内的に自己否定した「モナド」にとっては、他の「モナド」が対等に措定され、静的な「モナド共同体」が成り立ちうる。東洋人にとって、この相互モナド的関係は身近なものである。互いに黙礼したり、合掌したりする東洋の礼法は、この関係を象徴している。

第二章　「汝」の現象学

ブーバーの思想全体を通じて見出される最も困難な問題点は、すでに前章でも述べたように、我々と世界との関係を、彼が「我―汝」関係と「我―それ」関係との二分法として規定した点にある。『マルティン・ブーバー、彼の思想の決算』という論文集の中で、少なくとも四人の著者がブーバーの二分法に対し異論をとなえていることは、注目に値することである。[1] 前章において、我々は、この問題を主として「我―汝」関係の「それ化」、或いは疎外という観点から論じたのであるが、ここでは、少し、角度を変えて「可能的汝と現実的汝」、或いは「生起する汝」という観点から考察してみよう。

ブーバーの意見によれば、我々の世界に対する態度は、我々と世界との間のこの二重の関係に従って、やはり、二重である。「我―汝」関係は、私の全存在（モナド）をもってのみ、樹立されるが、他方、「我―それ」関係は、決して私の全存在をもって樹立されることはない。従って、この二人の私（我）は、同一者ではない。「我―汝」関係の「我」は、「汝」と出会う「人格」であるのに対して、「我―それ」関係の「我」は、「それ」を経験し、利用する「個体」である。ちなみに、「我―それ」関係の「それ」は、「彼」或いは「彼女」によって、置きかえることも、許されるというのである。

ブーバーの見解によれば、我々は全生涯にわたって、これら二つの関係、即ち、一方では二つの「我」の間を、他方では「汝」と「彼・彼女・それ」との間を、ゆれ動いている。ブーバーはいう、「『それ』はさなぎであり、『汝』は蝶である[2]」と。「汝」と「それ」とは相互に交代する。それぞれが他のものに変貌しうるのである。「各々の『汝』がこの世界では、『それ』にならざるをえないということが、我々の身分の崇高なる憂うつである[3]」。

一例をあげれば、彼の全存在をもって私と出会った一人の友人は、しばらく経つと消失し、観察または評価の一対象となるというのである。

このような事態は、先にあげた論集の中で、一人の著者、ワルター・カウフマンによって激しく攻撃されている[4]。彼の異議によれば、友人や彼との関係に向けてなされる考慮は、ブーバーがいうような、「汝」を「それ」へと対象化することとは全く別の種類のものである。自他共にみとめる友人関係は、厳密に客観的な観察や評価をも内に含みうるのである。従って良き人格的関係は、一人の教授が学生の人柄をありのままに評価する阻げとはならないであろうと。しかし、我々から見ると、カウフマンは、事柄を単純化しすぎているように、思われる。このような事態は実は、非常に両義的である。というのは、客観的な観察や評価は、ひょっとすると「我―汝」関係を破壊するかもしれないからである。このようなことは、必ずしも稀ではない。この重大な両義性を、我々は未解決のまま放置しておくわけにはゆかないであろう。

これまで我々は、二つの「我」(「我―汝」の我と「我―それ」の我)の全体性と部分性(前章によれば、純粋性と複合性、さらに目的志向と手段志向)という原則的差異にのみ、注目してきた。即ち、「我―汝」関係の中へ、私は自らをモナドとして完全に投入しうる。しかし「我―それ」関係の中へは、決して完全に投入しえないというのである。ところで、もし、我々が前述の例の中で、「我―汝」関係を脅かしかねなかった、「汝」から「彼・彼女・それ」への変化のプロセスと内容を理解しようとするならば、いまや「我」についてばかりでなく、これらの「我」と向きあう変化項の間の差異にも当然注目すべきであろう。

ブーバーはいう、「汝」は「物の中の物ではない[5]」と。「むしろ、一人の人間は、隣人なく、継ぎ目なく『汝』であり、天空をみたしている。それは、彼以外に何物もないかのように起こるのではなく、一切の他なるものは彼の光の中に生きている[6]」と。だが、しかし、その少しあとでブーバーはこうもいう、「私は彼の髪の色や彼の話の調子や彼の人柄を彼から取り出すことができるし、また、繰り返しそうせざるをえない。しかし、その時、彼はもはや『汝』ではない[7]」と。いったい、髪の色や話の調子や人柄は、「汝」の光の中にあるのではないだろうか？　これは奇妙なことである。あたかも、私の「汝」は彼のすべての威覚的属性を失わねばならないかのようではないか？　そうとすれば、私はどうやって私の「汝」を見分けるのか？　それとも、ブーバーによると、私の「汝」はもはや個人ではなく、何か、一般的な者なのであろうか？　例をあげてみよう。私の庭にある一本の松は、ブーバーによれば、時々、私の「汝」となる。その時、この松は、もはや対象でも、価値物でもなく、私に対する真の現前である。ユダヤ神秘主義の伝統に則って、ブーバーは、それを「神の火花[8]」ともよんでいる。

だが、しかし、我々はブーバーに問いたい、「松が私の『汝』となるとき、それは松であることを、やめるのであろうか？」と。もし松と私の「汝」とが互いに、さなぎと蝶との関係と同じ関係の中にあるとすれば、松は、いまだ私の「汝」ではないか、或いは、もはや私の「汝」ではない。その逆もまた真である。しかし、我々の日常生活の中では、事態は、全くそれとは異なっている。もし、私が友人A君に出会い、彼との対話の中で、その真の現前を体験したとしても、その時、彼は依然として私の友人Aである。彼は決して名もなき「汝」とはならない。或いは、私が庭の中で咲く小さく美しい花と出会い、それに「汝」を見出したとしても、その花は、依然として形と色をもった花である。この点にかんしては、私はブーバーの弟子ヨハナン・ブロッホと同意見であり、彼の著書『汝のアポリア』[9]は我々の問題解決にとって重要である。彼によれば、たしかに「汝」は「それ」ではない。しかし、この「ない」は、「それ」に属する「ない」、或いは、「それ」の次元における「否定」ではなく、むしろ、ハイデガー的意味における「無化」であり、「無」の中での「それ」の「照明」であるという[10]。

それ故に、ブーバーの、「我—汝」及び「我—それ」という二分法的見解は、彼のもう一つの見解、「一切は『汝』の光の中に生きている」という見解に道を譲るべきではないだろうか？　もっと厳密に、現象学的にいえば、「『汝』は『それ』の世界を通してのみ、生起する」というべきではないだろうか？　私の友人Aは、彼の具体的現存性を通して、彼の言葉やまなざしや身振りや表情を通して、私への「汝」が現出することによって、「汝」となる。いいかえれば、「汝」とは、「彼」を通しての「汝」の生起である。私の松や私の庭の小さい花は、それらの形や大きさや色を通してのみ、私の「汝」となり、「汝」の生起となる。A君は消失するのではない。依然としてそこにいる。しかし、彼の所有する一切が、いまや、新しい光の中で現出する。「彼」は「汝」の現象となる。もはや彼の言葉はモノローグではなく、彼の身振りは、戯れではなく、まなざしは空虚ではない。それらすべてが、A君でありつつ、或る新しいもの、私への「汝」を指し示している！

この「汝」は、彼のもつ「我」或いは、私にとっての「他我」と誤解されてはならない。わが友人の「(自)我」は、私の立場から見れば、「彼」自身以外の何者でもない。たしかに、前章において、我々は「自己の他者化」を通して、独立自存のモナド的な「他の我」を発見し、これを「汝」とよんだ。しかし、厳密にいえば、この「他の我」は、「彼自身」であり、いまだ「生起する汝」ではない。それは、「汝」の生起しうる通路として、むしろ、「可能的な汝」という名でよばれるべきだったのである。もちろん、モナドとしての友人自身は一つの統一体(身体我)を形成しており、「彼」は彼の言語、身ぶり、まなざし、表情の中心である。それゆえ、「彼」自身、或いは「彼女」自身は、対象化された「彼・彼女」と同じ次元に存在するのではない(もちろん、例えばモナド的な「松」それ自身というものも、内的に深く他者化された「我」にとっては存在するのであって、したがって、「それ」の次元においてもモナド的な「それ」と現象としての「それ」とを明確に区別しなければならないであろう。第一部第二章参照)。ブーバーが単純に「彼」と「彼女」と「それ」とを「われ」の非全体的な関係項としたことは、事態を正しく把えていない。我々は、この場合、少なくも、相互モナド的関係としての「我―彼・彼女・それ」と部分的、現象的関係としての「我―彼・彼女・それ」という二つの次元を区別せねばならない。あとの「我―彼・彼女」という関係は、我々の言葉でいえば、すぐれて身体我的双関であり、自らの中にすべての社会的役割関係をも含んでいる。私がプロフェッサーとして、ゼミナールにおいて学生たちに語るとき、私の話がモノローグであり、学生たちがそれをあたかもテープレコーダーが回転しているかのように、聞くこともしばしば可能である。たとえ、そこで「汝」という言葉(可能的汝)がかわされるとしても、私と彼(或いは彼女)との間には「汝」の生起する影すらも存在しはしないであろう。しかし、一つのまなざし、或いは、一つの言葉が「自我のより深い他者化」を触発して、この障害を突き破ることもまた時折可能であり、その時、突如として私への「汝」が生起するのである。

　こうして、あたかも「我―汝」、(相互モナド的と対現象的な)二種類の「我―彼・彼女・それ」という三つの次元が区別されるかのように、我々には思われるであろう。しかし、実はそうではないのである。もし、「彼・彼女」、「それ」が「汝」の生起を通して、それらの在り方を変え、「汝」の現象となるのだとすれば、その時、それに直面する私の「我」については、どうなのであろうか？　「我」の在り方も変わるのであろうか？　ブーバーによれば、私の「汝」は私の全存在を要求する。これはどういう意味におけるモナドなのであろうか？　思うに、私の身体的「我」がたとえ「彼」や「それ」を通しての「汝」の生起に直面したとしても、完全に他の「我」になってしまうのではあるまい。「彼」や「それ」が「汝」の現象になった時にも、（前述のように）なお依然として「彼」や「それ」にとどまっているのだとすれば、何故、「我―彼（或いは、それ）」の関係の中にある身体的「我」が全く他の「我」にならなければならないのであろうか？　「彼」や「それ」を通して「汝」の現出に出会いつつ、（前章で述べられたように）私はすでに自己を深く他者化しつつも、依然として「我―彼（或いは、それ）」関係の中の同じ「我」にとどまっているにちがいないのである。だが、しかし、そのとき、私は沈黙の中に自分が「汝」として、私の「汝」から呼びかけられていることを、感じている。その限りにおいて、私の「我」のうちにも、或る新しい事が起こっているのである。私への「汝」に出会うことが、同時に、この「汝」から発する私への「汝！」という沈黙の呼びかけを聞きとることに外ならないという事実は、「汝」という現象に固有なものである。これらの二つの双方向的な出会い現象は、ただ同時であるばかりでなく、むしろ同一の生起である。それ故、ここでは、「汝」との出会いによって、「我」が完全に別の「我」に変わるということはありえないが、しかし、「彼」が「汝」の現象に変わることによって、私の「我」もまた身体的「我」でありつつ、この「彼」への「汝」に変えられる。或いはもっと厳密にいえば、「我―彼」関係のなかのこの「我」が、自分の背後にいる「汝」、即ち、「彼に対する汝」の現象となるのである。いまや私自身を通して、「汝」は彼に向かって生起する。これこそ、ブーバーが非常に不充分な表現で「全存在をもってのみ、私は汝と出会いうる」と述べた事実である。じっさい、「汝」の通路となることによって、私は、はじめて、一つの全き全体（超越論的モナド）として統一されるのである。ここで実際に出会っているのは、「我」と「汝」ではなく、むしろ、「我」と「彼」とを通して現出する、私への「汝」と彼への「汝」とである。そして、我々は、この二つの「汝」を互いに区別する理由をもってはいない。むしろ、我々は、「我」または「彼」の背後に何らかの形で潜在的に滞まっていた「汝」が、まず、二つの方向に分離され、次に再び我々を通して、一つになると、考えてよいであろう。だが、そうとすれば、実は、「汝」は私の、顔と顔を向きあわせた相手ではないことになる。むしろ、「彼」がその相手である。そして、「彼」の顔やまなざしや言葉を通して、「汝」が現出するとき、「我」もまた内的に「汝」の通路となる。「汝」と「汝」とが、「我」と「彼」との、即ち、我々の間で出会うのである。

それゆえ、二種類の「我—彼・彼女及びそれ」につけ加えられるべき第三の次元は、「我—汝」ではなく、「我」と「彼・彼女・それ」との背後に滞まり、間に生起し、かつ自分自身と出会うところの「汝」である。ブーバーのそれを含む、すべての対話論的哲学が犯した重大な誤りは、相互に「汝」であると是認(措定)しあうことや「汝」と言葉で呼びかけあうことを、「出会い」そのものと誤解したことである。かくて、一般に、出会いと「我—汝」関係との同一化が生じたのである。しかしながら、私が自己を他者化しつつ、相手に「汝」と呼びかけたり、相手を「汝」として是認(措定)することは、いまだ、「汝」との出会いそのものではなく、その前提条件である。というのは、私によって「汝」として是認され、「汝」と呼びかけられているのは、「汝」の生起の可能的場所としての「彼」(「彼女」)或いは「それ」だからである。従って、私の呼びかけの中の「汝」という言葉は、いまだ現実の「汝」を意味するのではなく、「可能的汝」(他者としての他者)のみを意味している。「彼」や「彼女」や「それ」、例えば、A君や松の木は、私によって「可能的汝」として、「汝」という言葉で呼びかけられるのである。そして私自身もまた、彼ら(「彼」や「彼女」や「それ」)にとっての「可能的汝」である。従って、是認と呼びかけとしての「我—汝」関係は、或る「可能的汝」と他の「可能的汝」との関係である。それは、前章にならって、「我でありつつ、他者となったモナド」と「他者でありつつ、我と措定されたモナド」との措定関係といってもよいであろう。これはいまだ現実の出会いそのものではない。ブーバーは、「汝」は（感覚的に、或は自己投入的に）経験されえない[11]、という。しかし、実際には、第二人称代名詞としての「汝」は、第三人称代名詞である「彼・彼女・それ」と全く同様に、しばしば述語を付加されうる（例えば、「汝は大きい」というように）。このように「可能的汝」は、経験されうる「それ（彼）」でもあるがゆえに、つねに「それ化」の波に洗われている。日常的な「我—汝」関係のもつ「あいまいさ」と不純さへの下降は、モナドとして措定された「可能的汝」に固有のものである。それは、「蝶」と「さなぎ」のように「それ（彼）」と交替するばかりでなく、ふつうは、キマイラのように「それ（彼）」と合体してさえいる。したがって、従来から行なわれてきたばかりでなく、前章でも踏襲されてきた、是認され、呼びかけられる者としての「可能的汝」と、出会いの中に生起しつつある「現実的汝」との取り違えが、このさい、徹底的に訂正されなければならないであろう。「それ化」と疎外は、不完全な「他者化」のゆえに、ただ前者についてのみ起こりうるからである。

経験されえぬ者は、「可能的汝」（「我」及び「彼・彼女・それ」）ではなく、「現実的汝」である。私が現実に（彼を通して）「汝」と出会うならば、私はもはや必ずしも相手を是認し、口で「汝」とはいわない。なぜなら、「現実的汝」は私の前に立つのではなく、「我」と「彼」とを貫いて、その間に立つからである。「我」と「彼」という二つの「可能的汝」は、この時、それらを通して生起する「現実的汝」によって包摂され、その中へと場所的に吸収されてしまうからである。そのさい、「我」と「彼」という契機は「汝」の現象として依然として顕在的に存続しつづけている。しかし、出会いの瞬間には、存在統一の中心は、「我」の上にあるのでも、「彼」の上にあるのでもなく、むしろ、「我」と「彼」との「間」に、つまり、「汝」が現実に生起するその場所に存するのである。その意味において、「現実的汝」こそ、ブーバーのいう「間の領域」に相当するのである。

「間の領域」において、「我」と「彼」とはモナド的「現在」を共有し、この「共現在」のうちに、投企的未来と被投的既在とを共有する。そして、これらすべてが「出会い」という比類なき「瞬間」のうちに凝縮する。それはいわゆる「地平の融合」ではなく、むしろ、「地平の飛躍的統合」である。このとき、我と彼の「身体我」のいる相対的「ここ」（ここ―そこ）は統合されて、記号となり、両者のモナドの絶対的「ここ」は統合されて意味となる。ここにこそ、言語と理性との根源があるのである。

対話論的哲学の限界は、決して、私が発語にさいして、必然的に、何事かを第三人称（代）名詞を主語として、即ち「彼・彼女・それ」について語らねばならぬという点にあるのではない。なぜなら、すべての人称代名詞、「我」、「汝」、「彼」、「彼女」、「それ」は、「可能的汝」を指示しうるからである。実際、「それ（彼・彼女）」は或る意味で、しばしば「汝」の実現を制限し、阻害するかもしれない（客観的評価の例を想起せよ）。これまでも述べたように、「我―彼」関係には、「我―可能的汝」という意味と「汝の生起」からの疎外という意味とがある。現実の役割関係は、つねに両義的である。それにも拘らず、「現実的汝」はただ「可能的汝」を通してのみ、生起する。「汝」自身は、決して絶対的に、独立に現象しない。「汝」はつねに、「我」と「彼・彼女・それ」を通して現象する。A君は「汝」の現象となりうるし、松の木もまたそうである。しかし、「汝」自身は、見ることも、触れることも、聞くこともできない。「汝」自身は、ただ「我」の内的否定を通して受容されうるのみである。それゆえ、「『汝』が時に応じて『彼』或いは『彼女』或いは『それ』にならざるをえない」というブーバーの思想は、正しくない。「汝」は「彼」にも、「彼女」にも、「それ」にもならないし、その逆もまた真である。ただ、「汝」は時に応じて、「彼・彼女・それ」を通して生起し、やがて、消失する。かれらは、ただ「汝」の現象と通路（可能的汝）にすぎない。たしかに、両義性はなお存在している。しかし、それは、すでに浄化された両義性である。ここで我々がいいうるのは、いかなる「客観的評価」も、我の「他者化」に基づいて、「それ」（対象）または「彼」（役割的他者）としての彼に向かってではなく、できるだけ純粋な「可能的汝」（モナド）としての彼に向かってなされるべきだ、ということである。

それ故、ブーバーによるもう一つの区別、即ち、必然的に「彼・彼女・それ」にならざるをえない個別的「汝」と、決して「彼・彼女・それ」になることのない「永遠の汝」（神）との区別もまた、その意味を根本的に変えざるをえない[12]。というのは、いかなる「汝」も本質的に「永遠」であり、決して、「我」や「彼・彼女・それ」になることがないということは、既に明らかとなったからである。それらは、ただ「汝」の通路にすぎない。しかし、しばしば我々は、それらを、「可能的汝」の意味において、「汝」とよぶ。A君は、「君は……?」と呼びかけられるとき、私の「可能的汝」である。しかし、彼は、いまだ必ずしも、彼を通して生起すべき「現実的汝」ではない。それゆえ、個別的「汝」と「永遠の汝」との区別に代わって「可能的汝」と「現実的汝」との区別が成立する。ブーバーは、「（個別的汝への）関係の延長された糸は『永遠の汝』において交わる[13]」ともいう。だが、私はむしろ、「私から『可能的汝』への関係の糸は時に延長されて『現実的汝』に到達するが、しかし、そのとき更に延長されて、あたかも地球を一周するかのように、背後から再び私に到達する」といいたい。このとき、関係の糸は、一つの「輪」を形成するのである。このようにして、はじめて、いずれかの「可能的汝」の背後に滞まる「現実的汝」が、また、「可能的汝」と「可能的汝」とを貫いて、その間にも現出することになると考えられるのである。

このような「汝」についての見解は、ブーバーの「精神」（Geist）についての定義とどのように関連するであろうか?

彼によれば、「精神」とは、私と「（可能的）汝」との間にとどまり、かつ、働くものである。精神の主要な、働きは、言語、愛及び創造的活動である。それゆえ、言語と愛とは、我々の内部にあるものではない。むしろ、我々は、ちょうど空気の中におけるように、言語と愛の中に住んでいる。「愛は、我と（可能的）汝との間にある[14]」。「人間は言語の中にあり、そこから語り出る。すべての言葉、すべての精神もそうである。精神は我々の内にあるのではなく、我と（可能的）汝との間にある」[15]（カッコ内は、引用者の付加）。

また精神的創造については、彼はこういう、「そこでは関係は雲の中に覆われているが、自らを開き示し、言葉をもたないが、言葉をつくり出す。我々は『汝』という言葉を聞かないが、呼びかけられていると感じ、形成しつつ、思考しつつ、行動しつつ、応答する」[16]と。更に「一人の人間に形姿が近づき、彼を通して作品になろうとすることが、芸術の永遠の根源である。それは、心の作りものではなく、心に歩みより、心から作用力を要求するところの現象である」[17]と。ここでは、一方において、精神は、我々、即ち、「我」と「（可能的）汝」との間にあって働くとされ、他方において、「我」に向かって近づき、「我」に呼びかけつつ働く、とされていることに注目せねばならない。

ブーバーの考えるように、もし「汝」が、単に私の相手（対向者）であり、顔と顔とを見合わせる者であるとすれば、この「汝」がいかにして同時に、精神として「我」と「汝」との間に在りうるであろうか？　決して、在りえないであろう。従って、この場合には、精神は決して「汝」と同一ではありえないのである。しかし[17a]、我々の考えるように、「現実的汝」と「可能的汝」とが区別され、「現実的汝」が「彼」或いは「それ」（可能的汝）の背後に潜在的にとどまりつつ、時に応じて、同時に、二つに別れて「我」と「彼（それ）」との背後に廻り、両者を貫いて、互いに近づきつつ、その間での出会いに向かって現出するときにのみ、精神と「現実的汝」とは全く同一の「間の王国」とみなしうるのである。

ブーバーによれば、人生は出会いである。この見解は、いまや、我々にとって、我々の人生が潜在的にも現実的にも、「現実的汝」としての「精神」によって、貫徹されていることを意味している。もちろん、精神の働きなしにも、「可能的汝」同士の間に、いわゆる言語、いわゆる愛、いわゆる創造的活動は存在するかもしれないが、しかし、それらは、いわば、真の言語、真の愛、真の創造的活動の廃墟のようなものにすぎないのである。

何人かの哲学者たち（例えば、フランツ・ローゼンツワイク）は、ブーバーが「汝」の次元を過大評価し、「彼・彼女・それ」の次元を過小評価しているといって、批判している。[18] 彼らはいう、「聖書のうちにおいてすら、神はしばしば『彼』とよばれている。そしてブーバー自身さえ、彼の書物の中で、『汝』という語をつねに第三人称形で書かねばならなかった、Das Du というように」と。しかし、私の見解では、ブーバーの誤りは、「汝」の次元の過大評価にあるのではない。むしろ、彼は「（現実的）汝」の超越性を十分認識していなかったのである。彼は「汝」を、「彼・彼女・それ」と同じ次元においたゆえに、それらは互いに二者択一的となり、互いに排除しあうものとなった。しかし、実は、「彼・彼女・それ」（そして「我」さえも）は、「汝」が生起する場所である。それゆえ、「我」や「彼・彼女・それ」は、日常生活の中で、「可能的汝」という意味で、しばしば「汝」とよばれている。このような見方からすれば、ブーバーは、「汝」ばかりでなく、すべての他の人称をも過小評価したのである。たしかに、哲学的言語において、「汝」は第三人称形としてのみ、カテゴリー的に表現されうる、Das Du ist ... というように。しかし、それは「汝」の恥辱ではなく、むしろ、第三人称が「汝」の表現や通路になりうるという、第三人称の栄誉と光栄なのである。本来の第二人称代名詞「汝」すらも、「呼びかけ」としては、「現実的汝」ではなく、さしあたって「可能的汝」を表示している。この意味においては、第二人称は、他の人称に対して、一見、いかなる優位をも占めてはいないかのようにすら見える。だが、そうではない。たしかに、生起としての「現実的汝」は、代名詞「汝」の言語的使用と同一視されることはできないにしても、それは、この代名詞によってのみ、最も決定的に語られ、かつ、呼びかけられうるのである。いいかえれば、「汝」という代名詞は、他の代名詞のように、「可能的汝」を表わすのみでなく、第二人称形における呼びかけとして使用されるときも、また、第三人称形における哲学的カテゴリーとして使用されるときも、いわば「汝を可能にする汝」を表わしているのである。そして、この「汝」が精神として現出することによって、言語そのものが完成するところに、第二人称が、第一人称や第三人称に対して有する人格論的優位性があるといえるのであろう。それればかりではなく、この優位性を認めることは、文字通りすべての主観(第一人称)主義と客観(第三人称)主義の彼方に立つことを意味しているのである。

同じように、聖書が神を「我」として(例えば、「我はあってある者なり」)、或いは「彼」として(例えば、「父」)表現するのは、これらの代名詞が「可能的汝」として「現実的汝」を代表し、一方、「現実的汝」はその生起を通してこれら代名詞の意味を充実し、完成するからに外ならない。その間の事情は、対話の中で、我々が「可能的汝」として相互に規定しあう仕方と比較することができる。一方の「可能的汝」は自らを第一人称の「我」(私)とよび、その「我」に対向する「可能的汝」はしばしば、第三人称の「固有名」(例えばA君)をもってよばれる。しかし、そこに「現実的汝」(第二人称)の生起がなければ、これらのよび名は、いかに空虚なままにとどまることか！

この意味において、エマヌエル・レヴィナスが神を「彼」と表示していることは、非常に疑問である。彼によれば、親密な「汝」という表示は、聖なる者を我々からわかつ無限の超越性を忘れさせる恐れがある。それゆえ、「彼」の方が、神により適しい表示であるという。レヴィナスが「汝」とよぶのは、他人の「顔」のみである。彼はいう、「神聖なる者の次元は、人間の顔から出発して、開示される[19]」、或いは、「顔は、絶対的他者の領域から我々の世界へと侵入してくる[20]」と。顔は、超越的「彼」の痕跡である。それゆえ、我々の立場では、「汝」は「可能的汝」としての「彼」を通してのみ現出するのに対して、レヴィナスにおいては、神的「彼」は、人間的「汝」を通してのみ、現出するのである。レヴィナスにおいては、「我―(可能的)汝」関係は、本質的に非対称的である。なぜなら、「『汝』と語ることは、すでに『与えること』を意味しており、……この『与えること』から切り離されるや……純粋に精神的な、エーテル的な友情が存在するが、それは、根源的現象を形成するどころか、すでに低落し、容易に頽落してしまう[21]」からである。「他者は他者として、貧しく、見捨てられており[22]」、顧慮なくして彼との対話は不可能である。いいかえれば、倫理において、「他者は私よりも上位にあり、同時に、私よりも下位にある[23]」。それゆえ、レヴィナスにとって、「我―(可能的)汝」関係は、ブーバーにおけるよりも、はるかに狭く、かつ、彼の道徳的意図を通して、実用主義的に、また、律法主義的に歪められている。レヴィナスがブーバーに宛てた一九六三年三月一一日付の手紙[24]は、前者がブーバーによって論ぜられた、顧慮と真の「我―汝」関係(現実的汝の生起)との区別を遂に理解しなかったことを、示している。つまり、レヴィナスは、顧慮において、私は相手に対してあくまで、出会いなき役割関係のうちにとどまりうるということを、理解しなかったのである。いわゆる「我―汝」関係がモナド的な「可能的汝」同士の対称的関係となることは、「現実的汝」の生起にとって、不可欠の前提である。レヴィナスの関係における非対称性は、「現実的汝」が「我」と「彼・彼女・それ」との間に生起することを不可能にする。そこからして、神的なものが世界から超越へと絶対的に後退することが不可避的となるのである。レヴィナスの神は、本質的に、「隠れた神」(Deus absconditus)である。それに対して、ブーバーの「我―汝」関係の対話論哲学は、すでに論じたように、「我」と「彼・彼女・それ」とを通してそれらの「間」(世界の中)へ生起する「汝」の現象学へと、変貌させられうるのである。

ひるがえって思うに、この「間の領域」へ共現在的に「生起する汝[25]」こそ、本書において、我々が一貫して追究してきた「場所的人格」であり、また、「理性の基体」であるということができる。なぜなら、それは、前章までで述べたような、人間の内における「我」(ライプ)と「他者」(ケルパー)との十全なる媒介者であるとともに、人間の外における「我」と「他者」(彼・彼女・それ)との十全な媒介者でもあるところの、最広義における「意味」(有意義性）の次元であるからである。

（1）Vgl. Jochanan Bloch und Haim Gordon (eds.), Martin Buber, Bilanz seines Denkens (Freiburg 1983) 22–44 (W. Kaufmann), 62–86 (J. Bloch), 141–158 (R. Horwitz), 159–179 (B. Casper)

（2）Martin Buber Werke I (München/Heidelberg 1962) 89

（3）ibid.

（4）Vgl. Bloch u. Gordon 30ff.

（5）Buber Werke I 83

（6）ibid.

（7）ibid.

（8）Martin Buber Werke III (München/Heidelberg 1963) 54f.

（9）Bloch, Die Aporie des Du, Probleme der Dialogik Martin Bubers (Heidelberg 1977)

（10）Vgl. Bloch u. Gordon 78

（11）Vgl. Buber Werke I 84

（12）Vgl. op. cit. 128

（13）ibid.

（14）op. cit. 87

（15）op. cit. 103

（16）op. cit. 81

（17）op. cit. 83f.

（17a）ブーバーは、精神を「汝への応答」ともよんでいる（例えば、Buber Werke I 103）。この定義によれば、精神は「汝」であるよりは、むしろ、「我」の働きと考えられるかもしれない。しかし、この場合でも、「精神は我のうちにあるのではなく、我と汝の間にある」という他の定義（ibid.）と調和させることは困難であろう。

（18）Vgl. Bloch u. Gordon 160ff.

(19) Levinas, Totalité et infini (den Haag 1984) 50
(20) dto., En découvrant l'existence avec Husserl et Heidegger (Paris 1967) 194
(21) Buber, Briefwechsel aus sieben Jahrzehnten, ed. G. Schaeder, III (Heidelberg 1975) 584
(22) ibid.
(23) Levinas, "Martin Buber und die Erkenntnistheorie" in: Martin Buber, eds. P. A. Schilpp u. Maurice Friedmann (Stuttgart 1963) 131
(24) Vgl. Buber, Briefwechsel III 582ff.
(25) この「共現在的」という語のうちには、自己と他者のモナド的現在の統合という意味とともに、自己のうちにおける「点的現在」と「幅のあるモナド的現在」との一致という意味が含まれている。

結語

緒論の最後に提出されていた哲学的人間学固有の「謎」への解決は、こうして、思いがけない形で与えられた。「人間を人間として実存せしめるもの」は、最終的に、こちら側から解明されたのではなく、向こう側から風のごとく、到来したのである。身体我としての私が、他の身体我を前にして、みずからの実存基体（ライプ）について、全力を傾けて思いめぐらしつつあったとき、それが「私」でありながら、限りなく「他者」となりうるというパラドックスに気付いたとき、突如、「私」でも「他者」でもない第三者が、「汝」として生起し、私の実存を貫き、内において延長的身体統覚と媒介するとともに、さらに、私の実存と外なる他者の実存とを、ともに包括しつつ、全的に、つまり、相互モナド的に、かつ共現在的に媒介したのである。

哲学的人間学の問いは、答えられた。生活世界において「人間を人間として実存せしめるもの」は「汝」である。「汝」こそ、概念とはなりえぬ、人間の本質の現臨である。それは、主観（第一人称）でも、客観（第三人称）でもない者（第二人称）として、両者を貫き、両者を生気付けつつ生起し、それらを襲うことによって、それらを人格とその表現たらしめる。

かくて、「場所的な人格」に十全なる内容があたえられた。それは、①可能存在(内側から見られた存在)と事実存在(外側から見られた存在)とを、完全に媒介するもの、また、②第一人称次元と第三人称次元(実存と超越論的意識、個と概念的一般者、主観と客観、想像力と知覚、モナドと身体統覚、ライプとケルパー、生命と物質、未来と過去、絶対的ここそこ、等々)を、相互に、否定的かつ肯定的に媒介するもの、③媒介された統一体としての自己と同じく媒介された統一体としての他者という対等に対立するものを、対立するがままに肯定し、包括し、かつ、止揚するもの、区別しつつ統一するもの、理性を超えた最高義における「意味」と「価値」の源泉である。「汝」は、その生起によって、各々の身体的自我を、現実に「人格」に変えると共に、生活世界を共現在的な「場所」に変えるのである。しかし、「汝」は、その生起の瞬間の以前にも、また以後にも、つねに自我の全身全霊をもって追求され、予感され、信憑されねばならない。この「汝」こそ、ソクラテスが求めてやまなかった「善そのもの」なのだから。

思えば、解決の鍵は、はじめから、手近にあったのである。すでに、第一部第一章において、モナドに固有な限界状況のアンチノミーとして、「私の可能存在は私であり、かつ他者である」というテーゼに到達したとき、私はすでに解決の戸口に立っていたのだった。しかし、この「私」がいまだ「身体我」として確立されていなかったゆえに、私は「汝」には達しなかったのである。「私のライプが『私でありつつ、しかも、他者である』」という、このパラドックスのうちにこそ、人格の全秘密はひそんでいるのである。これは決して「私が私ではなくなり、他者になる」ということではない。このような単に「己を空うし」たり、「無私になる」ことは、いまだ真の人格とは関係がない。私が、あくまで「個」として世界に二人となきモナド的「私」でありつつ、しかも、限りなく「他者」となること、言いかえれば、真に「心貧しき者」となること、そこにこそ、人格の、そして「生起する汝」の秘密があるのである。

さらに、ひるがえって考えれば、デカルトが「万人に平等に分配されている」（『方法序説』第一部）といった「理性」（良識）も、実は、単なる「超越論的意識一般」ではなく、この「汝」の不完全な表現だったのでは、あるまいか？理性もまた、我々に向かって到来するのであり、生起するのである。第一部や第二部で述べられた、「理性の光に照らされる」とは、まさに、このことであった。そして、理性は、「汝」の一部として生起することによって、はじめて、その非人称的性格を失うのである。しかるに、この理性をもって「自我」と見なし、「主観」と見なしたところに、西欧近代思想の根本的誤りがあったのであり、そこから、「自我」をめぐる個と一般者との間の、果てしない混乱が生じて来たのであった。理性は、ただ身体我的双関の次元においてのみではあるが、「汝」と同じく、自我が自我でありつつ、自らを「他」として否定するところに、生起する。そこに、理性の自他に対する媒介的機能と一般性とが可能となるのである。理性のもつ、客観的にして、かつ、主観的な性格は、ただ、「理性も『汝』の部分的生起である」という観点からしてのみ、説明されうるであろう。自我は、他我とともに、主観は、客観とともに、「汝」のうちに包摂されているからである。

しかしながら、「汝」は、本質的に反省的な理性よりも、より大きく、より深く、より内容豊かである。従って、「汝」を「理性の基体」とよぶこともできる。一言にしていえば、「汝」はすべての「意味」の根源である。なぜなら、「意味」は、「汝」によって人格化せられた「可能存在」（モナド）だからである。「意味」もまた、主観的にして、かつ、客観的であり、自己と他者とを媒介する働きをもっている。「汝」のもたらす「意味」（有意義性）は、単に言語の「意味」のみにとどまらず、行動の「意味」（或いは価値）や芸術の「意味」をも含んでいる。カントの定言的命法の真の「意味」は、「汝」による「意味」の無条件的生起によって、よりよく理解しうるであろうし、芸術的創作を可能ならしめるインスピレーションも、「汝」の生起に伴う、「意味」の突如たる来襲とみなすことができる。
しかも、注意すべきことは、「汝」は決して純粋な「意味」だけをもたらすのではなく、つねに、広義における「記号」（表現媒体）を通して、「意味」をもたらすことである。「記号」と「意味」とは、身体の「ケルパー」と「ライプ」とに次元的に対応するものとして、「汝」の不可分の構成要素である。「汝」によって、自己と他者、「ケルパー」と「ライプ」とが、いわば、場所的弁証法的に媒介統一されるように、「記号」と「意味」も、単に指示的に相関するのではなく、互いに区別されつつ、一統体をなしている。そこに「『記号』をはなれて、『意味』はない」という伝統的な主張の根拠があるのであり、それらの間には、ソシュールのいう「差異」によるモザイク構造以上の内的関係があると考えられねばならない。そして、このように、記号と一体化した意味は、延長的ケルパー間の「双関」と「汝」の生起を介して、対象のもつモナド的意味と共現在的に一致するとともに、他人へと伝達されるのである。

さて、我々が使用した「場所」という表現は、いうまでもなく、西田幾多郎から学んだものであるが、多くの点で、我々に開示された考えと彼の思想との間に、親近性があることは、否定しえないであろう。例えば、「私と汝」という論文（『無の自覚的限定』所収）の中で、彼は、「我」と「汝」との関係を、「自己において他者を見、他者において自己を見る」というように表現している。これは、我々の「我でありつつ、他者となる」という表現と、きわめて近い表現といわなければならない。しかしながら、西田と我々との間には、きわめて明瞭な相異がある。即ち、西田においては、「汝」はあくまで「対向者」であり、従って、「我と汝」とを媒介する「場所」、或いは「弁証法的一般者」は、少なくも、ただちには「汝」でも、「人格」でもないという点である。この相異は、きわめて根本的であるといわねばならない。我々は、西田が「身体」の現象学的分析を欠いていること、従って、個としての「ライプ」の次元を知らない点を見逃すわけにはゆかない。西田の個は、「個物」であり、結局、「場所」という一般者に包摂されてしまう。しかし、そもそもモナドとしての「ライプ」を包摂する一般者はないのであり、それを包摂する「汝」は、すでに個でもあり、単なる一般者ではないのである。西田の「場所」が一般者としての「無」にとどまって、人格としての「汝」に到達しえなかったことを我々は、ふかく惜しむものである。

ハイデガーの『存在と時間』における、いわゆる「自己の死に向かっての先行」(Vorlaufen zum Tode)と我々との「我でありつつ、他者となること」との間の距離は、一見したところ、おそらく誰の目にも、近く見えることであろう。自己の「死」もまた、一種の「他者」にちがいないからである。しかし、第二部で述べたような、当時のハイデガーのナチスへの接近やユダヤ人への態度などを思うとき、実は、それらの間には暗い深淵が開いていることに気付かざるをえない。そこに見られる一種の近さは、決して同一性ではないのである。後期のハイデガーのいう「存在」(Sein)についても、ほぼ、同様のことがいえる。「汝」の生起と「存在」の生起には、一見、多くの類似点がみとめられるであろう。しかし、忘れてならぬことは、ハイデガーの「存在」は人格ではない、ということである。そして、ここにもまた、身体の次元の分析の欠落がみとめられるのは、単なる偶然であろうか？　とはいえ、ハイデガーがその『カント書』において試みて果たさなかった、「理性と感性の共通の根」としての「超越論的想像力」(先験的構想力)の解明の企てが、本書において、独自の形で継承されていることは、まちがいないところであろう。

我々は、ブーバーに最も多くを負っている。ブーバーなくして、この思想はありえなかったのである。しかし、第四部で述べたように、ブーバー自身にも、身体の分析が欠落しており、我々は、現象学的方法の助けを借りて、それを補わねばならなかった。しかも、その結果、ブーバーの思想そのものが、かなり大きな修正をこうむらざるをえなかったのである。我々は、それが彼の真意をより明瞭にするものであったと、信じたい。

我々は、「汝」の到来を受け入れ、これに聴き従うことによって、はじめて人間（人格）となる。理性をドイツ語で Vernuft ということは、「汝」の一部としての理性に対する、人間の側の vernehmen する受動性をよく表わしている。しかし、人間は、「汝」を受け入れることによって、「汝」に抱かれ、貫徹され、生命を注ぎこまれ、これと一体となって能動的に働くのである。そのさい、どこまでが「汝」の働きで、どこからが「我」の働きか、を区別することはできない。「汝」と「我」との関係は、（レヴィナスとは異なる意味で）非対称的であり、主―客関係でもなく、能動―受動関係でもなく、無機物のもつ全体―部分関係でもない。もっとも近いのは、有機体のもつ全体と部分との関係であろうが、しかし、有機体の部分は全体に対して自立していないのに対して、「我」はあくまで「我」としての自立性を「汝」に対して保っている。「我」は、あくまで、自分の意志で「汝」を受け入れ、真に「心貧しき者」として、これに聴き従うのである。従ってその反面として、「汝」を拒否することもできるのである。ここに、人間には、有機体に見られぬ「悪」が、つまり、「人格への冒瀆」が存在しうるのである。

「汝」に対する「我」の自立性を強く主張したのは、ブーバー自身であった（『我と汝』第三部）。彼は、そこに神秘主義的な「忘我」と対話論的関係との本質的相異を見たのである。この点は、我々のいう、「汝」と「我」との関係についても、そのまま、あてはまるであろう。「汝」への没入によって、「我」が自らを忘れるのは、神秘主義であって、人格主義ではない。「我」は「汝」によって充たされるときに、たしかに、何かを忘れるであろうが、しかし、「我」たることを、いささかも忘れることはないのである。むしろ、「我」は、「汝」の内においてこそ、はじめて、他の「我」と共々に、全的にモナド的に生かされるのである。そして、この共存は、もはや、いかなる類比的関係に基づくのでもなく、理性を超えた一つのパラドックスであるとすら、いうことができるのである。

こうして、「生起する汝」は、人格の成立根拠であるばかりでなく、伝統的な、個人主義と全体主義、合理主義と非合理主義の区別を超え、さらに、あらゆる主観主義（第一人称主義）と客観主義（第三人称主義）の区別を超えた、新しい人格的な「第二人称哲学」の原点であり、根源でもあることを、みずから開示している。

この哲学はまた、ブーバーによって提唱される「決して第三人称になり切らぬ・第二人称としての神」の神学に対して、有力な哲学的支点を提供するであろう。なぜなら、「生起する汝」は、生起する「瞬間」においてのみでなく、その前後においても、「共現在」の幅と厚みの中で、我の全存在を要求する「信（仰）」と「祈り」の対象であり、根源であるからである。

あとがき

永いものは、ほとんど生涯の半ばにわたり付き合って来た原稿たちに別れを告げることは、出来の悪い子供を見送る親心のように、安堵であるとともに、一種の淋しさと不安である。昭和四十三年に上梓した『実存と他者』(勁草書房)の「あとがき」で、著者は『対話の形而上学』の近刊を予告していた。それ以来、四十年ちかい年月を経て、いま、ようやく、異なる表題のもとで、その約束を果たすのである。

勿論、著者はこの書が「二人称的人格」のほんの門口に立っているにすぎないことを、よく知っている。とくに、「言語」の問題がそっくり残されたことは、残念であるが、これはもう後学の手にゆだねる外はない。著者の目には、出会いの「共現在性」という沃野が未来の人類を招いているかのようにさえ、思われるのである。

永い執筆の歳月の間には、新しい発見や発想に心が躍った時も幾度かあったが、その感動がそのまま他人に伝わると思う程、著者はもう若くない。この書の幾つかの局面にたいして、少数ではあるが、賛意を表してくれた人々のことを思うと、心強いが、このように一本にまとめられたときの評価はまた別であろう。いま、独り立ちしてゆく書物に対して、隠れた「大いなる汝」の導きを願うこと、切なるものがある。

著者が著者としてまず感謝を表すべきなのは、本書のなかで引用し、仮借なく批判させていただいた哲学の偉大な先学たちであろう。著者のごときは、いわば、大仏の肩をつつく雀のごときものであろうか。いたらぬ誤解の少しでも少なからんことを、念ずるのみである。

本書が書物としての形をなすにあたって、推薦をたまわった九州大学名誉教授山崎庸佑氏と立命館大学教授谷徹氏、註について教示をいただいた新潟大学教授深沢助雄氏と同じく井山弘幸氏には、心より感謝申し上げる。九州大学出版会の編集長藤木雅幸氏には、終始懇切な相談のもとに、立派な本に仕上げていただき、感謝している。

児島　洋

二〇〇五年三月

著者紹介

児 島　　洋（こじま　ひろし）

1925 年　東京に生まれる。
1961 年　東京大学大学院（人文科学）博士課程修了。
1967 年　関東学院大学（教養部）助教授。
1971 年　同（文学部）教授。
1982 年　新潟大学（人文学部）教授。
1991 年　同　定年退職。
1992 年　文学博士（九州大学）
著書：1968 年　『実存と他者』（勁草書房）
　　　2000 年　Monad and Thou（Ohio UP）
編書：1989 年　Phänomenologie der Praxis（K. & N.）
　　　1993 年　Japanese and Western Phenomenology
　　　　　　　（Kluwer）（共編）
訳書：1961 年　ブーバー『人間とは何か？』（理想社）
　　　1966 年　ブーバー『出会い』（理想社）

哲学的人間学序説《てつがくてきにんげんがくじょせつ》――モナドと汝――

2005 年 5 月 20 日　初版第 1 刷発行

著　者　児　島　　洋
発行者　福　留　久　大
発行所　（財）九州大学出版会
〒812-0053　福岡市東区箱崎 7-1-146
九州大学構内
電話　092-641-0515　（直通）
振替　01710-6-3677
印刷・製本／研究社印刷株式会社

 ISBN 4-87378-866-8